Edith Hessenberger

Alte Neue TelferInnen

STUDIEN ZU GESCHICHTE UND POLITIK

Band 18

herausgegeben von Horst Schreiber
Michael-Gaismair-Gesellschaft
www.gaismair-gesellschaft.at

Edith Hessenberger

Alte Neue TelferInnen

Migrationsgeschichten
und biografische Erinnerungen

mit Fotografien von Michael Haupt, Gedichten von Ulrike Sarcletti
und einem historischen Beitrag von Stefan Dietrich

Dieses Projekt wurde ins Leben gerufen und unterstützt von der Marktgemeinde Telfs.

Gedruckt mit freundlicher Unterstützung durch die Abteilung Kultur des Amtes der Tiroler Landesregierung, die Tiroler Sparkasse, die Raiffeisen Regionalbank Telfs und die Fa. Rudolf Rohowsky.

Gefördert von

© 2016 by Studienverlag Ges.m.b.H., Erlerstraße 10, A-6020 Innsbruck
E-Mail: order@studienverlag.at
Internet: www.studienverlag.at

Buchgestaltung nach Entwürfen von hoeretzeder grafische gestaltung, Scheffau/Tirol
Satz: Studienverlag/Karin Berner
Umschlag: hoeretzeder grafische gestaltung, Scheffau/Tirol
Umschlagabbildung: Temel Demir mit seiner Familie, Fotograf Michael Haupt

Gedruckt auf umweltfreundlichem, chlor- und säurefrei gebleichtem Papier.

Bibliografische Information Der Deutschen Bibliothek
Die Deutsche Bibliothek verzeichnet diese Publikation in der Deutschen Nationalbibliografie; detaillierte bibliografische Daten sind im Internet über <http://dnb.ddb.de> abrufbar.

ISBN 978-3-7065-5499-2

Alle Rechte vorbehalten. Kein Teil des Werkes darf in irgendeiner Form (Druck, Fotokopie, Mikrofilm oder in einem anderen Verfahren) ohne schriftliche Genehmigung des Verlages reproduziert oder unter Verwendung elektronischer Systeme verarbeitet, vervielfältigt oder verbreitet werden.

Inhalt

Vorwort 7

Zur Telfer Migrationsgeschichte
und der Bedeutung ihrer Dokumentation 10

Ein migrationsgeschichtlicher Streifzug durch Telfs
(Stefan Dietrich) 18

Telfer Migrationsgeschichten – das Interviewprojekt 38

Mathilde Raich 40
Alfons Kaufmann 46
Jytte Klieber 52
Grete Jakob 58
Mehmet und Eşe Sahan 64
Cajse-Marie Schediwetz 70
Margit Fischer 76
Franz Grillhösl 82
Temel Demir 88
Ibrahim Kalın 94
Bayram Altın 100
Anne Marie Perus 106
Judy Kapferer 112
Siddik Tekcan 118
Bernadette Katzlinger 124
Kristian Tabakov 130
Zoran Tanasković 136
Kasim und Snjezana Bajrić 142
Refika Kovačević 148
Gülseli Sahan 154

Biografien in Bewegung 161

Türkischer Kaffee und Brettljause –
Der Versuch einer behutsamen fotografischen Annäherung
(Michael Haupt) 175

Literaturverzeichnis 181

Bildbeschreibungen 184

Vorwort

Wer sind die TelferInnen?

Weggehen. Ankommen. Altes zurücklassen. Neues gewinnen. Diese Erfahrungen sind essentieller Bestandteil menschlichen Lebens. Unsere Identitäten bestehen aus unzähligen Puzzlesteinen. Und tausende dieser Identitäten zusammen machen TELFS aus. Schwer zu sagen: Was ist heute telferisch?

Aber auch vor Jahrhunderten: Was war einst telferisch? Telfs ist seit Menschengedenken geprägt durch sich kreuzende Verkehrsachsen, Migration ist seit Jahrhunderten für „Einheimische" eine alltägliche Erfahrung – bis heute sind in diesem Zusammenhang besonders die Schwabenkinder, die Tiroler Wanderhändler oder auch die Laninger im Gedächtnis geblieben.

Im 19. Jhd. kamen Menschen, um in der noch jungen Telfer Textilindustrie zu arbeiten, ab 1960 erzeugte der Wirtschaftsaufschwung ein Vakuum an Arbeitskräften. Menschen wurden – u. a. im Rahmen des türkisch-österreichischen Anwerbeabkommens 1964 – aus dem Ausland als sogenannte „Gastarbeiter" nach Österreich gerufen, viele von ihnen sind geblieben.

Heute leben rund 16.000 Menschen aus 84 Nationen in Telfs, fast drei Mal so viele wie vor 50 Jahren.[1] Zu den vermeintlich „Einheimischen" sind „Zweiheimische" oder gar „Dreiheimische" gestoßen – und viele von ihnen nennen Telfs ganz klar HEIMAT. Die Heterogenität der Bevölkerung wird häufig als Herausforderung betrachtet, dabei ist sie auch Ressource. Sie birgt eine Vielfalt an Erfahrungen, an Wissen – und an Lebensgeschichten.

Mit einem Interviewprojekt hat man es sich zur Aufgabe gemacht, diese Lebensgeschichten „Neuer" TelferInnen zu sammeln: Erinnerungen und Erfahrungen älterer Menschen, die im Ausland geboren sind und seit Jahrzehnten in Telfs leben, wurden aufgezeichnet. Aus diesen Aufzeichnungen wurden für das vorliegende Buch 20 Erzählungen „Neuer" TelferInnen ausgewählt. Ihre Lebensgeschichten handeln vom Weggehen, Ankommen und Bleiben, von Erinnerungen an die alte und auch an die neue Heimat. Die Gesichter dieser Menschen sind im Ort vertraut und (alt-)bekannt – sie sind „Alte Neue TelferInnen".

Das Interview- und Buchprojekt „Alte Neue TelferInnen", das 2014 auch als Ausstellung zu sehen war, hat sich die Dokumentation von Migrationsbiografien, und damit eines in der zweiten Hälfte des 20. Jahrhunderts zentralen demografischen und historischen Phänomens, zum Ziel gesetzt. Seine Bedeutung geht allerdings über die reine Doku-

---

[1] Walter Thaler, Wolfgang Pfaundler, Herlinde Menardi: Telfs. Porträt einer Tiroler Marktgemeinde in Texten und Bildern. Band II. Telfs 1988. S. 504.

mentation hinaus: „Alte Neue TelferInnen" stellt ein klares Bekenntnis zur Vielfalt in der Bevölkerung dar. Das Projekt ermöglicht Einblicke in persönliche Befindlichkeiten, individuelle Wahrnehmungen, vielfältige Interpretationsräume und Handlungsweisen – ohne sie zu bewerten oder zu kategorisieren. Einerseits thematisieren die Erzählungen demografische und soziale Entwicklungen, die den gesamten mitteleuropäischen Raum betreffen und weit über seine Grenzen hinaus relevant sind. Andererseits wird in den Interviews immer wieder klar auf die (historischen) Entwicklungen der Marktgemeinde Telfs Bezug genommen. Dieses Buch kann somit als regionales Geschichtsbuch ebenso wie als Indikator für unsere gesellschaftliche Entwicklung gelesen werden.

Ein solches Projekt bedarf natürlich starker Unterstützung. Allen voran braucht es Menschen, die ihre Lebensgeschichten, ihre Emotionen, und nicht zuletzt ihre Familien als Referenzen für die Dokumentation der Vielfalt der Telfer Bevölkerung zur Verfügung stellen, und die sich die Zeit nehmen und die Mühe machen, ihre Erinnerungen hervorzuholen und vor einer fremden Person aufzubereiten. Unser Dank gilt daher allen InterviewpartnerInnen mit Familie, die im Zentrum des vorliegenden Buches stehen.

Die Organisation, Durchführung und Dokumentation von lebensgeschichtlichen Interviews, die zeitlich großen Umfang erreichen können, ist keine leichte Aufgabe – daher sei auch dem Interviewer-Team um Edith Hessenberger gedankt: Elisabeth Atzinger, Melek Demirçioğlu, Michael Haupt, Verena Sauermann, Hannes Schermann.

Dank gebührt einmal mehr drei Menschen für ihre Mitarbeit am vorliegenden Buch: Die Lebensgeschichten der Neuen TelferInnen finden wertvolle Ergänzung durch die Porträts des Fotografen und Kulturschaffenden Michael Haupt. Die Aufnahmen wurden mit viel Liebe und Geduld sowie stets in Absprache mit den InterviewpartnerInnen an deren Lieblingsorten und mit ihren Familien oder FreundInnen durchgeführt.

Stefan Dietrich ergänzt im Buch als leidenschaftlicher Historiker zur Telfer Geschichte und nicht zuletzt als Mitglied im Team der Gemeindechronisten den Beitrag zur historischen Entwicklung der Migration in Telfs.

Ulrike Sarcletti, Telfer Dichterin und Trägerin des „Preises für Künstlerisches Schaffen 2015" der Stadt Innsbruck verbindet die Buchkapitel gefühlvoll mit sprachlichen und inhaltlichen Elementen aus den Erinnerungserzählungen der „Neuen TelferInnen".

Unser Dank gilt nicht zuletzt den Sponsoren dieses Buches, namentlich der Abteilung Kultur des Amtes der Tiroler Landesregierung, der Raiffeisenkasse Telfs, der Sparkasse Telfs und der Firma Rudolf Rohowsky, sowie Horst Schreiber, der die Aufnahme des Buches als Band 18 in die Reihe „Tiroler Studien zu Geschichte und Politik" ermöglicht hat.

Christian Härting,
  Bürgermeister der Marktgemeinde Telfs

Edith Hessenberger,
  Integrationsbeauftragte und Autorin

ankommen

wo?

ohne sprache

wie?

kein tourist

aber

gast

arbeiter

haus

meister

ohne haus

und

irgendwann

angekommen

und da

geblieben

(Ulrike Sarcletti)

Zur Telfer Migrationsgeschichte und der Bedeutung ihrer Dokumentation

Als Geschichte wird wahrgenommen, was sichtbar ist. Das allgemeine, im öffentlichen Raum abgebildete, zwar konstruierte aber dennoch beharrliche Geschichtsbild prägt das Selbstverständnis einer Bevölkerung maßgeblich. Diese Geschichte wird in Büchern und Museen reproduziert, bei Veranstaltungen und im Rahmen von Traditionen dargestellt, interpretiert und inszeniert.

Das Phänomen der Migration lässt sich allerdings kaum in Form von Denkmälern oder Gebäuden, sondern bestenfalls in Form schriftlicher Hinterlassenschaften oder einzelner Objekte dokumentieren. Es ist eng mit den Biografien der Menschen verbunden, die eine solche Wanderung auf sich genommen haben. Gerade dann, wenn es im Zuge der Migration zur Marginalisierung kommt und Menschen ihre gewohnte soziale Stellung in der Gesellschaft verlieren und gesellschaftlich an den Rand gedrängt werden, handelt es sich vielfach um weniger angenehme Erfahrungen. Gerne werden die persönlichen Erlebnisse in Zusammenhang mit der eigenen Migration dann versteckt, verdrängt, vergessen. So kommt es mitunter dazu, dass auch das Phänomen der Migration selbst versteckt, verdrängt, vergessen wird. Nur noch an den Namen, vielleicht auch am Äußeren einer Person oder an einem leichten Akzent sind die Spuren einer Reise von dort nach hier erkennbar. Aber in die Geschichtsschreibung geht das Phänomen der Migration, besonders jenes der Zuwanderung während der letzten 50 Jahre, kaum ein. Kaum ist es in Schulbüchern, kaum in wissenschaftlichen Arbeiten, kaum in der regionalen Dokumentation zu finden. Und nur selten wird es als Bestandteil einer regionalen Identität repräsentiert.

Dabei eilt Telfs sein Ruf als Gemeinde mit einem hohen Anteil an MigrantInnen voraus. Sei es wegen des Minaretts, das die islamische Glaubensgemeinschaft 2006 errichtete, oder auch wegen der Sichtbarkeit seiner „Neuen" EinwohnerInnen, die sich mit ihren Kindern viel auf Spielplätzen aufhalten und manchmal aus religiösen Gründen Kopftücher tragen. Faktum ist, dass in Telfs Menschen aus immerhin 84 Nationen ihren Wohnsitz haben, und die Gemeinde mit einem AusländerInnen-Anteil von 16,89 % über dem Gesamt-Tiroler Schnitt von 13,29 % liegt – was allerdings für einen Zentralort nicht außergewöhnlich ist.[1]

Die Tatsache, dass die Gemeinde eine besonders heterogene Bevölkerung beheimatet, ist allerdings alles andere als neu. Lange vor dem 2012 errichteten Flücht-

---

[1] Edith Hessenberger: Diversitätsbericht 2014 (= Weißbuch 2014). Telfs 2014. S. 7. http://www.telfs.at/files/user_upload/pdf-dokumente/Weissbuch/Weissbuch_2014_HP.pdf am 19.10.2015.

lingsheim und auch vor der Zuwanderung durch die erwünschten „GastarbeiterInnen" seit den 1960ern erlebte Telfs immer wieder starke Zuwanderungsbewegungen. Der Aufschwung der Textilindustrie Mitte des 19. Jahrhunderts zog viele hundert ArbeiterInnen an, aber auch in den Jahrhunderten zuvor war das Leben in Telfs als einwohnerstärkste Siedlung der Region, als Gerichtssitz, Verkehrsknoten und wichtiger Handels- und Transitort mit kleinstädtischem Charakter seit jeher mit Vielfalt und Migration konfrontiert.[2]

Die Wanderungsbewegungen bis zur Mitte des 20. Jahrhunderts sind, soweit das retrospektiv möglich war und ist, heute einigermaßen dokumentiert. Zu den Migrationsbewegungen der zweiten Hälfte des 20. Jahrhunderts aus und nach Österreich gab es bis vor wenigen Jahren allerdings ungleich weniger schriftliche Dokumente. Sogar der zahlenmäßig umfangreiche Zuzug unter dem Schlagwort der „Gastarbeiterwanderung" seit den 1960er Jahren blieb bis vor kurzem bar einer gründlichen wissenschaftlichen Dokumentation.[3] In vielen Archiven fand die Arbeitsmigration kaum Niederschlag, bzw. wurden die Akten nach einigen Jahren vernichtet, weil sie offenbar für irrelevant gehalten wurden. Lebensgeschichtliche Erzählungen stellen daher – gemeinsam mit der Dokumentation diverser Egodokumente (wie Briefe, Tagebücher, sonstige Aufzeichnungen) – wichtige zeithistorische Zeugnisse dar. Nicht nur die Migrationserfahrung steht im Mittelpunkt des Interesses, häufig erlauben biografische Erzählungen auch Einblicke in das Erleben historischer Krisen (z. B. Jugoslawienkrieg, Kalter Krieg und „Eiserner Vorhang", Wirtschaftskrisen). Sie stellen einen Puzzlestein in der Aufarbeitung des 20. Jahrhunderts dar, leisten aber auch einen wichtigen Beitrag zum Selbstverständnis der Bevölkerung: Die Erzählungen Zugewanderter sowie ihre Egodokumente erlauben einen unbefangeneren Blick auf die Gemeinde und ihre Bevölkerung. Während etwa Migranten aus der Türkei im Zuge ihrer Erinnerungen an die Ankunft in Österreich von engen Betriebsunterkünften und großer sozialer Distanz zur einheimischen Bevölkerung berichten, erinnern sich Migrantinnen aus dem skandinavischen Raum z. B. daran, wie ihnen in den ersten Jahren in Österreich mangelnde Infrastruktur, der übermäßige Alkoholkonsum der Männer oder die stark traditionelle geschlechterspezifische Rollenverteilung auffielen. Das empirische Material eignet sich durchaus zur gesellschaftlichen Reflexion und spiegelt darüber hinaus sehr unterschiedliche Perspektiven wider.

Im Rahmen vieler kleiner und größerer Forschungsprojekte einerseits,[4] anderer-

---

[2] Stefan DIETRICH: Von „echten Telfern", „Neutelfern" und „Nichttelfern". Historische Betrachtungen zum Thema „Telfs und die Fremden". In: Ewald Heinz (Hg.): MiTeInander ZUKUNFT. Migranten & Telfer Interessen an der ZUKUNFT (= Weißbuch 2006). Telfs 2006. S. 5–9. Hier S. 5. http://www.telfs.at/files/user_upload/pdf-dokumente/Weissbuch/weissbuch_2006.pdf am 19.10.2015.
[3] Dirk RUPNOW: Beschäftigung mit Geschichte ist kein Luxus. Wieso Österreich ein „Archiv der Migration" braucht. In: Stimme. Zeitschrift der Initiative Minderheiten (89/2013). S. 8–9.
[4] Vgl. etwa das Projekt „Erinnerungskulturen" des Zentrum für MigrantInnen in Tirol.

Ausstellung „Alte Neue TelferInnen" im Noaflsaal 2014 [Edith Hessenberger].

seits im Zuge von Schwerpunktsetzungen mit großer medialer Reichweite seitens großer Museen[5] rückt nun auch die Migrationsgeschichte der zweiten Hälfte des 20. Jahrhunderts zunehmend in den Fokus.

Geschichtsforschung als Methode der Sensibilisierung

Das Projekt „Alte Neue TelferInnen" mit Fokus auf die Telfer Migrationsgeschichte möchte einen Beitrag dazu leisten, die Geschichten der Zugewanderten aus der zweiten Hälfte des 20. Jahrhunderts mehr ins Bewusstsein zu rücken. Ereignisse, Perspektiven und Lebenserzählungen von MigrantInnen werden dokumentiert und teilweise öffentlich zugänglich gemacht, um damit Personengruppen in den Fokus zu holen, die bis dato in der Geschichtsschreibung der Marktgemeinde wenig repräsentiert waren. Dies trifft insbesondere auf ArbeitsmigrantInnen aus der Türkei oder Jugoslawien zu. Das Interviewprojekt hat hier den Anspruch, die gesellschaftlich vielfach defizitäre Wahrnehmung von MigrantInnen und ihres Beitrags zum Zusammenleben aufzuweichen

---

[5] Das Wien Museum bemüht sich um den Aufbau eines „Archivs der Migration", das Tiroler Volkskunstmuseum setzt 2016 und 2017 thematische Schwerpunkte in Form von Ausstellungen zur Tiroler Migrationsgeschichte.

und vielleicht sogar umzukehren. Gerade das Thema der Migration und Integration ist im Zuge politischer Diskussionen stark emotionalisiert.

Da allerdings im Projekt das Phänomen der Migration im Allgemeinen, verbunden mit ihrer Wahrnehmung durch die Betroffenen und die vielfältigen Begleiterscheinungen, im Mittelpunkt steht, endet das Interviewprojekt nicht beim Thema Arbeitsmigration. In den 1950er Jahren waren es vor allem Menschen, die im Rahmen des Optionsabkommens zwischen Hitler und Mussolini nach Tirol migrierten, und die damalige Telfer Bevölkerung mit ihren fremden Gebräuchen und durch ihre zahlenmäßig starke Zuwanderung in die „Südtiroler Siedlung" durchaus irritierten. Die Migrations- und Integrationserfahrungen dieser Südtiroler OptantInnen sind jenen der ArbeitsmigrantInnen aus den 1970er Jahren in mancher Hinsicht nicht unähnlich. Aus diesem Grund setzt das Forschungsprojekt bei den ältesten noch Lebenden der Telfer „Zuagroasten", nämlich den SüdtirolerInnen an.

Doch auch durch das Einbeziehen dieser Gruppe ist längst nicht alles gesagt. Die Mobilität der Gesellschaft, der Wohlstand und seine Begleiterscheinungen wie etwa der Tourismus nahmen in der zweiten Hälfte des 20. Jahrhunderts stetig zu und bewirkten, dass Menschen aus unterschiedlichsten Regionen und Ländern in (Liebes-)Beziehung traten und so überwiegend aus emotionalen denn aus wirtschaftlichen Gründen nach Telfs kamen. Diese Lebensgeschichten ähneln einander unabhängig vom Herkunftsland insofern, als sich das Gefühl der Vertrautheit durch den „einheimischen" Partner im Ort mit dem Gefühl der Fremdheit durch die eigene Migrationsgeschichte vermischen.

Im Zentrum des Projekts stehen also lebensgeschichtliche Interviews mit Menschen, die im Ausland geboren wurden und heute seit mehreren Jahrzehnten in Telfs wohnhaft sind. Ihr Beitrag zum Zusammenleben, einmal ins Rampenlicht gerückt, ist beeindruckend: Die gebürtige Dänin Jytte Klieber hat etwa das System der Hauskrankenpflege in Telfs und den umliegenden Gemeinden aufgebaut, der gebürtige Türke Temel Demir setzte sich für die Infrastruktur der Islamischen Glaubensgemeinschaft ein und

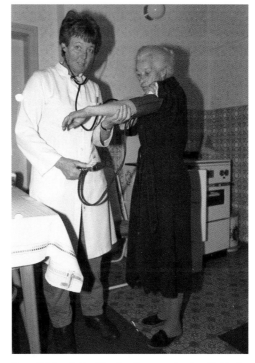

Jytte Klieber beim Blutdruckmessen in der Südtiroler Siedlung 1978 [Jytte Klieber].

bereitete maßgeblich den Boden für den interreligiösen Dialog, der gebürtige Bulgare Kristian Tabakov ist als Musikschullehrer und Musiker aus der Kulturszene nicht mehr wegzudenken, die Tanztherapeutin Judy Kapferer schuf völlig neue Angebote für Frauen, die dazu einluden, sich mit sich selbst und der eigenen Rolle auseinanderzusetzen. Doch die Leistung der Neuen TelferInnen besteht nicht nur in ihrem Beitrag zum öffentlichen Leben. Auch Menschen, die weniger in der Öffentlichkeit stehen, gestalten ihr Umfeld maßgeblich mit: durch ihre frische Perspektive auf das gesellschaftliche Leben, durch ihre verlässliche und qualitätsvolle Arbeit, durch ihre einzigartigen Erfahrungen nicht nur im Rahmen ihrer Migration, und vor allem durch ihr klares Bekenntnis zu Österreich, Tirol und Telfs als Heimat.

Der „Wahrheitsgehalt" von Erinnerungserzählungen

Die Methode des lebensgeschichtlichen Interviews zur Dokumentation von Zeitgeschichte wurde in der Vergangenheit immer wieder hinterfragt:[6] Die Hirnforschung zeigt klar auf, wie individuell und subjektiv die Prozesse der Wahrnehmung und der Erinnerung in unseren Köpfen vor sich gehen.[7] Das Umfeld prägt hier das Erinnern maßgeblich: Welche Geschichten werden bevorzugt immer wieder erzählt, welche Ereignisse verdrängt oder in ihren Abläufen verändert? Sogenannte „Erinnerungsgemeinschaften", oft eine Gruppe von Gleichaltrigen oder Menschen mit ähnlichen Erfahrungen, spielen bei der Entstehung einer Überlieferung der im Grunde subjektiven Erlebnisse eine große Rolle,[8] und dürfen bei der Rezeption der Erinnerungserzählungen keinesfalls außer Acht gelassen werden.

Gleichzeitig kehren im Zuge einer lebensgeschichtlichen Erzählung immer wieder verloren geglaubte Erinnerungen ins Bewusstsein zurück, biografische Forschung ist daher durchaus dazu geeignet auch „neues" Wissen zu erschließen. Emotionen spielen während des Erinnerungsprozesses eine große Rolle. Einerseits verleihen sie den Erinnerungen eine Vehemenz, gegen die eine auch noch so fundierte historische Faktendarstellung wenig ausrichten kann, weil diese emotional niemals vergleichbar besetzt ist.[9] Andererseits eröffnen Emotionen über Assoziationen neue Wege zu vielleicht neuem Wissen, neuen Kontexten, neuen Sichtweisen. Die erzählende Person führt ihre Biografie an einem roten Faden

---

[6] Ronald GRELE: Ziellose Bewegung. Methodologische und theoretische Probleme der Oral History. In: Lutz NIETHAMMER (Hg.): Lebenserfahrung und kollektives Gedächtnis. Die Praxis der „Oral History". Frankfurt a. M. 1980. S. 143–161. Hier S. 144.

[7] Wolf SINGER: Wahrnehmen, Erinnern, Vergessen. Über Nutzen und Vorteil der Hirnforschung für die Geschichtswissenschaft (Eröffnungsvortrag des 43. Deutschen Historikertags). In: Wolf SINGER: Der Beobachter im Gehirn. Essays zur Hirnforschung. Frankfurt a. M. 2002. S. 77–86. Hier S. 78–80.

[8] Albrecht LEHMANN: Erzählstruktur und Lebenslauf. Autobiographische Untersuchungen. Frankfurt a. M. 1983. S. 25.

[9] Harald WELZER: Das kommunikative Gedächtnis. Eine Theorie der Erinnerung. München 2002. S. 44.

vor und stößt so auf Zusammenhänge, die sie vielleicht seit langem vergessen hat und die ihr nun als besonders wichtig erscheinen.[10]

Im Kern der biografischen Forschung steht stets die Frage: Welches Wissen soll mithilfe von lebensgeschichtlichen Interviews dokumentiert werden? Die historischen Fakten, Daten, Zusammenhänge sind in vielen Bereichen hinreichend dokumentiert. Und dennoch erzählen sie nur einen Bruchteil davon, was Geschichte für die Menschen in ihrem konkreten Erleben, im Alltag, in Bezug auf die Gestaltung ihres Lebens bedeutete.

Abgesehen von schriftlichen Dokumenten wie Briefen oder Tagebüchern – und auch bei diesen handelt es sich stets um subjektive Momentaufnahmen – sind uns emotionale Lebenswelten in Bezug auf historische Ereignisse ausschließlich in Form von Erinnerungserzählungen von ZeitzeugInnen zugänglich. Selbstredend sind lebensgeschichtliche Erinnerungen nur selten zu einer kompletten Lebensgeschichte ausgearbeitet. Die Biografisierung eines Menschen besteht meist im Erzählen von Episoden aus dem eigenen Leben, die, wenn überhaupt, nur locker miteinander verbunden sind. Oftmals handelt es sich um Episoden, die durch wiederholtes Erzählen

Ali Ücler und Elvan Kiymaz in der Textilfirma Pischl 1975 [Ali Ücler].

eine feste, anekdotenhafte Form gewonnen haben.[11]

Allerdings geben sie Einblicke wie kein zweites Dokument dies vermag: Erinnerungserzählungen eröffnen einen Zugang zu subjektiven Erfahrungs- und Deutungswelten, und damit zu einem zentralen Komplex der Vorstellungen, Werte und Verhal-

---

[10] Joachim Schröder: Die gestohlenen Jahre. Erzählgeschichten und Geschichtserzählung im Interview: Der Zweite Weltkrieg aus der Sicht ehemaliger Mannschaftssoldaten (= Studien und Texte zur Sozialgeschichte der Literatur, Bd. 37). Tübingen 1992. S. 69f.
[11] Rolf Haubl: Die allmähliche Verfertigung von Lebensgeschichten im soziokulturellen Erinnerungsprozess. In: Margret Dörr, Heide von Felden, Regine Klein, Hildegard Macha und Winfried Marotzki (Hg.): Erinnerung – Reflexion – Geschichte. Erinnerung aus psychoanalytischer und biographietheoretischer Perspektive. Wiesbaden 2008. S. 197–212. S. 198.

tensnormen einer Gesellschaft.¹² In Bezug auf Menschen mit Migrationsgeschichte bedeutet dies, hinter Zahlen und Daten etwa zum persönlichen Erleben des Phänomens „Arbeitsmigration nach Österreich" Zugang zu erhalten. Darüber hinaus ermöglichen besonders Interviews, mehr über die Beweggründe für die Auswanderung oder die Bewertungen der Situation vor Ort erfahren zu können, Erzählungen über Europa, die Ankunft in Österreich oder Telfs mit neuen Augen zu sehen, und sich dabei vielleicht auch an eigene Erfahrungen – etwa in Bezug auf Telefon-Viertelanschlüsse oder die Versorgung in den Läden – zurückzuerinnern.

Erinnerungen haben stets aus sich heraus einen Sinn, der unabhängig von der durch die Erzählenden intendierten Wirklichkeit besteht und sich in eben dieser Abweichung von der Wirklichkeit verrät. Für die kulturwissenschaftliche Forschung ergeben sich in dieser Abweichung von der Wirklichkeit Einblicke in die gegenwärtigen Bedürfnisse der Gewährsperson, in ihre Leistungsfähigkeit, darüber hinaus in die mentalen Haltungen und intellektuellen Verarbeitungsweisen gesellschaftlicher Gruppen und ganzer Gesellschaften. So geben die Erzählungen der sich Erinnernden neben den Einsichten in die Persönlichkeitsstruktur und die aktuelle Gestimmtheit häufig auch Einblicke in ihre soziale und psychische Augenblickslage, ihre Hoffnungen, Erwartungen und Ziele.

Nicht zuletzt unterliegen all diese Einflüsse auf Erinnerungserzählungen auch kulturgeschichtlichen Epochen, die auf dem Wege der autobiografischen Erzählung mitunter fassbar werden.¹³

Zur Bedeutung der Erzählungen

Die Perspektiven von Minderheiten oder „Zugereisten" sind individuell sehr unterschiedlich, sie sind von vielen Faktoren abhängig. Dazu kommt, dass Erinnerungserzählungen wie im vorhergehenden Abschnitt ausgeführt, stets einen Ausschnitt abbilden und subjektiv sind.

Bei eingehender Betrachtung der vorliegenden Erzählungen wird allerdings schnell deutlich, dass sie mehr als ein Zeitdokument sind und darüber hinaus eine wertvolle Reflektion unserer Gesellschaft darstellen. Die Möglichkeit, als „Zugereister" die Gesellschaft in der neuen Heimat zunächst „von außen" zu betrachten, und schließlich Teil von ihr zu werden, kann eine Hilfestellung für ebendiese Gesellschaft sein, die eigenen blinden Flecken zu erkennen. Das Selbstbild einer Gesellschaft (auch reproduziert durch Traditionen, Riten, Üblichkeiten und Wertvorstellungen) entspricht nicht immer dem Bild, das sich andere von ihr machen. Es kann auf diesem Weg aber durch Außenwahrnehmungen ergänzt werden. In den Erinnerungserzählungen schei-

---

[12] Brigitta SCHMIDT-LAUBER: Grenzen der Narratologie. Alltagskultur(forschung) jenseits des Erzählens. In: Thomas HENGARTNER und Brigitta SCHMIDT-LAUBER (Hg.): Leben – Erzählen. Beiträge zur Erzähl- und Biographieforschung. Hamburg 2005. S. 145–162. S. 147.

[13] Edith HESSENBERGER: Erzählen vom Leben im 20. Jahrhundert. Erinnerungspraxis und Erzähltraditionen in lebensgeschichtlichen Interviews am Beispiel der Region Montafon/Vorarlberg. Innsbruck 2012. S. 46.

Familie Tosun bei der Weihnachts- und Geburtstagsfeier in der Rosengasse Ende 1970er Jahre [Dilek Tosun Karaağac].

nen diese „Außenwahrnehmungen" manchmal misszuverstehen, oft treffen sie mit ihrer Kritik aber den Kern. Es ist nicht leicht, einer Gesellschaft den Spiegel vorzuhalten. Wenn es aber gelingt, so stellt der Spiegel eine Chance zur Weiterentwicklung dar.

Die Perspektiven Zugewanderter weisen teils sehr starke Kontraste auf, einerseits die eigenen Biografien betreffend, andererseits die Perspektive auf die Mehrheitsbevölkerung betreffend. Als Äußerungen in einem Interview sind sie Momentaufnahmen, subjektiv und nicht immer repräsentativ. Wie aber umgehen damit, wenn Judy Kapferer anmerkt, dass sie feststellen musste, dass Mädchen in unserer Gesellschaft weniger wert sind als Buben? Oder wenn Gülseli Sahan betont, dass in türkischstämmigen Kreisen die Familie einen wesentlich höheren Stellenwert hätte als in der durchschnittlichen österreichischen Bevölkerung? Diese Beobachtungen sind Puzzlesteine einer Außenwahrnehmung unserer Gesellschaft, die sich in ihrer Auto-Zentriertheit eine selbstverständliche Bewertung der „Anderen" leistet, sich selbst jedoch nur mühsam und ungenügend reflektiert.

Es ist leicht, die Urteile anderer vom Tisch zu wischen. Natürlich lassen sich die Diagnosen stets relativieren, besonders wenn sie unangenehm sind. Gerade dann ist es aber wichtig, genauer hinzuschauen. Warum machen bestimmte Urteile betroffen? Warum bewegen einige Erzählungen besonders? Vielleicht auch: Warum verursachen einzelne Darstellungen Ärger? – Dieses Buch will auf diese Fragen keine Antworten geben. Es ist das Ziel, einige Erinnerungserzählungen und Perspektiven von Telfer MigrantInnen wie Steine eines unendlichen Puzzles an die Öffentlichkeit zu holen, und im besten Fall eine Auseinandersetzung damit anzuregen, was uns „fremd" und was uns „eigen" ist.

Ein migrationsgeschichtlicher Streifzug durch Telfs

(Stefan Dietrich)

Wer ist ein echter Telfer? Und warum? Wer bestimmt das? Und was kann, soll, muss man daraus ableiten? Dass solche Fragen, die eigentlich nicht sinnvoll zu beantworten sind, zum Thema werden, erscheint absurd. Doch sie waren ein Thema, als in den Jahren 2005/06 die sogenannte Minarett-Diskussion losbrach. Damals war ich verblüfft und fühlte mich als Historiker herausgefordert angesichts der Vehemenz, mit der plötzlich so viele Menschen ganz selbstverständlich auf ihr „Telfertum" pochten und sich damit abzugrenzen versuchten. Unsere Kultur – sogar vom Abendland war die Rede – müsse gegen „die Anderen", die Fremden, verteidigt werden.[1]

Verblüfft war ich auch deshalb, weil die angeführten Argumente vielfach die einfachsten historischen Tatsachen nicht berücksichtigten, ja von erstaunlicher Ahnungslosigkeit geprägt waren.

Man braucht sich nicht allzu sehr in die Vergangenheit zu vertiefen um zu erkennen, dass die einzige Konstante in der Geschichte der Wandel ist. Dass unsere heutige Gesellschaft und das Leben in einem Ort wie Telfs das Ergebnis komplizierter und vielfältiger Entwicklungen und sich ständig wandelnder Einflüsse und Wechselwirkungen ist. Und dass unsere kulturelle Identität eben nicht jener unveränderliche monolithische Block ist, den manche „Traditionswahrer" so gerne postulieren. Dasselbe gilt auch im Kleinen, für Familiengeschichten und die Biografie jedes einzelnen.

Da ich mich verpflichtet fühlte, hier als Telfer und Historiker Stellung zu beziehen, nahm ich auf dem Höhepunkt der Minarett-Auseinandersetzung mit der Gemeindeführung Kontakt auf und fand in Bgm. Dr. Stephan Opperer und dem Kulturreferenten Gernot Klais Gleichgesinnte. Das Ergebnis war – neben diversen schriftlichen Äußerungen[2] – die Ausstellung „Vom Kommen, Gehen und Bleiben" im Herbst 2006 im Fasnacht- und Heimatmuseum Noaflhaus. Die mit Bildern und kurzen Texten ausgestattete Schau warf – ganz subjektiv – schlaglichtartig Blicke auf die vom Bevölkerungswandel geprägte Geschichte von Telfs im 19. und 20. Jahrhundert. Ergänzt wurde die Ausstellung von der Prä-

---

[1] Gut eingefangen wurde diese Stimmung u. a. in der „Am Schauplatz"-Reportage „Fremde Nachbarn" des ORF, ausgestrahlt am 4.1.2009.
[2] Siehe z. B. den Beitrag „Von ‚echten' Telfern, ‚Neutelfern' und ‚Nichttelfern'" in „Miteinander Zukunft" (Weißbuch der Marktgemeinde Telfs, 2006).

Die Ausstellung „Vom Kommen, Gehen und Bleiben" im Telfer Noaflhaus war 2006 ein erster Versuch, die spannende und vielfältige Migrationsgeschichte von Telfs ins Bewusstsein der Bevölkerung zu rücken [Stefan Dietrich].

sentation „Innländer" von Martin Bucher.[3] „Vom Kommen, Gehen und Bleiben" erzählte von Aus- und Zuwanderern, von Karrnern, von Fabrikarbeitern – kurz, vom stetigen Bevölkerungswandel in Telfs in diesen von politischen Krisen und wirtschaftlichen Höhen und Tiefen reichen Jahrhunderten. Problemlos ließ sich auch der Zuzug türkischer und anderer Arbeitsmigranten ab den 1960er-Jahren in diese Entwicklung einordnen.

Darauf, dass der „Minarett-Streit" des Jahres 2006 schließlich mit einem Sieg der Rechtsstaatlichkeit über den Stammtisch und xenophobe Emotionen endete, dürfte die kleine Ausstellung keinen allzu großen Einfluss gehabt zu haben. Das geschah schon früher und war zum einen der konsequenten Haltung von Bgm. Opperer zuzuschreiben und zum anderen der Tatsache, dass sich landesweit und auch über Tirol hinaus namhafte Vertreter von Politik, Kirche und Gesellschaft – vom Bundespräsidenten und Bischof abwärts – hinter das selbstverständliche Recht der Telfer Muslime stellten, die Stätte ihrer Religionsausübung auch mit einem äußerlich sichtbaren Zeichen zu versehen.

---

[3] Eine Zusammenstellung der Texte und Bilder der Ausstellung befindet sich im Archiv der Telfer Gemeindechronik. Siehe auch: Martin BUCHER: Innländer – Telfs und die Fremden". Saarbrücken 2011.

Aus der Distanz von zehn Jahren kann man die damalige Minarett-Diskussion heute als wichtiges, ja historisches Ereignis für Telfs – und darüber hinaus – betrachten. Ihr Ausgang stimmte zuversichtlich in Hinblick auf ein gedeihliches Zusammenleben der verschiedenen Bevölkerungsgruppen. Von nicht weniger großer Bedeutung war, dass die im öffentlichen Bewusstsein der Mehrheitsbevölkerung durch Jahrzehnte kaum wahrgenommene türkischstämmige Bevölkerungsgruppe endlich zum Thema wurde und gleich auch den ihr zustehenden Platz in der Gemeinschaft erfolgreich einforderte, zu deren Wohlstand sie schon seit Jahrzehnten beigetragen hatte. Als äußeres Zeichen und Folgewirkung dieser Emanzipation kann man ansehen, dass es inzwischen (seit 2010) in Telfs einen türkischstämmigen Gemeinderat gibt und dass seit 2013 die erste und einzige Nationalratsabgeordnete, die die Marktgemeinde je gestellt hat, eine kurdischstämmige Frau ist.

Betrachtet man die heutige Situation, wird aber deutlich, dass die Wirkung dieser durchaus erfreulichen und notwendigen Entwicklungen und die Ergebnisse der damaligen Auseinandersetzung nicht überzubewerten ist. Vor dem Hintergrund der gegenwärtigen Flüchtlingsdiskussion zeigt sich – neben vielen positiven Signalen, die es natürlich gibt – auch in Telfs, dass die von Ängsten und Emotionen geprägte Auseinandersetzung mit dem Fremden, mit Zuwanderung, der eigenen Identität usw. nicht weniger irrational und emotional geführt wird als 2006, und dass es heute mindestens ebenso wichtig ist, die Fragen von damals noch einmal aufzuwerfen. So macht es etwa nachdenklich, dass Lokalpolitiker auch heute ganz selbstverständlich von „unseren Leuten" und den „Anderen" sprechen – obwohl nicht wenige dieser „Anderen" mitunter bereits deutlich länger in Telfs leben, als mancher, der ihnen Andersartigkeit zuschreibt. Und es gibt zu denken, dass es auch 2016 noch vorkommen konnte, dass ein Gemeinderat dem anderen in öffentlicher Sitzung vorwirft, „kein richtiger Telfer" zu sein.

Dies lässt mich zum Ausgangspunkt zurückkehren, zur Frage nach den „Ur-Telfern" und „Neu-Telfern" und zum „Kommen, Gehen und Bleiben".

Aufbauend auf frühere Texte zu diesem Thema wird im Folgenden versucht, die Geschichte von Telfs aus einem ganz speziellen Blickwinkel zu betrachten. Es soll ein kleiner Streifzug durch die Vergangenheit der Gemeinde unternommen werden, bei dem Wandel und Kontinuität, Zu- und Abwanderung, Einflüsse und Wechselwirkungen – eben das „Kommen, Gehen und Bleiben" – im Mittelpunkt stehen. Die Darstellung erhebt keinen Anspruch auf Vollständigkeit und tiefgründige Wissenschaftlichkeit. Sie versucht, neue Perspektiven in die historische Betrachtung zu bringen und Denkanstöße zu geben.

Es überrascht nicht, dass Telfs hier keine Ausnahme darstellt: Wie überall in der Welt trafen sich auch im Tiroler Ort am Fuß der Hohen Munde von jeher Menschen aus allen Himmelsrichtungen, kommunizierten, handelten, bekämpften sich, tauschten Ideen aus und gründeten Familien. Und sie veränderten einander.

Um nicht allzu weit auszuholen sei nur kurz erwähnt, dass sich dies schon in den frühesten archäologischen Stätten von Telfs nachweisen lässt, so zum Beispiel bei den jüngst gemachten Funden im späteisenzeitliche Opferheiligtum am Schlossbichl, wo nicht nur Hinterlassenschaften der einheimischen Räter, sondern auch keltische und römische Objekte ans Licht kamen.[4]

Aufschlussreiches über die Siedlungsgeschichte verraten wie zu erwarten auch die Ortsbezeichnungen. Nur zwei markante Beispiele seien genannt: Der Name „Telfs" wird nach neuesten sprachwissenschaftlichen Erkenntnissen aus vorrömischen Wurzeln hergeleitet und bedeutet demnach „ebene Fläche".[5] Und auch der Telfer Hausberg, die Hohe Munde, erinnert daran, dass im Talkessel zu ihren Füßen keine unveränderliche Einheitskultur herrschte und nicht immer nur Deutsch gesprochen wurde. Der Name leitet sich von der lateinischen bzw. rätoromanischen Bezeichnung für „Berg" ab.[6]

Nicht weniger interessant zum Thema „Kommen, Gehen und Bleiben" – und vor allem reichhaltiger – sind die schriftlichen Quellen, die im Hochmittelalter einsetzen. Das frühe Namensmaterial, das in dieser Zeit in Urkunden, später auch in Steuerlisten und Untertanenverzeichnissen überliefert wird, fordert geradezu heraus, Vergleiche in Sachen Kontinuität und Wandel der Bevölkerung zu ziehen. Wie weit können die selbsternannten „echten Telfer" ihre Ahnenreihe wohl zurückführen?

In erhalten gebliebenen Urkunden des 13. und 14. Jahrhunderts, also der Zeit, in der die Familiennamen allmählich üblich werden, tauchen im Zusammenhang mit Telfs insgesamt 34 Namen auf.[7] Acht davon sind auch heute im Telefonbuch der Marktgemeinde zu finden, nämlich: Prantner, Puelacher, Gaßler, Greif, Haller, Löffler, Scheiring und Strobl. Allerdings tauchen nur zwei (!) dieser Namen (Puelacher und Scheiring) auch in allen späteren Einwohnerverzeichnissen (siehe unten) auf, was erst tatsächlich auf eine über die Jahrhunderte dauernde Kontinuität dieser Namen in Telfs schließen lässt.

Besonders bemerkenswert ist im Zusammenhang mit diesem frühen Namensmaterial, dass in einer Urkunde aus dem Jahr 1321 eine Frau namens „Agnes die Chriechinne" erwähnt wird, die ein Gut zu Telfs verkaufte. Wenige Jahre später wird sie als „Agnes die Kriechin" noch einmal genannt, ebenso ihre Söhne Johann und „Peter der Chrieche". Da hinter diesen Beinamen unschwer die Bezeichnung „die Griechin" bzw. „der Grieche" zu erkennen ist, dürften

---

[4] Markus WILD und Tamara SENFTER: Telfs-Schlossbichl-Sondierungsgrabung 2015 (= unveröffentlicher Grabungsbericht). Innsbruck 2015.
[5] Peter ANREITER, Christian CHAPMAN, Gerhard RAMPL: Die Gemeindenamen Tirols – Herkunft und Bedeutung. Innsbruck 2009. S. 214f.
[6] Hansjörg HOFER, Hubert AGERER: 2662 – Hohe Munde. Telfs 2015. S. 12f.
[7] Das historische Urkundenmaterial wurde im ersten Telfer Heimatbuch von Otto Stolz vorbildlich aufgearbeitet und z. T. publiziert: Walter THALER (Hg.): Heimatbuch von Telfs, Pfaffenhofen, Oberhofen und Rietz im Oberinntal, Innsbruck 1955 (= Band 112 der „Schlernschriften"). Die meisten der folgenden Angaben über das Namensmaterial in Urkunden und sonstigen Dokumenten wurde dieser Publikation entnommen.

Zwei der Telfs betreffenden Seiten im Tiroler Untertanenverzeichnis, das Landesfürst Erzherzog Friedrich („Friedl mit der leeren Tasche") 1427 anlegen ließ. Damals wurden 76 Haushalte namentlich erfasst [Tiroler Landesarchiv].

wir hier die ersten namentlich fassbaren Zuwanderer aus einem anderen Kulturkreis in Telfs vor uns haben, die offenbar auch noch begütert waren. Es ist anzunehmen, dass „Griechin/Grieche" hier nicht ethnisch gemeint ist, sondern sich auf die Religionszugehörigkeit bezieht, dass also Angehörige des griechisch-orthodoxen Glaubens gemeint sind. Diese exotischen „Ur-Telfer" (oder ihre Vorfahren) könnten – vielleicht im Zusammenhang mit dem Orienthandel der italienischen Städte – irgendwo aus dem oströmisch-byzantinischen Reiches zugewandert sein …[8]

Naturgemäß erhöht sich die Zahl der heute noch gängigen Namen, je weiter man in den Jahrhunderten voranschreitet. Im landesfürstlichen Untertanenverzeichnis von 1427 sind für Telfs 380 Einwohner registriert, die sich auf 76 Haushalte (Feuerstellen) verteilen. Insgesamt 27 verschiedene Familiennamen werden dabei genannt. Immerhin zehn davon (ca. 37 %) enthält auch noch (z. T. in leicht abgewandelter Schreibweise) das Telefonbuch von 2016: Baldauf, Platner/Plattner, Pulacher/Puelacher, Härting/Herting, Kopp, Löffler, Riner/Rinner, Scheiring, Schrot/Schrott und Schütz.

Im Steuerkataster von 1627 sind 110 Namen von grundbesitzenden Telfern aufgeführt. Weniger als Hälfte davon – 44 Namen – steht heute noch (bzw. wieder) im Telefonbuch (Angermann, Baumann/Paumann, Beham/Pöham, Pichler, Pischl, Plattner, Posch, Puelacher, Kirchmair, Klieber, Kluibenschädl/Kloibenschödl, Klotz, Kranebitter, Krug, Degenhart, Dietrich, Gapp, Gassler, Grill, Hagele, Haidt/Haid, Haslwanter, Heigl, Heiß, Hölriegl/Hellriegl, Jäger, Lang, Lechner, Lindacher, Mader, Neuner, Ofner, Rinner/Riener, Sailer, Santele/Santeler, Saurer, Scheiring, Schilcher, Schreier, Seelos, Spiegl, Steiner, Wacker, Zoller).

Diese Betrachtung liefert interessante Ergebnisse, wenn auch, wie bereits angedeutet, damit noch nichts über tatsächliche Kontinuitäten ausgesagt werden kann; die Namensnennung bedeutet nicht automatisch, dass heute lebende Namensträger tatsächlich von den 1627 registrierten Personen abstammen. Aber immerhin: 44 Telfer Familien können bis zum Beweis des Gegenteils für sich in Anspruch nehmen, dass ihre Vorfahren bereits vor rund 400 Jahren in Telfs ansässig waren. Etwas relativiert wird dieses Spiel mit Namen und Zahlen allerdings durch die Tatsache, dass heute in Telfs mehrere tausend Familiennamen registriert sind. Außerdem ist zu bedenken, dass hier nur der männliche Hauptnamensstamm verfolgt wird. Darüber, woher die eingeheirateten Frauen und ihre Vorfahren stammten, ist dadurch nichts ausgesagt.

Es ist anzunehmen, dass es in einem Ort von der Größe und wirtschaftlichen Dynamik von Telfs so gut wie nie Zeiten gab, in denen Migration keine Rolle spielte, in denen niemand zu- oder abwanderte. Die historischen und ökonomischen Entwicklun-

---

[8] Zur Untermauerung der Interpretation, dass mit Chriechinne/Kriechin die Religionszugehörigkeit gemeint ist, sei an Oswald von Wolkensteins Lied „Es fuegt sich …" verwiesen, in dem er erzählt, dass er auf seinen Reisen bei „Cristen, Kriechen, Haiden" gelebt habe.

gen sorgten dafür, dass sich immer wieder „Nichttelfer" in „echte Telfer" verwandelten und umgekehrt. Wie heute war der Ort auch in früheren Jahrhunderten geprägt von seiner zentralen Lage und seiner Funktion als Verkehrsknoten, Verwaltungszentrum und Umschlagplatz. Wichtig war etwa bis ins 19. Jahrhundert hinein der Salzhandel. Bis Telfs verschiffte man das in Hall gewonnene „weiße Gold" auf dem Inn. Im Telfer Salzstadel, einem monumentalen Bauwerk nahe der Brücke, wurde es zwischengelagert und dann zum Weitertransport über den Fernpass und in den süddeutschen Raum auf Fuhrwerke verladen. Man hat ausgerechnet, dass damals mindestens 30 Salzfuhrwerke täglich durch den Ort gezogen sein müssen – ein regelrechter Transitverkehr mit allen dazugehörigen Problemen, aber auch Chancen.[9]

Eine Zeitlang spielte in der frühen Neuzeit auch der Bergbau eine wirtschaftliche Rolle in Telfs. Zweifellos wurden für diesen auf Spezialisten angewiesenen Wirtschaftszweig Fachleute von außen geholt. Auch Beamte und Verwaltungspersonal, die im Landgericht und anderen Behörden tätig waren, kamen in der Regel von auswärts. Ein gutes Beispiel dafür ist die Familie von Braitenberg. 1707 wurde der aus dem Südtiroler Landadel stammende Johann Baptist von Braitenberg als Richter und Pfleger des Landgerichts Hörtenberg-Telfs eingesetzt. In der Folge übte die Familie dieses Amt

Johann Nepomuk Roman von Braitenberg (1785–1862), ein Spross der 1707 zugezogenen Familie von Braitenberg, die über mehrere Generationen die Richter des Landgerichts Telfs stellte. Er war 1809 Schützenhauptmann und von 1824 bis 1826 Gemeindevorsteher [Sammlung Gernot Braitenberg, Wien].

drei Generationen lang aus. Mehrere Familienmitglieder zogen als Schützenhauptleute und -offiziere der Hörtenberger Schützenkompanien ins Feld. Der letzte Landrichter aus der Braitenberg-Dynastie, Johann Josef Kajetan von Braitenberg, verlor sein Amt, nachdem er sich 1809 auf die Seite der Tiroler Erhebung gestellt hatte. Ein Sohn von Johann Josef Kajetan, Johann Nepomuk Roman von Braitenberg, lebte noch bis 1862 in Telfs, war dort Gerichtsbeamter und von 1824 bis 1826 sogar Gemeindevorsteher.[10]

---

[9] Stefan DIETRICH: Feudalherren, Fuhrleute, Fabrikarbeiter. In: Festschrift 100 Jahre Marktgemeinde. Telfs 2008.
[10] Der Telfs betreffenden Abschnitt der von Dr. Gernot Braitenberg verfassten Familienchronik befindet sich in der Telfer Chronistenbibliothek, ein weiteres Exemplar im Besitz des Verfassers.

Die unruhigen Zeitläufe brachten aber auch weniger erfreuliche Begegnungen mit Fremden. Vom 16. bis ins 20. Jahrhundert war Telfs bei vielen kriegerischen Ereignissen, in die Tirol verwickelt war, konfrontiert mit durchziehenden oder hier Quartier nehmenden Truppen, auch wenn uns hier nur bruchstückhafte Quellen vorliegen. Diese beginnen mit der Plünderung des Ortes durch die Landsknechte des Kurfürsten Moritz von Sachsen im Jahr 1552 und reichen bis zu den bayrischen Einquartierungen im Jahr 1809 und die Besatzungszeit nach dem Zweiten Weltkrieg.

Eine besonders bemerkenswerte Episode in diesem Zusammenhang: Im Jahr 1634, während des Dreißigjährigen Krieges, waren mehrere Monate lang spanische Soldaten in großer Zahl in Telfs einquartiert. Obwohl es sich dabei um habsburgische, also verbündete Truppen handelte, verliefen die Kontakte zwischen den Einheimischen und den zwangsweise zugewiesenen „Gästen" nicht immer konfliktfrei. In Beschwerdeschreiben ist von Zwischenfällen und Zusammenstößen die Rede, bei denen es sogar Verletzte und Tote gab.[11] Zweifellos wird es hier aber auch zu zwischenmenschlichen Kontakten gekommen sein – und sehr wahrscheinlich gibt es heute so manchen alteingesessenen Telfer, der einen spanischen Musketier unter seinen Vorfahren hat.

Neben den politischen Verwerfungen spielten beim Thema Zuzug und Abwanderung aber natürlich in erster Linie wirtschaftliche Entwicklungen eine Rolle. Es waren vor allem krisenhafte Erscheinungen, die Tirol und auch Telfs nach dem Niedergang des Bergbaues in der Region seit dem 17. Jahrhundert in Atem hielten. Speziell im Oberinntal kam noch die fortgesetzte Zersplitterung des bäuerlichen Grundbesitzes durch Erbteilung dazu, die zu immer kleineren und weniger lebensfähigen landwirtschaftlichen Einheiten führte.

In diesen wirtschaftlich schwierigen Zeiten war es oft nur erschwert möglich, sich in Telfs niederzulassen. Die Gesellschaft war nach Besitzstand strikt hierarchisch gegliedert, man unterschied zwischen den Besitzern vollwertiger (Bauern-)Güter und den sogenannten Söllleuten, die nur ein kleines Haus und höchstens ein kleines Feldstück besaßen und ihren Lebensunterhalt z. B. als Handwerker oder Fuhrleute verdienten. Ganz unten in der Hierarchie standen die „Inwohner", die besitzlos waren und bei ihren Dienstgebern oder zur Miete wohnten. Zeitweilig wurden Zuzugsverbote erlassen und die Polizeiordnung des Gerichtes Hertenberg aus dem Jahr 1600 legte fest, dass jeder, der sich in Telfs niederlassen wollte, um Bewilligung anzusuchen hatte. Teilweise hatten potentielle „Neu-Telfern", darunter auch einheiratende Ehegatten, ein „Einkaufsgeld" zu hinterlegen. Diese Sicherheitsleistung ist noch in der „Ehehaft" (= Gemeindeordnung) von 1804 ein Thema. Solche Vorschriften spiegeln aber weniger eine grundsätzliche Abwehrhaltung gegen Fremde wieder, sondern waren in erster

---

[11] Martin P. SCHENNACH: Tiroler Landesverteidigung 1600–1650 – Landmiliz und Söldnertum, Innsbruck 2003. S. 342.

Linie sozialpolitische Steuerungsmaßnahmen. Sie sollten sicherstellen, dass keine mittellosen Leute zuziehen. Reiche Zuwanderer waren – nicht anders als heute – stets willkommen. Dies bestätigt auch die Tatsache, dass fallweise von wohlhabenden Wegziehenden ein nach der Höhe ihres Besitzes gestaffeltes „Abzugsgeld" vorgeschrieben wurde, das den Vermögensabfluss zumindest etwas kompensieren sollte.[12]

Wie bereits angesprochen war es kein Zufall, dass Anfang des 19. Jahrhunderts derartige Strafzahlungen eingeführt wurden, denn auch in Telfs war in diesen Zeiten die Not in weiten Bevölkerungskreisen eine Dauererscheinung. Die Folge war, dass auch zahlreiche Ortsbewohner gezwungen waren, ihr Auskommen – sei es temporär oder dauerhaft – in der Fremde zu suchen. Einige verstreute Quellen geben ein Bild davon, wie diese Menschen, die heute mancher „besorgte Bürger" ohne Zögern als „Wirtschaftsflüchtlinge" bezeichnen würde, ihre meist sehr dürftige Existenz bestritten.

Da gab es die zum einen die Karrner – auch Landgeher, Jenische und Laninger genannt – die ab dem 17. Jahrhundert in den Quellen aufscheinen und schließlich eine eigene Bevölkerungsgruppe bildeten. Ihre Lebensweise als „Fahrende" entsprach jener der Sinti und Roma, jedoch stammten die Karrner im Wesentlichen von verarmten Tiroler Kleinbauern ab, die irgendwann ihre winzigen Güter verloren oder aufgegeben hatten. Die Bandbreite dieser nicht-sesshaften Kleingruppen und Familienverbände, die mit ihren Karren durchs Land zogen, reichte dabei von echten Vagabunden über Pfannenflicker und Scherenschleifer bis zu erfolgreichen Kleinhändlern, die sich einen bescheidenen Wohlstand erarbeitet hatten. Telfs war einer der Orte im Oberland, in dem mehrere Karrner-Familien noch von alters her Heimatrechte hatten und deshalb dort ihr Winterlager aufschlagen durften, das abseits der Siedlung im Spridrichwald lag. Die „Jenischen" waren noch bis ins 20. Jahrhundert hinein mit ihren Karren auf den Tiroler Landstraßen unterwegs. Karl Schönherr, der diese diffamierte, aber durchaus auch selbstbewusste Bevölkerungsgruppe bei seinen Ferienaufenthalten in Telfs studieren konnte, hat den Karrnern in seinem Werk ein bleibendes, wenn auch etwas verklärendes literarisches Denkmal gesetzt.[13]

Neben den Landfahrern gab es auch noch andere Bevölkerungsgruppen, die ihren Lebensunterhalt nur durch zeitweilige Auswanderung bestreiten konnten, ohne jedoch ihren Wohnsitz aufzugeben. Regelmäßig waren vor allem im 19. Jahrhundert – neben Handwerkern und Saisonarbeitern – die sogenannten „Schwabenkinder" gezwungen, ihre Familien zu verlassen, um sich als jugendliche Hirten, Knechte und Mägde im süd- und südwestdeutschen Raum zu verdingen. Sie lassen sich auch für Telfs nach-

---

[12] Walter THALER (Hg.): Heimatbuch von Telfs, Pfaffenhofen, Oberhofen und Rietz im Oberinntal. A. a. O. S. 80f.
[13] Zum Beispiel im Drama „Karrnerleut" und in der Erzählung „Der Schnauzl". Ich erspare mir Hinweise auf die durchaus vielfältige und umfangreiche wissenschaftliche Literatur zu den Tiroler Karrnern.

weisen. Vom Telfer Landrichter Anton von Gasteiger stammt sogar ein besonders eindringlicher und berührender Bericht über das Schwabenkinder-Unwesen. Bereits im „Hungerjahr" 1816 hält er darüber folgendes fest:

„Die Kleinhäußler ergreifen schon frühzeitig den Wander Stab, und wandern auf kurze Zeit aus, um in der Fremde Verdienst zu suchen, den ihnen ihr karges Vaterland nicht giebt, und nach einigen Monden mit dem Sparpfening wieder heim zu kehren, den sie in das Hausweßen legen, und so es möglich machen, daß sich ihre Familie erhalten kann.

Schon als Kinder werden sie in fremde Länder ausgewießen, um dort auf gerade wohl Arbeit zu suchen. Es ist oft ebenso rührend, und Herz brechend, wenn im ersten Frühling ganze Truppen Kinder dem Gerichte vorgestellet werden, mit der Bitte, ihnen einen Paß zu Handen zu stellen, um im Schwaben- oder BaierLande als Hirten abgehen zu können. Dieße Kinder mit dem Paß im Sacke, und mit dem Segen ihrer Eltern ausgerüstet, ohne Leiter, ohne Geld, ohne Vorßorge, und gröstentheils ohne sichere Bestimmung reißen sich aus dem Schoße ihrer Familie, um den Sommer hindurch Nahrung, und ein Kleidchen zu erobern, das sie im Winter vor der Kälte schützet.

Gewöhnlich ist ein Knabe, der schon in jenen fremden Gegenden diente, der Führer dießer Kinder, und dieße Kinder scheinen den Weg zur Herzen guter Menschen richtig immer anzutreffen; denn selten kömmt eines Dienstloß, fast alle durchaus wohlgenährt, und gekleidet im Spätherbste zur Familie zurück, und ihr äußeres sagt, daß sie größtentheils gute Nähr- und Zieh-Ältern angetroffen haben.

Allein welches Hazart-Spiel spielt da die Jugend! – Die Kinder im zartesten Alter werden in unbekannte Hände gegeben, oft wohl gar dem unsichern Schiksaale ausgesetzt, und manches Kind wird verwahrloßet, und gehet zu Grunde.

Die Noth bezwingt aber alle Bedenklichkeiten, und die Väter dießer Kinder sind froh, ein Kind auf so eine Art aus ihrer Kost zu bringen."[14]

An anderer Stelle dieser Beschreibung geht der Telfer Richter auch auf die Wanderhändler und erwachsenen Saisonarbeiter aus seinem Bezirk ein. Er erwähnt, dass es kaum einen Ort in Nieder- oder Oberbayern gebe, in dem man nicht Tiroler Arbeiter antrifft, die wegen ihres Fleißes besonders geschätzt würden. Als Waren der reisenden Händler, die, so Gasteiger, manchmal bis Frankreich kommen, nennt er etwa Leinsamen, Ameiseneier, seltene Vögel und Tiere. Er wundert sich, „wie so eine Unbedeutenheit so viel Gewinn abwerfen kann, um sich damit erhalten zu können", merkt aber dann an: „Dieße Betriebsamkeit ist eine eigene Art Industrie, die nur ein genügßamer, mit sich selbst karger Mann treiben kann, in-

---

[14] Topographisch-historisch-statistische Notizen von dem Landgerichte Telfs oder Hörtenberg und Schloßberg von Anton von Gasteiger, Landrichter zu Telfs; Handschrift im Tiroler Landesmuseum Ferdinandeum, Bibl. Dipaul, Nr. 1271.

deßen ist der Gesamt Ziffer dießes vielfachen Erwerbes, der im Auslande geholt wird, nicht mehr unbedeutend; und hierauf ist die Existenz vieler Familien gefußet."[15]

Neben den Saisonarbeitern und umherziehenden Händlern gab es natürlich auch in Telfs „echte" Auswanderer, Menschen, die ihrer Heimat auf Dauer den Rücken kehrten. Da auf diesem Gebiet detaillierte Forschungen bisher fehlen, wissen wir von diesen Emigranten, deren Zahl erheblich gewesen sein dürfte, nur aus einigen wenigen, zufälligen aufgefundenen Hinweisen. So ist etwa überliefert, dass unter rund 200 Oberinntaler Auswanderern, die 1629 vor der katastrophalen wirtschaftlichen Situation nach Niederösterreich flohen, 17 aus dem Gerichtsbezirk Telfs stammten. Aus Telfs selbst kamen dabei fünf Maurer, ein Zimmermann, ein Schneider, ein Weber und ein Tagwerker.[16] Auch unter den Auswanderern, die in den 1860er-Jahren im peruanischen Pozuzo niederließen, befanden sich mehrere Telfer.[17] Ebenso wissen wir von Telfern, die sich den Siedlern anschlossen, die 1933/34 die „Tiroler Kolonie" Dreizehnlinden in Brasilien gründeten.[18] Aus der eigenen Familienüberlieferung kann die Erinnerung an einen USA-Auswanderer, Josef Dietrich, beigesteuert werden, der Telfs 1891 Richtung Kalifornien verließ.[19]

Neben diesen „klassischen" Auswanderern darf auch eine weitere, eher kleine Gruppe von Telfern nicht vergessen werden, die ihr Auskommen ebenfalls außerhalb ihrer Heimat suchte und diese in der Regel dauerhaft verließ. Die Rede ist von Menschen, die in gehobenen bzw. kreativen Berufen tätig waren, die sie in ihrem ländlichen Heimatort kaum hätten ausüben können. Bei dieser sozusagen elitären Gruppe von „Wirtschaftsflüchtlingen" spielten vor allem Künstler eine Rolle.[20] Zu ihnen zählen etwa der Hofbildhauer Urban Klieber (1741–1803) oder die Maler Anton Zoller (1695–1768) und Josef Schöpf (1745–1822), um nur die wichtigsten zu erwähnen. Diese und andere Telfer Künstlerpersönlichkeiten stammten in der Regel aus einfachen Ver-

---

[15] Vgl. ebd.
[16] Georg Jäger: Schwarzer Himmel – Kalte Erde – Weißer Tod. Eine kleine Agrar- und Klimageschichte von Tirol. Innsbruck 2010. S. 183f.
[17] Elisabeth Habicher-Schwarz: Pozuzo – Tiroler, Rheinländer und Bayern im Urwald Perus. Hall o. J. S. 323, 326. Von zwei weiteren Telfern, die 1868 über Antwerpen nach Peru reisen wollten, ist in einem Artikel der Innsbrucker Nachrichten vom 22. Mai 1868 die Rede. Sie kehrten bereits in Mannheim um, nachdem sie von einem Auswanderungs-Agenten – heute würde man wohl „Schlepper" sagen – um ihr ganzes Geld gebracht worden waren.
[18] Tiroler Tageszeitung, 23. Juli 1983.
[19] Die Verbindung zwischen diesem 1867 geborenen Bruder meines Großvaters zur Familie in Telfs riss zwar ab, doch konnte ich ihn mittlerweile auf einer amerikanischen Genealogie-Homepage identifizieren. Demnach wurde er 1896 eingebürgert und lebte als Bergarbeiter in Nevada und später in Kalifornien. Er gründete eine Familie, Nachkommen leben noch heute in Kalifornien.
[20] Siehe zu den im Folgenden genannten Personen: Gertrud Pfaundler-Spat: Tirol-Lexikon. Innsbruck 2005. Walter Thaler, Wolfgang Pfaundler, Herlinde Menardi: Telfs – Porträt einer Marktgemeinde. Telfs 1988.

hältnissen und führten oft über Jahre ein unstetes Wanderleben, das sie nach Rom, Wien, Ungarn, Polen und andere für damalige Verhältnisse weit entfernte Gegenden führte. Ein anderer prominenter „Exiltelfer" dieser Zeit ist Alois Weißenbach (1766–1821). Als Militärarzt zog er in der Epoche der Napoleonischen Kriege mit der österreichischen Armee durch halb Europa. Später war er in Salzburg, wo er sich niedergelassen hatte, literarisch tätig. Er schrieb eine Reihe heute vergessener Theaterstücke und Hymnen, war mit Beethoven befreundet und korrespondierte mit Goethe.

Zu diesem „kulturellen Export" lässt sich übrigens für die jüngste Zeit eine Gegenrechnung aufmachen. Viele wichtige Künstler des 20. Jahrhunderts, mit denen sich Telfs gerne schmückt, sind Zuwanderer. So der Dramatiker und Wahltelfer Karl Schönherr (1867–1943), der Maler und Bildhauer Andreas Einberger (1878–1952) und der Maler und Grafiker Sepp Schwarz (1917–2014). Der Objektkünstler und Documenta-Teilnehmer Walter Pichler (1936–2012) stammte aus einer Südtiroler Zuwandererfamilie, wuchs in Telfs auf, verließ die Marktgemeinde aber schon in jungen Jahren.

Büste des Malers Josef Schöpf (1745–1822) im Telfer Untermarkt. Er gilt als „großer Sohn" von Telfs, verließ seinen Heimatort aber schon in jungen Jahren, u. a. zu einem mehrjährigen Studienaufenthalt in Rom. Schöpf zählt zu den bedeutendsten Künstlern Tirols [Stefan Dietrich].

Doch nach diesem zeitlichen Vorgriff noch einmal zurück in eine für die Bevölkerungsentwicklung von Telfs entscheidende Zeit: Ins letzte Viertel des 19. Jahrhunderts fallen mit dem Anschluss an das Eisenbahnnetz und dem damit zusammenhängenden Aufbau gewaltiger neuer Industriekapazitäten Innovationen, durch die Telfs quasi neu erschaffen wurde.

Die Anfänge der Textilerzeugung reichen in Telfs zwar schon ins 18. Jahrhundert zurück, ein überregional bedeutender Produktionsstandort wurde die Gemeinde jedoch erst in den 1880er-Jahren mit dem Einstieg des Schweizer Großunternehmens Jenny & Schindler und dem Aufblühen der bisher kleinen heimischen Webereien Franz Pischl und Josef Heim (ab 1897 Elsinger & Söhne).

Obwohl zwischen der Gemeinde und Jenny & Schindler im Jahr 1887 vertraglich vereinbart wurde, dass der Betrieb in erster Linie einheimische Arbeiter anstellen solle, kam es mit der Schaffung der neuen

Arbeiterinnen und Arbeiter der Baumwollspinnerei Jenny & Schindler im Jahr 1897. Nach der Eröffnung der Textilfabrik im Jahr 1889 strömten in großer Zahl Arbeitskräfte aus Nah und Fern nach Telfs und veränderten die Bevölkerungsstruktur nachhaltig [Museum Noaflhaus/Heimatbund Hörtenberg].

Erwerbsmöglichkeiten zu einem starken Zustrom von Arbeitskräften. Allein schon der Anstieg der Einwohnerzahl spricht hier eine deutliche Sprache: Sie erhöhte sich zwischen den Volkszählungen von 1880 und 1910 um mehr als 900 oder rund 40 % von 2261 auf 3198 Personen.

Über die Herkunft der Zuwanderer gibt eine Quelle aus dem Jahr 1910 Auskunft. Demnach waren damals 1905 Personen nach Telfs „heimatzuständig", 460 stammten aus anderen Orten des Gerichtsbezirks, 546 aus anderen Gemeinden Tirols, 204 aus Ländern Österreich-Ungarns und 83 aus dem Ausland. Der Zuwanderungsschub in den ersten Jahrzehnten der Textil-Hochblüte wirkt bis in die Gegenwart prägend auf die Telfer Bevölkerung. So mancher heutige „Urtelfer" würde staunen, wie schnell er bei Nachforschungen in seiner Vorfahrenreihe Arbeitsimmigranten aus der Zeit vor dem Ersten Weltkrieg finden kann, möglicherweise sogar solche, die nur gebrochen Deutsch sprachen.[21]

Schon um die Jahrhundertwende war die Telfer Bevölkerung also massiv in Bewegung gekommen. Weitere ebenfalls bedeu-

---

[21] Stefan DIETRICH: Von „echten" Telfern, „Neutelfern" und „Nichttelfern", in „Miteinander Zukunft" (Weißbuch der Marktgemeinde Telfs, 2006).

tende Umwälzungen brachten die Ära der Krisen und Kriege in der ersten Hälfte des 20. Jahrhundert mit sich. Wirtschaftliche Schwankungen der besonders krisenanfälligen Textilindustrie bewirkten ebenso wie die Kriegsereignisse wechselweise Zu- und Abwanderungen, wobei die Bevölkerungsbilanz insgesamt positiv ausfiel: Die Volkszählung von 1951 registrierte 4786 Telfer, was ein weiteres Anwachsen der um rund 50 % seit 1910 bedeutet.

Der Erste Weltkrieg brachte der Marktgemeinde Truppeneinquartierungen und auch bereits den Zuzug von kriegsgefangenen Zwangsarbeitern, sein Ende – bedingt durch den Stillstand der Fabriken – kurzzeitige Abwanderungen.[22] Als die Textilindustrie den Betrieb wieder aufnahm, zog sie erneut Arbeitskräfte an. Problemlos liefen, wie schon angedeutet, diese Fluktuations- und Integrationsprozesse aber auch damals nicht ab. Besonders in der von Krisen und Arbeitslosigkeit geprägten Zwischenkriegszeit tauchen Polemiken gegen zugezogene Arbeiter auf, die auch in den Zeitungen ausgetragen wurden.[23]

Ein interessantes Dokument in diesem Zusammenhang ist eine Akte im Gemeindearchiv aus dem Jahr 1936.[24] Damals intervenierte die Gemeindeführung einmal mehr bei den Betrieben Pischl und Schindler und pochte vor dem Hintergrund der hohen Arbeitslosigkeit im Ort auf die Vereinbarungen, dass bei der Anstellung Einheimischen der Vorzug zu geben sei. Die Firmenleitung von Jenny & Schindler legte daraufhin eine Liste der bei ihr beschäftigen 456 Arbeiterinnen und Arbeiter vor und wies darauf hin, dass davon 396 Telfer seien. Dass dabei kurzerhand alle im Ort Wohnenden zu „Telfern" erklärt wurden, wollte die Gemeindeführung aber nicht akzeptieren. Sie überprüfte die Liste Namen für Namen und ließ nach ihren eigenen Kriterien nur 244 als Einheimische gelten. Es wurde neuerlich protestiert, aber offenbar keine besondere Wirkung erzielt. Diese Episode kann als frühes Beispiel für das unlösbare Argumentations-Hickhack um die Frage „Wer ist ein echter Telfer?" gelten.

Allerdings wurde damals in den tonangebenden Kreisen des Ortes durchaus zwischen verschiedenen Kategorien von „Fremden" unterschieden: Einerseits waren da die einfachen mittellosen Fabrikarbeiter, auf die die Polemik hauptsächlich zielte. Sie waren in der Mehrzahl Tiroler, unter ihnen befanden sich aber auch Ostösterreicher und Menschen aus Ländern der ehemaligen Monarchie, etwa Tschechen. Andererseits gab es zahlreiche Ausländer im Führungspersonal der Fabriken, vornehmlich Deutsche und Schweizer, die von den Gemeindevätern durchaus wohlwollend geduldet wurden. Die Grenze zwischen diesen beiden Gruppen verlief nicht nur entlang der Linien zwischen „wohlhabend" und „mittellos", sondern auch entlang politischer Trennlinien: Während die zugewanderten Fabrikdirektoren naturgemäß zum konser-

---

[22] Stefan DIETRICH: Telfs 1918–1946. Innsbruck 2004.
[23] Siehe z. B. Tiroler Volksbote, 17.7.1924, Nr. 29.
[24] Gemeindearchiv Telfs, 1936, „Allgemeine Angelegenheiten", 950 – A.

Eine von vielen Südtiroler Optanten-Familien, die ab 1939 in Telfs angesiedelt wurden. Der Bub im Matrosenanzug ist der spätere Landtagsabgeordnete und Telfer Ehrenbürger Alfons Kaufmann, der in diesem Buch mit einem Interview vertreten ist [Gemeindechronik Telfs].

„Anschluss" des Jahres 1938 einsetzende wirtschaftliche Dynamik, die sich später als Scheinblüte erwies und rasch in die Kriegswirtschaft überging, die bevölkerungspolitischen Ambitionen des NS-Regimes und schließlich der Krieg selbst brachten eine wahre Flut von Fremden in den Ort.

Als größte und nachhaltigste Gruppe sind hier vor allem die Südtiroler Aussiedler zu nennen. Rund 650 Optanten ließen sich – vorübergehend oder auf Dauer – hauptsächlich in den Jahren 1939/40 in der Marktgemeinde nieder. Aber auch dieser verordnete Zuzug verlief nicht konfliktfrei: Es regte sich Unmut darüber, dass den Zuwanderern neue moderne Wohnungen errichtet wurden, während ein Großteil der „Alteingesessenen" schon seit Jahrzehnten unter permanenter Wohnungsnot litt.

Eine weitere große Gruppe von Menschen, die die Einwohnerzahl von Telfs damals zumindest zeitweise in die Höhe trieb, waren kriegswirtschaftliche Arbeitskräfte. Zu diesen gehörten etwa jugendliche Arbeitsdienst-Leistende und „Arbeitsmaiden", vor allem aber die zwangsverpflichteten „Fremdarbeiter" und Kriegsgefangenen, die in den Industriebetrieben und in anderen Wirtschaftsbereichen eingesetzt wurden. Die allermeisten der Zwangsarbeiter verließen den Ort unmittelbar nach Kriegsende wieder, trotzdem sollte nicht übersehen werden, wie groß ihre Zahl war: Aus den Quellen lassen sich mehr als 600 „Fremdarbeiter" bzw. Kriegsgefangene aus einem Dutzend Nationen namentlich erfassen, die

vativen bzw. nationalen Establishment des Ortes zählten, standen die fremden Arbeiter – oft zu unrecht – im Verdacht, linke Aufrührer zu sein.[25]

Eine weitere massive Auswirkung auf die Bevölkerungsentwicklung und -zusammensetzung brachten der „Anschluss" an Hitler-Deutschland und der Zweite Weltkrieg. In dieser Zeit erhöhte sich die Mobilität großer Bevölkerungsteile weiter beträchtlich – wenn auch nicht immer freiwillig. Die nach dem

---

[25] Siehe dazu und zu den folgenden Ausführungen, die sich auf die Zwischenkriegszeit und die Zeit des Zweiten Weltkrieges beziehen: Stefan DIETRICH: Telfs 1918–1946. A. a. O., insbesondere 133ff.

zwischen 1940 und 1945 – zumindest zeitweise – in Telfs beschäftigt waren.

Für einen gewaltigen, wenn auch ebenfalls nicht dauerhaften Anstieg der Einwohnerzahl sorgten schließlich auch die Kriegsereignisse selbst. In den Kriegsjahren wurden Kinder aus bombenbedrohten Städten sowie Ausgebombte im Ort untergebracht. Dazu kamen Truppeneinquartierungen. In den letzten Monaten des Krieges ergoss sich schließlich eine wahre Flut von Menschen in die Gemeinde, die vor der herannahenden Front geflüchtet waren, darunter zahlreiche deutschstämmige Vertriebene aus Ost- und Südosteuropa. Sie ließen die Bevölkerung sprunghaft auf acht- bis neuntausend Menschen anwachsen, was die Gemeindeführung und die Besatzungsmacht natürlich vor riesige Probleme stellte.

Die meisten dieser Menschen verließen den Ort nach einigen Wochen oder Monaten wieder oder wurden abgeschoben. Eine Anzahl blieb jedoch und fand in Telfs eine neue Heimat.

Natürlich war Telfs aber auch in dieser Epoche, der Nachkriegszeit, nicht nur ein Zuwanderer-, sondern auch ein Auswandererort. Viele Telfer können noch von Verwandten und Bekannten berichten, die in den ersten Nachkriegsjahrzehnten – etwa als Skilehrer, Facharbeiter oder Beschäftigte im Tourismus – in der Schweiz, in den USA oder in Australien ihr Glück versuchten. Als besonders erfolgreich und beispielhaft kann hier Erich Sailer genannt werden, der in den

Bürgermeister Christian Härting und Vizebürgermeister Christoph Stock überreichen Erich Sailer im Jahr 2010 das Ehrenzeichen der Marktgemeinde. Der Skisportpionier wanderte in den Fünfzigerjahren in die USA aus und ist der bekannteste „Auslands-Telfer" [Stefan Dietrich].

USA mehrere Skisport-Trainingszentren aufbaute und zahlreiche bekannte Rennläufer trainierte. Aber auch viele andere ausgewanderte Telfer dieser Generation machten in ihren neuen Heimatländern ihr Glück und widersprechen damit dem beliebten Klischee von den bodenständigen Österreichern, die angeblich – im Gegensatz zu den heutigen Flüchtlingen – zu Hause blieben und das Land aus den „Trümmern des Krieges" (die es in Telfs nicht gab) wieder aufbauten.

Das jüngste große Bevölkerungswachstum erlebte die Marktgemeinde schließlich im letzten Drittel des 20. Jahrhunderts. Dieser von der Gemeindeführung aktiv geförderte, bisher größte Zuzug in der Geschichte von Telfs lässt sich eindrucksvoll in Zahlen fassen: In den 46 Jahren von 1961 bis 2007 stieg die Einwohnerzahl um rund 175 % – von 5438 auf 14.977 Personen. Zum Vergleich: In den 92 Jahren von 1869 bis 1961 verzeichnete man ein Wachstum von rund 150 % (von 2197 auf 5438 Personen). Etwa ab 2008 flachte das in weiten Bevölkerungskreisen als zu überstürzt empfundene Wachstum deutlich ab. In der jüngst zurückliegenden Gemeinderatsperiode von 2010 bis 2016 setzt eine bewusst herbeigeführte Beruhigung ein, die Bevölkerung wuchs in diesem Zeitraum nur mehr um etwa 1 % pro Jahr. Am Stich-

Der Betriebsausweis des türkischen Arbeiters Niyazi Demirci, der ab 1970 in der Telfer Lodenfabrik Pischl beschäftigt war. Er gehört zur ersten Generation der türkischstämmigen Zuwanderer [Sammlung Stefan Dietrich].

Muslimische Betende im alten Telfer Rathaussaal anlässlich des türkischen Neujahrsfestes im Jänner 1982. Damals verfügten die Telfer islamischen Glaubens noch über keinen eigenen Gebetsraum. [Sammlung Stefan Dietrich].

tag 1.1.2016 waren im Meldeamt der Marktgemeinde (einschließlich Zweitwohnungsbesitzer) 16.208 Einwohner registriert.

Die in den zurückliegenden Jahrzehnten zugezogenen „Neu-Telfer" wurden vor allem von den Erwerbs- und Arbeitsmöglichkeiten des Ortes, aber auch von der Aussicht auf attraktiven und wirtschaftlich erschwinglichen Wohnraum angelockt. Bei den jüngsten Debatten um Wachstum und Zuzug stand, wie bereits erwähnt, häufig die türkischstämmige Bevölkerungsgruppe im Mittelpunkt. Ihr Anteil – türkische Staatsbürger und österreichische Staatsbürger türkischer Herkunft zusammengenommen – wird auf etwa 15 % der Gesamtbevölkerung geschätzt. Damit sind die Türkischstämmigen zwar die größte Minderheit, aber natürlich nicht die einzigen „Neu-Telfer". Das Gros der in den vergangenen Jahrzehnten Zugezogenen stellen Menschen aus anderen Teilen Tirols und österreichischen Bundesländern. Bei den Nicht-Österreichern rangieren schon seit längerem hinter den türkischen Staatsbürgern die Deutschen mit etwa 600 Personen auf Platz zwei. 2016 leben in Telfs Angehörige von 84 Nationen.[26]

---

[26] Weißbuch der Marktgemeinde Telfs 2014 und Auskunft des Meldeamts.

Dennoch ist unbestritten, dass sowohl historisch als auch mit Blick auf die aktuellen Diskussionen rund um die Fragen von Integration und kultureller Identität den türkischen Arbeitsimmigranten ein besonderes Interesse zukommt. Die historischen Anfänge des Phänomens der türkischen Zuwanderung sind präzise fassbar: Im Mai 1964 wurde das Anwerbungsabkommen zwischen Österreich und der Türkei abgeschlossen. In der Folge schickten Betriebe wie Jenny & Schindler sogar gezielt Anwerber in die Türkei, die Textilfacharbeiter ausfindig machen sollten.[27] Im September 1965 meldet „Der Wetterfleck", die Werkszeitung des Telfer Lodenherstellers Pischl unter den neu eingetretenen Arbeitskräften zehn Jugoslawinnen und drei Türken und hebt hervor, dass es das erste Mal sei, dass „wir ausländische Arbeitskräfte in größerem Maßstab bei uns willkommen heißen können."[28]

Dass die türkische Arbeitsimmigration in Telfs inzwischen ein halbes Jahrhundert alt ist, bedeutet auch, dass viele Angehörige dieser Bevölkerungsgruppe bereits in dritter, ja sogar vierter Generation in Telfs leben und häufig ihr gesamtes Leben hier verbracht haben. Allein schon dadurch beweisen die Telfer Türkinnen und Türken – ungeachtet aller vermeintlichen und tatsächlichen Reibungsflächen –, dass auch sie letztlich Teil des Kreislaufes vom „Kommen, Gehen und Bleiben" sind, der im Gang ist seit sich am Fuß der Hohen Munde Menschen niederließen.

---

[27] Mitteilung Werner Seib, Telfs.
[28] Kopien einiger Exemplare des „Wetterflecks" befinden sich im Besitz des Verfassers.

aus.gewandert

einem lied gefolgt

die tiroler sind lustig

die tiroler sind froh

heimat geschaffen

mit den händen

mit dem herzen

dorthin gegangen

wo das vertraute

das neue findet

telfs

aus der welt

in eine zweite welt

über die hohe munde

mit mut in eine neue welt gegangen

neue ideen gebracht

und alle be.reich.ert

(Ulrike Sarcletti)

Telfer Migrationsgeschichten – das Interviewprojekt

Seit Oktober 2013 werden in Telfs Menschen mit Migrationsgeschichte interviewt und ihre Lebenserinnerungen in einem Archiv dokumentiert. Ziel des Projektes war und ist, die Heterogenität der MigrantInnen und ihrer Erfahrungen in den Dokumentationen abzubilden. Sowohl beim öffentlich weithin bekannten Landtagsabgeordneten als auch bei der zurückgezogen lebenden Arbeiterin in einer Wäscherei kann ein „Migrationshintergrund" attestiert werden, ihre Biografien sollen einander allerdings auf Augenhöhe gegenübergestellt werden. Durch das Sammeln der Lebensgeschichten soll ein Querschnitt durch die große Vielfalt an Lebensgeschichten und -erfahrungen abgebildet, und damit eine Möglichkeit geschaffen werden, die Chancen und auch die Grenzen, die diese Menschen erfahren haben, ein wenig kennenzulernen.

Die Interviews werden nach Möglichkeit narrativ geführt, d. h. dass den ErzählerInnen die Reihenfolge und die Inhalte ihrer Darstellungen selbst überlassen werden. Ein Leitfaden hilft den Interviewenden dabei zu überprüfen, ob die wichtigsten Grundinformationen in der Erzählung abgedeckt wurden: Er reicht von den Motiven der Migration, über familiäre, gesundheitliche und berufliche Entwicklungen, bis hin zum Heimisch-Werden in der neuen Heimat.

Ein kleines Team von InterviewerInnen, in alphabetischer Reihenfolge Elisabeth Atzinger, Melek Demirçioğlu, Michael Haupt, Edith Hessenberger, Verena Sauermann und Johannes Schermann führten seit 2013 über 30 Interviews mit älteren Menschen, die im Ausland geboren wurden und mittlerweile mehrere Jahrzehnte in Telfs ansässig sind.

Für das nachfolgende Kapitel wurden von der Projektleiterin Edith Hessenberger 20 lebensgeschichtliche Erzählungen ausgewählt, die einerseits die Vielfalt der Erfahrungen, andererseits auch ihren immer wieder sehr klaren Bezug zu Österreich, Tirol, Telfs dokumentieren. Die 20 ErzählerInnen wurden in insgesamt zwölf verschiedenen Ländern geboren: Sechs stammen aus der Türkei, zwei aus Deutschland, zwei aus Bosnien, zwei aus Südtirol/Italien, und jeweils eine Person aus Irland, England, Dänemark, Norwegen, Schweden, Slowenien, Bulgarien und Kroatien.

Die Interviews wurden jeweils mit akustischem Aufnahmegerät und Videokamera aufgezeichnet. Die Erzählungen dauerten meist zwei bis drei Stunden und thematisierten häufig Fotomaterialien, Dokumente oder Objekte, die im Rahmen des Interviews ebenfalls fotografisch festgehalten wurden. Die Aufnahmen wurden schließlich von Rebecca Saltuari und Verena Sauermann transkribiert. Ein Interview wurde von Melek Demirçioğlu in türkischer Sprache geführt, und anschließend von Ersoy Arslan transkribiert sowie auf Deutsch übersetzt. Alle anderen Interviews wurden in deutscher Sprache geführt.

Die meist mehrstündigen Erzählungen ergaben in niedergeschriebener Form ein bis zu 40 Seiten langes Transkript. Dieser Text, der Wiederholungen, Unterbrechungen und Dialoge abbildet, wurde einerseits in Rücksprache mit den ErzählerInnen zusammengefasst und von diesen autorisiert. Andererseits wurden die Erzählungen in Bezug auf grammatikalische Fehler und Satzstellungen sprachlich bereinigt, damit eventuelle sprachliche Schwächen nicht von der Erzählung der Betroffenen ablenken. All diese Maßnahmen wurden möglichst behutsam und in Zusammenarbeit mit den ErzählerInnen getroffen.

Die nachfolgenden Ausschnitte aus den lebensgeschichtlichen Erzählungen der 20 „Alten Neuen TelferInnen" wurden nach den Geburtsjahren der ErzählerInnen gereiht, um auch die zeitliche Dimension der Erinnerungen abzubilden. Da die älteste Erzählerin immerhin eine ganze Generation älter ist als die jüngste Erzählerin, wurde eine chronologische Aneinanderreihung der Erzählungen gewählt, denn so gleichen sich die Abläufe in der Geschichte der Marktgemeinde oder gesellschaftliche Entwicklungen aneinander an.

Mathilde Raich

geboren 1935 in Taufers, Italien

Mathilde Raich, geborene Spieß, kam mit ihrer Familie 1940 im Zuge der „Option für Deutschland" nach Telfs, wo sie ihre Kindheit in der Südtirolersiedlung verbrachte. Als junge Frau mit Erfahrung in der Textilindustrie wanderte sie mit ihrem Mann nach Australien aus, wo sie 14 Jahre lang lebte, bevor sie nach Telfs zurückkehrte.

Ich bin am 17.3.1935 in Taufers im Vinschgau geboren, wir waren sechs Geschwister. Mein Vater war Zimmermann und hat immer in der Schweiz gearbeitet, die Grenze war nur zehn Minuten entfernt, meistens hat er in Davos gearbeitet. Und dann ist 1939 die Abstimmung[1] gekommen. Deutsch oder Italienisch, nicht? Und mein Vater war ja kein Italiener. Der hat, wie man früher immer gesprochen hat, von den „Walschen"[2] geredet: „I bin koa Walscher, i bin a Deutscher." Und dann hat der natürlich Deutsch gestimmt. Und dann durfte der nicht mehr einreisen in die Schweiz und hat keine Arbeit mehr gehabt. Was blieb also übrig mit sechs Kindern? Meine Mutter wollte bleiben, sie hat immer gesagt, wir haben hier ein Haus. Als Italiener hätten wir einen anderen Namen annehmen müssen, Lanze hätten wir dann geheißen. Meine Mutter hat gesagt: „Ist ja doch wurscht, wie wir heißen." Aber der Vater hat gesagt: „Nein, nein, das will ich nicht." Und aus, fertig.

Und als er keine Einreisegenehmigung mehr in die Schweiz bekam, was ist übriggeblieben? Dann ist die Abwanderung gekommen und wir sind weg von Zuhause. Das Haus dort haben wir nicht verkauft, weil der Bruder von meinem Vater hat daneben gewohnt und auf das Haus geschaut.

Dann sind wir in Stams gelandet, im Kloster. Dort ist damals einmal ein Schub hingekommen. Es sind ja viele Südtiroler nach Dornbirn, mein Onkel ist in Bad Gastein gelandet. Und in Innsbruck war eine Südtiroler Siedlung. Da sind ja damals viele Leute ausgewandert. Ich weiß nur, mein Vater hat sofort eine Arbeit gekriegt in Telfs. Und da haben sie auch schon die Südtiroler Siedlung gebaut. Und wir waren eine von den ersten Familien, die eingezogen sind. Im ersten Haus kann ich mich noch an die ganzen Namen erinnern: Da waren die Pichler, die Fink, die Krementz und die Kaufmann. Und wir haben im zweiten Haus gewohnt. Da waren die Santeler und die Christandl, Steiner haben sich die geschrieben, die sind später wieder zurück.

Ganz moderne Wohnungen haben wir gehabt. Damals haben in Telfs noch nicht viele ein modernes Bad und Klo gehabt, nicht? Da waren dann die Telfer natürlich schon oft neidisch und es gab Streit, wenn wir in die Schule gegangen sind. Da hat es immer geheißen: „Ja, ihr Südtiroler, ihr Plentenfresser, schaut's, dass ihr wieder zurückgeht's." Daran kann ich mich gut erinnern.

Aber sonst, als Kind fühlt man sich ja gleich einmal wohl. Und die Mama war immer zu Hause. Der Vater hat immer gearbeitet beim Bauunternehmen Hosp. Die Arbeitsmöglichkeiten waren hier viel besser, und auch unser Wohnstandard hat sich sehr verbessert. Ich meine, so groß war die Wohnung

---

[1] Die Option bezeichnet eine von den beiden faschistischen Diktaturen Italien und Deutschland zwischen 1939 und 1943 erzwungene Wahlmöglichkeit für deutschsprachige Südtiroler, ihre Südtiroler Heimat zu verlassen und die „Option für Deutschland" auszuüben, d. h. als Optanten ins Deutsche Reich auszuwandern oder als „Dableiber" in Südtirol zu bleiben, wo sie jedoch weiterer sprachlicher und kultureller Unterdrückung und Italianisierung ausgesetzt waren.

[2] Oft abschätzig gebrauchter Ausdruck für Italiener.

eigentlich nicht. Wir haben da zwei Schlafzimmer gehabt und eine kleinere Küche und ein Wohnzimmer, da haben wir geschlafen. Also das war schon beengt. Wenn ich so denke, wenn heute ein Kind nicht ein eigenes Zimmer hat, dann heißt es ja, es lebt an der Armutgrenze.

Als Kinder haben wir viel im Wald und auf der Straße gespielt. Da hat man „Templ ghupft"[3] und Völkerball oder mit den „Schiaßerln"[4] gespielt. Und schwimmen konnte man auch schon gehen. Wir haben ja ein Schwimmbad schon gehabt. Natürlich mussten wir im Wald immer um Holz gehen, um „Kusen"[5] für den Winter. Und wenn wir schwimmen gehen wollten, hat es immer geheißen: Zuerst einen Korb voll Kusen holen, und dann könnt's schwimmen gehen. Meistens war es dann schon so spät, dass wir nicht mehr schwimmen gegangen sind. Ja. Und im Winter rodeln. Wir sind da beim Zimmerberg rodeln gegangen. Oder wo jetzt die Straße raufgeht in die Sonnensiedlung, Rinnertal hat das vorher geheißen. Da sind wir rodeln gegangen. Und vor der Südtiroler Siedlung, da war noch so eine Wiese. Da konnten wir Skifahren, oder auch auf der Märchenwiese. Hat man halt die Skier ausgezogen, raufgetragen, runtergefahren. Das war das ganze Ding. Zuhause hat man selber halt noch viel gespielt, und die Mama mit uns. Da hat es keinen Fernseher gegeben, wir haben ja nur so einen kleinen Radio gehabt.

Wir waren praktisch nur in der Südtiroler Siedlung unterwegs, und haben vor allem mit Südtiroler Kindern gespielt. Mit den einheimischen Telfer Kindern hat man komischerweise nicht so gespielt. Das ist alles erst später gekommen. Auch in der Schule war viel Streit. Heute verstehe ich das. Darum habe ich nichts gegen Ausländer, weil wir ja selber Ausländer waren. Und ich weiß wie das war, nicht? Da hat es immer geheißen: „Ja, ihr Südtiroler Plentenfresser, schaut's dass ihr wieder zurückgeht." Aber wir waren ja nicht auf den Mund gefallen. Wir haben uns nichts gefallen lassen.

Aber die Südtiroler haben wirklich viel Polenta gegessen. Das hat man in Telfs damals nicht gekannt. Auch Kaspressknödel hat die Mama immer gemacht. Die hat auch kein Mensch da gekannt.

Ich weiß noch, wie der Krieg dann aus war, haben sie da die Pischlfabrik geplündert. Da sind die Leute alle rein, und jeder hat mitgenommen. Die Bauern sind dann mit Wägen gekommen und haben aufgeladen. Jeder hat was genommen, Lodenstoffe, und so karierte oder gestreifte Stoffe gehabt. Jede Zweite hat dann so einen Faltenrock gehabt. [lacht] Ich war auch drinnen. Ich habe heute noch eine Decke von damals in meinem Auto drinnen. Wir Kinder sind halt hin aus Gaude. Eine Decke ist ja auch gar nichts wert, nicht? Und daraus haben die Leute dann aber Hausschuhe gemacht! [lacht]

---

[3] Tempel hupfen.
[4] Murmeln.
[5] Äste.

Noch unter dem Krieg sind wir in eine andere Wohnung umgezogen. Als die französische Besatzung gekommen ist, mussten wir aus dieser Wohnung raus. Die Soldaten haben sich wahrscheinlich unsere Wohnungen als Quartier genommen, weil das damals in Telfs die modernsten Wohnungen waren. In St. Georgen waren damals noch keine Häuser, nur Wald. Da haben sie Baracken gebaut, und da mussten die Leute aus der Südtiroler Siedlung rein, die ihre Wohnung den Besatzungssoldaten zu geben hatten. Aber mein Vater hat immer gesagt: „Ich gehe nicht in so eine Baracke." Und er hat irgendwo noch eine freie Wohnung gefunden, in die sind wir rein. Und da waren auch nur zwei Zimmer und eine Küche.

Unterm Krieg konnte man nicht nach Südtirol. Ich weiß von einer, da ist die Mutter in Südtirol gestorben, und da musste sie um eine Bewilligung ansuchen, dass sie zum Begräbnis fahren darf. Ich bin erst nach dem Krieg das erste Mal zurück. Wie alt war ich denn da? Da bin ich bestimmt schon zwölf Jahre alt gewesen. Wir sind bei Nauders schwarz über die Grenze. [lacht] Wir hatten keinen Passierschein. Daran kann ich mich gut erinnern. In Nauders haben wir übernachtet. Und dann sind wir da grad vor der Grenze ein bisschen in den Wald rauf, und in Reschen sind wir schon wieder auf der Straße gewesen und mit dem Bus zu unseren Verwandten weitergefahren. Dort haben wir dann einen Haufen Sachen zum Essen gekriegt. Und wie wir wieder weggefahren sind, da haben sie unseren Rucksack noch mit Essen vollgepackt. Speck und Käse und Brot und so.

Viele sind nach dem Krieg wieder zurück nach Südtirol. Aber für meine Eltern war das kein Thema. Die Mutter hat immer gesagt: „So gut wie es uns da geht, da gehe ich nie mehr zurück." Die war da glücklich, muss ich wirklich sagen. Und wir Kinder … Also ich hätte da nie zurückgehen mögen. Ich fahr gerne rein zu meinem Bruder auf Besuch, der wollte wieder zurück. Aber ich möchte da nicht wohnen. Und wir haben dann die österreichische Staatsbürgerschaft angenommen. Nur mein Bruder, der ist Italiener. Und meine Schwester in der Schweiz, die ist heute noch Italienerin, obwohl sie einen Schweizer geheiratet hat.

Ich wollte immer Schneiderin werden. Ich hätte ja wirklich eine Hand dazu gehabt. Und meine Mutter hat gesagt, das geht nicht. „Du musst in die Fabrik." Sie ist runtergegangen und hat in der Schindler-Fabrik um die Arbeit gefragt. Ich hätte mich da nicht getraut, nein zu sagen. Und dann haben wir müssen aber das Geld abgeben. Ich habe damals gut verdient, sechs Schilling beim Schindler, das war viel Geld. Ich habe bis 21 Jahre das Geld abgegeben, und bin nebenbei immer putzen gegangen, vier Stunden. Das Geld vom Putzen konnte ich behalten.

Mein Mann, damals mein Freund, der ist dann ausgewandert, und ich bin ihm ein Jahr später gefolgt. 1956 bin ich nach Australien ausgewandert. Da sind wir behandelt worden! Ja, da könnten sich alle eine Scheibe abschneiden. Da ist man bevorzugt worden! Wenn ein Deutschsprechender nicht innerhalb von zwei Jahren eine gute Arbeit gehabt hat, hat man gesagt: „Also mit dem stimmt was nicht." Deutschsprechende haben in Australien normalerweise innerhalb kurzer

Zeit eine gute Arbeit bekommen. Die Australier haben immer gesagt: „Die bloody new Australian machen alles kaputt." Weil wir haben hart gearbeitet, wir sind das Arbeiten gewöhnt gewesen. Und die Australier waren gemütlich. Die haben ein Haus gekauft und das in 50 Jahren abgezahlt. Das ist alles nicht so tragisch gewesen. Viele hatten einen Wohnwagen, da sind sie am Wochenende rausgefahren, und haben gefeiert. Die Arbeit hat sie nicht so interessiert. Und dann sind die ganzen Neuaustralier gekommen, und die haben die ganze Atmosphäre hingemacht.

Nach dem Krieg hat Australien viele Facharbeiter gebraucht. Da konnte jeder, wenn er tüchtig ist, zu etwas kommen. Und da sind auch etliche Telfer ausgewandert. Bei mir war das so: Ich bin am Sonntag angekommen und am Mittwoch habe ich schon gearbeitet.

Meine Tochter Diana hab ich 1962 drüben geboren. Ich war 27 Jahre alt. Ich habe arbeiten müssen, aber ich habe eine Frau gehabt, die war eine Sudetendeutsche, die hat auf sie geschaut wie auf eine Tochter. Die war wirklich wie eine Oma. Wir haben wirklich nette Bekannte gehabt. Der Zusammenhalt im Ausland ist einfach viel größer. Das ist ja bei den Türken dasselbe, die haben einen Zusammenhalt. Genauso haben wir gelebt, wir Deutschsprachigen haben alle zusammengehalten. Wir sind nicht neidisch gewesen, wenn ein anderer jetzt ein bisschen was mehr gehabt hat. Dann hat er ja dafür gearbeitet. Und ich habe dann eine Frau gehabt, die war wirklich wie eine Oma. Aber da ist mein halber Lohn zu der Frau gegangen. Aber mir ist der halbe Lohn ja noch geblieben.

Jetzt sind es 44 Jahre, dass ich schon wieder da bin. 1970 bin ich zurück nach Österreich. Wir sind nach zehn Jahren zum ersten Mal für einen Urlaub zurückgekommen. Während dieser Zeit habe ich mit meiner Mutter nur Briefe geschrieben, sie war sehr fleißig beim Schreiben. Und sie hat auch immer gebetet, sie war sehr religiös. Sie hat mir immer gesagt: „Ich habe immer gebetet, dass ihr wieder nach Hause kommt."

Auf alle Fälle sind wir dann im Urlaub nach Telfs gekommen. Und es war ein wunderschöner Sommer, der Lottensee oben, der war nie mehr so groß wie damals. Mein Mann ist ein richtiger Tiroler gewesen, das war ja das Allerwitzigste: Wie er aus Australien zurückgekommen ist, da haben die Leute gar nicht mehr so telferisch geredet. Und er hat Wörter gesagt, dass die Leute gesagt haben: „Mein Gott, das ist ja richtig Telferisch." Dadurch, dass er drüben nur Englisch geredet hat, hat er das alte Telferische behalten. Die Leute haben oft gesagt: „Mein Gott na, der hat noch Wörter, das redet man heute gar nicht mehr, das haben die Leute schon alle vergessen."

Und dann sind wir nach drei Monaten zurückgeflogen. Bei der Landung sind wir über die ganzen Blechdächer drübergeflogen, und eine Hitze war drüben. Unser Garten war ausgetrocknet, aber wir durften nicht gießen, weil man Wasser sparen musste. Dann hat mein Mann gesagt: „Also da bleibe ich nicht. Nein. Wir fahren wieder heim." Dann haben wir noch fest gespart, und nach vier Jahren sind wir wieder heimgefahren. Wir haben alles verkauft drüben.

Zurück in Telfs habe ich wieder beim Schindler angefangen, weil ich ja eigentlich immer in der Fabrik war. Ich habe sofort anfangen können. Und mein Mann hat einen Arbeitsplatz auf einer Tankstelle in der Hallerstraße bekommen. Bald darauf ist die ARAL an ihn herangetreten: Ja, ob er nicht möchte die Tankstelle übernehmen? Mein Mann hat mich gefragt: „Was sagst du dazu?" Da sage ich: „Ja um Gottes Willen. Ich habe ja von der Buchhaltung keine Ahnung!" Aber die Tochter war schon im Büro und hat Buchhaltung und alles gehabt. Die hat mir das so ein bisschen beigebracht. Und jetzt werden es schon 32 Jahre dass wir auf der Tankstelle gearbeitet haben. Heute ist das die BP und die Tochter hat sie übernommen.

Alfons Kaufmann

geboren 1937 in Stilfs, Italien

Alfons Kaufmann kam mit seiner Familie im Zuge der „Option für Deutschland" 1940 nach Telfs. Nach seiner Kindheit in der Südtirolersiedlung erlernte Kaufmann den Beruf des Maschinenschlossers. Schließlich entschied er sich aber für eine politische Karriere als Abgeordneter zum Tiroler Landtag.

Ich bin am 1. Jänner 1937 in Stilfs in Südtirol bei 1,80 m Schneehöhe geboren. Meine Mutter und die Hebamme haben da ganze Arbeit geleistet. Mein Vater war der Jüngste, die anderen waren lauter „Weibrleit"[1] da in der Familie da, wo meine Großmutter auch heraus war. Und der Vater hat immer tun müssen, was die „Weibrleit" gesagt haben. Eine hat in Spanien gearbeitet. Eine hat in Mailand gearbeitet. Eine war in England. Die waren überall in Häusern, bei reichen Leuten. Die haben da gearbeitet. Und darum heiße ich Alfons, weil eine in Spanien war, wo jeder Dritte Alfonso heißt, nicht? Wie ich auf die Welt gekommen bin, wird schon die gesagt haben, dass ich jetzt Alfons heißen soll. Und so bin ich zu dem seltenen Namen gekommen.

Meine Mutter war Serviererin und mein Vater hat für die Hotels in Sulden E-Werke gebaut. Als es 1940 zur Optionsfrage kam, wollte mein Vater weiterhin ein Österreicher, ein Tiroler sein.

Wir sind dann zugeteilt worden und nach Telfs gekommen. Wir sind in der Südtiroler Siedlung Nr. 2 eingezogen. Die Deutsche Arbeitsfront hat damals diese Siedlungen gebaut. 50 % hat der Betrieb bezahlt und 50 % haben die Arbeiter selber bezahlt. Das Geld musste man, statt der Wirtschaftskammer und der Gewerkschaft und der Arbeiterkammer, bei der Deutschen Arbeitsfront einzahlen. Damit haben sie diese Siedlungen gebaut.

Und ich erzähle das immer gerne: Wir haben ein extra Spülklo gehabt, und eine Badewanne mit einem Elektroboiler. Wir haben auch einen halben Elektroherd gehabt, mit einem Backrohr. Das war ja für meine Mutter großartig, da sind jede Woche viele gute Sachen entstanden. Und in der Küche haben wir noch einen Boiler gehabt, wo man abgespült hat. Wir haben also 1940 mit warmem Wasser abgewaschen. Du kannst dir nicht vorstellen, was die anderen Leute da in Telfs zu dieser Zeit gehabt haben. Die haben ein Fallklosett gehabt oder ein englisches Klosett, wie man gesagt hat. Die waren neidisch, dass wir in diesen modernen Häusern drinnen waren. Ich habe es selber erlebt, dass die auf unsere schönen Wohnungen neidisch waren.

Die Wohnungen waren zwar ein bisschen eng, erst später haben sie größere Wohnungen gebaut. Aber zuerst waren es halt meistens zwei Zimmer, höchstens drei Zimmer. Die Familie Pichler hat zum Beispiel drei Zimmer gehabt. Aber da waren neun Kinder! Bei uns waren am Beginn nur wir zwei Buben, erst 1942 ist meine Schwester auf die Welt gekommen. Aber die „Nandl"[2] haben wir dabei gehabt. Und wir haben zwei Zimmer gehabt. Da habe ich bei der „Nandl" geschlafen. Irgendwann habe ich einmal irgendeine Krankheit gekriegt, da hat die „Döktrin"[3] gesagt, das ist nicht gut, wenn der Bub neben der alten Frau da schläft. Und dann musste ich immer in der Küche schlafen.

---

[1] Frauen.
[2] Großmutter.
[3] Ärztin.

Wir waren eine starke Gruppe zu dieser Zeit, in der am meisten Leute in der Südtiroler Siedlung gewohnt haben: Da sind in der Siedlung 1.000 Leute gewesen, zum allergrößten Teil Südtiroler.

Natürlich haben wir mit den Telfern zu tun gehabt, wir sind ja mit ihnen in den Kindergarten und in die Schule gegangen. Und die Erwachsenen werden in den Wirtshäusern auch beieinander gesessen sein. Aber die Telfer Kinder haben uns immer „Südtiroler Plentenfresser" oder so ähnlich geheißen. Weil unsere Eltern haben ja alle Plenten[4] kochen können. Da hat man einen besonderen Topf gehabt, so schräg war der, unten schmäler, und der war meistens aus Kupfer. Und das war in Telfs nicht üblich, die haben ja Plenten gar nicht gekannt.

Und eine Besonderheit bei den Südtiroler Kindern gab es auch noch: In der Kirche waren außer einem alle Ministranten Buben aus der Südtiroler Siedlung. Ich war bei den Ministranten Oberministrant, im Kloster. Da war nur vom Larcher Schmied der Bub nicht aus der Siedlung. Der Larcher Schmied war ein besonders „bigottischer"[5] Mensch. Wenn wir beim Läuten der Glocken ein bisschen lauter waren, hat er uns gleich eine Ohrfeige gegeben. Und meine Mutter war besonders katholisch. Also die ist mit mir, obwohl sie die ganze Woche gearbeitet hat, um sechs Uhr am Sonntag zur Messe gegangen. Das muss man sich einmal vorstellen.

Da haben wir Südtiroler ministriert, weil das während dem Krieg unterm Hitler nicht sehr positiv war, wenn jemand ministriert hat. Wir Südtiroler waren besser gläubig wie diese Fabrikler da. Und das habe ich ihnen nach dem Krieg ja oft vorgehalten, dass sie während dem Krieg, wo man besser bei der SA war als der Bub Ministrant, niemand in der Kirche war. Und das ist auch eine Tatsache.

In der Südtirolersiedlung waren wir alle entweder gleich arm oder gleich reich. Ich behaupte, wir waren gleich reich. Die Männer, die auf den Bahnhof mussten, haben alle ein Rad gehabt. Das war schon was Besonderes, nicht? Und wir haben mit den Radln auch schon ein bisschen fahren dürfen. Das war das einzige, was es gegeben hat. Bis dann später einmal die Mopeds gekommen sind.

Heimweh nach Stilfs hat von uns niemand gehabt. Nur die Großmutter. Da sind in der Siedlung aber mehrere ältere Damen gewesen. Die „Nandl" war aber gehbehindert, sie musste mit einem Stock gehen, und da sind die Damen dann zum „Ratschen"[6] auf Besuch gekommen. Und der Vater hat bei der IKB gearbeitet und, weil er in der Stadt war und hin- und zurückgefahren ist, hat er auch immer ein bisschen mehr Neuigkeiten gewusst.

Und wir haben ja auch den Kontakt zur Familie in Stilfs gehalten und sind sie bei jeder Gelegenheit besuchen gefahren. Ich fahre ja heute auch noch hinein.

---

[4] Polenta; gekochter Maisgrieß.
[5] gläubig.
[6] tratschen.

Und mein Vater hat während dem Krieg auch Uhren repariert. Weil er hat einmal Uhrmacher gelernt. Der durfte hunderte von Uhren reparieren. Die Mama hat gesagt, er war nicht sehr geschäftstüchtig. Er hat nicht aufs Geld geachtet. Bei den Südtirolern konnten viele ein Handwerk, und für Reparaturen sind die Einheimischen Telfer oft in die Siedlung gekommen.

Schuster hat es in der Südtirolersiedlung ganz viele gegeben. Der Santeler, der da das Schuhgeschäft gehabt hat, der hat in der Südtiroler Siedlung die erste Schuhwerkstatt gehabt. Unter den Südtirolern waren viele Schuster, in der Siedlung hat es mindestens vier gegeben. Weil die Schuhe mussten ja damals repariert werden. Das war ganz wichtig. Und einer hat „Potschn"[7] gemacht. Ich weiß es deshalb, weil er mir, weil ich Ministrant war, besonders schöne „Potschn" gemacht hat. Da hat er mir so eine dicke Sohle draufgenäht, mit den „Potschn", die er da zusammengenäht hat, hat man mit den „Potschn" im Winter können in die Kirche gehen. Das waren Schuhe mit Flügelnägeln, da hat man besseren Halt gehabt. Aber wehe, du hast so zwei, drei Nägel verloren. Dann hast du müssen zum Schuster gehen, und der hat müssen sohlen. Da ist man daheim fast ein bisschen gestraft worden, wenn man da zwei, drei so Nägel verloren hat. Weil die hat man ja natürlich nur durchs Fußball spielen heimwärts mit den Dosen, und mit allem, was man halt da gehabt hat, verlieren können. „Lei mit Giahn hattn dia viel längr ghebt."[8]

Die Südtiroler waren wirklich gläubiger. Nicht nur die Frauen, sondern auch die Männer sind in die Kirche gegangen. Weil damals im Winter haben wir ja noch Eis und Schnee gehabt.

Ich bin da unten in dem Steingebäude noch in die Schule gegangen. Und ich darf eines noch dazu sagen: Wir sind eigentlich bis es zu schneien angefangen hat, barfuß gegangen! Aber wir in unserer Familie haben ein bisschen einen Vorteil gehabt, weil meine Mutter gut nähen können hat. Und darum haben wir immer ein bisschen schönere Hemden gehabt. Den Stoff hat man ja beim Schindler gekriegt. Wenn wieder mal irgendein Faden drinnen war, den man nicht mehr verkaufen konnte, hat man das Zeug ganz billig bekommen. Dann hat jeder ein grünes Hemd angehabt oder ein blaues, was sie halt grad da gehabt haben.

Ich habe dann beim Schindler eine Lehre als Maschinenschlosser gemacht. Wir haben 3 ½ Jahre gelernt. Der Falkner war Betriebsratsobmann, der hat mich immer protegiert und hat gesagt: „Bub, du musst jetzt auf die Sozialakademie gehen." Dann bin ich mit 21 Jahren auf die Sozialakademie, im 11. Jahrgang war das. Da hat man müssen eine Aufnahmeprüfung machen. Dann bin ich gleich einmal drangekommen. Wir sind dann in der Hinterbrühl gewesen und haben da eigentlich verhältnismäßig viel gelernt. Ich war im Arbeitsrecht gut. Wobei mich die Volkswirtschaft eigentlich auch immer sehr interessiert hat. Und zu mir haben sie

---

[7] Patschen; Hausschuhe.
[8] Nur mit Gehen hätten die viel länger gehalten.

immer gesagt: „Heast Gscheata, red amoi Deitsch."⁹ Das haben die Wiener oft zu mir gesagt. Und wir haben natürlich auch Rhetorik-Unterricht gehabt. Da wurde die Reihenfolge der Referate ausgelost. Durch das Los bin ich der erste oder der zweite gewesen, und musste da meinen Vortrag halten. Und da bin ich so gut gewesen, dass die Wiener gesagt haben: „Jetzt is des vorbei mit'm Gscheaten"¹⁰, weil der kann nämlich auf Deutsch auch sprechen. Bei dem Referat habe ich natürlich nach der Schrift reden müssen, nicht? [lächelt] Aber sonst habe ich immer geredet wie in der Werkstatt.

Ich habe 1958 mit 21 Jahren geheiratet und dann mit meiner Frau fünf Kinder bekommen. In den ersten Jahren war ich bei verschiedenen Firmen, beim Kölnsperger in Innsbruck, bei der Firma Schmiedefeld, und schließlich bin ich zur Firma Ganner in Telfs gekommen. Ich war von Anfang an bei der Gewerkschaft, und so bin ich schließlich auch in Imst und Landeck Bezirkssekretär vom ÖGB geworden, später Bildungssekretär und dann bin ich in die Arbeiterkammer gekommen. Ich habe da eigentlich eine tolle Karriere bei der Gewerkschaft gemacht, und bin 1980 Landessekretär geworden beim Gewerkschaftsbund. Ich war auch Geschäftsführer vom Berufsförderungsinstitut, von 1966 bis 1979. Und in den Tiroler Landtag bin ich gekommen, dort war ich dann 22 Jahre lang, bis 1998. Sieben Jahre bin ich SP-Klubobmann gewesen. Und meine tollste Funktion, die ich gehabt habe, war Vorsitzender beim Rechnungshof in Tirol. Das bin ich zehn Jahre lang gewesen.

Während all dieser Jahre habe ich immer in Telfs gewohnt. Wir haben dann hier am Egart ein Haus gebaut, da haben noch viele Kollegen mitgeholfen, zum Beispiel wenn man Decken betoniert hat. Ich habe dann natürlich auch den anderen geholfen. Man hat natürlich nicht so viel Zeit, wenn man das Politikergeschäft richtig betreibt. Dann ist schon allerhand los. Weil es sind ja ununterbrochen Zeltfeste, und da hat man dann im Sommer die Würsteln und die Hendln nicht mehr mögen, überall hat es nur Hendln oder Würstel gegeben.

Ich war einmal in Telfs bei der Fasnacht dabei, bei den Piraten. Die gibt es nicht mehr. Die haben ein Schiff gehabt und ich habe den ORF-Generalintendanten Bacher gespielt. Und beim Skiclub bin ich gewesen. Mein Wunsch wäre gewesen, die neue Geschichte zu studieren. Und da haben sie mir zum Abschied, überall wo sie mich verabschiedet haben, das haben sie ausgemacht, haben sie mir ein 10-bändiges Geschichtswerk geschenkt, der Reihe nach.

Dann hat mich der Achammer, der war lange Jahre Chef des Pensionistenverbandes bei uns, mal zu sich eingeladen. Er und seine Frau haben den Pensionistenverband gut geführt, der war eine vorbildliche Einrichtung. Als ich damals im Februar in Pen-

---

9   Wörtlich: „Horch, Gescherter, sprich einmal Deutsch." – Als „G'scherte" bezeichnete man die Menschen vom Land, mit „red amoi Deutsch" wurde der im Osten schwer verständliche Tiroler Dialekt kritisiert.
10 Wörtlich: „Jetzt ist das vorbei mit dem Gescherten."

sion gegangen bin, haben sie mir gesagt, der Emil packt es nicht mehr, und ob nicht ich den Pensionistenverband führen wolle. Da habe ich mich nicht getraut, nein zu sagen. Ich habe immer gesagt, das sind die Leute, die immer bei uns gewesen sind, die müssen wir auch halten, und die müssen vertreten. Und so war ich nun auch noch 15 Jahre lang Obmann der Ortsgruppe Telfs des Pensionistenverbandes.

Jytte Klieber

geboren 1938 in Hornum, Dänemark

Jytte Klieber, geborene Kristensen, kam 1965 nach Österreich, weil sie sich auf einer Urlaubsfahrt in einen Telfer verliebt hatte. Die ausgebildete Krankenschwester baute nach der Geburt ihrer Kinder die Hauskrankenpflege in Telfs und den umliegenden Gemeinden auf – ein Angebot, das hier bislang nicht bekannt war, aber dringend benötigt wurde.

Wir haben eine Metzgerei gehabt. Der Vater ist mit den Metzgereisachen aufs Land gefahren. Meine Mama ist über 25 Jahre in der Kirche Organistin und Pianistin gewesen. Sie hat auch Klavierspiel unterrichtet. Ich bin aufgewachsen mit vier Geschwistern, in einem ganz schönen Heim. Gemütlich und mit viel Musik, mit viel Freude. Ja, wir haben ein wunderschönes Heim gehabt.

Ich bin in die Volks- und Hauptschule und ins Realgymnasium gegangen. Dann ist mein Papa leider Gottes gestorben mit 48 Jahren. Meine Mama wollte alles verkaufen und in die Großstadt gehen. Sie meinte, ich solle auf eine Turnhochschule gehen. Und da bin ich ein ganzes Jahr weg gewesen, fort von meiner Familie. Mama hat inzwischen alles verkauft und ist in die Stadt. Ich habe mein ganzes Leben gedacht, ich möchte gerne Krankenschwester werden. Und dann hat es sich so ergeben, dass ich nach der Turnhochschule auf ein Internat gehen konnte. Ich machte einen dreijährigen Lehrgang. Wie ich mein Diplom bekommen habe als Krankenschwester, habe ich mir eingebildet, ich wollte nach Afrika. Albert Schweitzer ist für mich immer ein ganz großes Vorbild gewesen. Deshalb lernte ich fleißig und machte Zusatzdiplome: Hauskrankenpflege, Psychiatrie und Operationstechnik. Nach sieben Jahren war ich Leiterin einer großen Operationsabteilung.

Ich habe mir gedacht, ich verdiene einen guten Lohn als Krankenschwester da in Kopenhagen. Jetzt will ich einmal eine Auslandsreise machen nach Meran, habe ich mir gedacht, mit meiner Freundin. Als wird den Bus buchen wollten, war kein Platz mehr. Da hat die Frau im Reisebüro gesagt, wir haben auch eine Reise nach Telfs in Tirol. Das klang schön und ich habe gesagt: Ja, dann fahren wir mit dem Bus nach Telfs in Tirol. Wir waren acht Tage da. Und da waren wir auch auf einem Tirolerabend. Dort habe ich meinen Mann kennengelernt. Er hatte damals irgendetwas über Dänen gesagt. Aber ich habe zu dem Zeitpunkt ganz gut Deutsch und Englisch können und habe ihn verstanden. Und als er so über Dänen sprach, bin ich aufgestanden und habe gesagt: „Nichts über die Dänen sagen! [lacht] Ich kenne mich schon aus." Und da haben sie aufgehört über die Dänen zu reden. Dann hat er mich gefragt, ob ich mit ihm tanzen will. Und er kann super tanzen. Und dann, wissen Sie, haben wir uns verliebt. Da hat er mir erzählt, am nächsten Tag würde er auf die Hohe Munde gehen. Er ist viel in die Berge gegangen. Und ich habe gesagt: „Ja, da möchte ich mit." – „Ja was?" – „Ja, ich möchte mit. Ich möchte das probieren." Meine Freundin hat sich gewundert: „Was tut sie denn da bloß?" Sie wollte nicht einmal „Pfiat di" sagen zu mir. Und ich hab es glatt gemacht, bin auf die Hohe Munde und zurück. Wir sind aber abends erst um neun Uhr heimgekommen. Das war 1960.

Mein Mann und ich haben angefangen, einander Briefe zu schreiben. Und von da an wollte ich nicht mehr in die Dritte Welt nach Afrika, dann wollte ich nur noch nach Telfs in Tirol. [Lachen] Mein Mann ist einmal im Jahr zu mir gekommen, und ich bin hinunter. Und 1965 hat er mir geschrieben, er möchte mich gerne heiraten. Aber das war ja nicht so leicht, ich hatte drei Monate Kündigungsfrist. Ich habe eine Eigentumswohnung gehabt und ein Auto. Ich habe alles hinter mir gelassen und bin im November 1965 hierhergekommen. Zuerst haben wir alles in seinem Elternhaus hergerichtet, die Schwiegermutter hat unten gewohnt. Gebaut haben wir erst später. Und am 3. Jänner 1966 haben wir geheiratet, wir haben eine Familie gegründet mit drei Söhnen.

Aber es waren schwierige Zeiten. Zum Beispiel der Dialekt – ich habe nichts verstanden. Manchmal habe ich englisch geredet, manchmal deutsch. Mit dem Dialekt war es furchtbar. Und die Umrechnung von dänischen Kronen in österreichische Schilling … Es war eine schwere Zeit. Dann habe ich mir oft gedacht, da fehlt etwas in Telfs. So etwas wie eine Hauskrankenpflege. Das ist in Dänemark super gelaufen, und hier gab es gar nichts in der Richtung. Ich dachte mir: „Wenn die Kinder einmal groß sind …"

Und als ich meinen letzten Sohn geboren habe, 1973, habe ich beschlossen, zum jetzt verstorbenen Medizinalrat Dr. Ernst Strigl zu gehen und mit ihm darüber ein Gespräch zu führen. Ich habe gesagt, ich möchte so etwas gerne anfangen. Und er war voller Begeisterung. Er hat gesagt, es wäre gut, das in einen Verein zu integrieren. Und so bin ich dann bei der Vinzenzgemeinschaft dazugekommen und habe unter der Vinzenzgemeinschaft gearbeitet. Ich habe damit angefangen, als mein Jüngster drei Jahre war.

Der Bedarf war so groß und ich hatte bald so viele Patienten, dass ich eine Kollegin zur Unterstützung suchen musste. Ich hatte ja einen Haushalt daheim mit fünf Leuten, dazu noch die Hauskrankenpflege. Und zur Mütterberatung hat mich Dr. Ernst Strigl dann auch noch geholt, die war damals im Kindergarten. Er hat mich gebeten, den Müttern mit ihren Babys zu helfen. Das mussten wir auch irgendwie aufbauen, ich wurde dann beim Land Tirol angestellt und habe 35 Jahre lang zwei Mal im Monat drei Stunden lang die Mütter von Säuglingen und Kleinkindern beraten.

Als die Hauskrankenpflege richtig in Gang gekommen ist, da habe ich mich so wohl gefühlt. Weil da habe ich mir gedacht, ich kann etwas machen, ich kann arbeiten. Ich komme von daheim weg. Und das hat mir ganz große Freude gemacht, die Krankenpflege.

Die Leute im Dorf haben mich gekannt. Sie haben angefangen, Frau Klieber zu mir zu sagen. Da war ich plötzlich eine Person, die etwas tut. Vorher war ich ja nichts. Ich war die Ausländerin. Eine Immigrantin. Ich bin ja nur durch die Liebe hierher gekommen, gell. Und nachher auf einmal hat es geheißen: „Mei das ist schön, was Sie da machen, Frau Klieber. Das freut uns." In der ganzen Region 9, das heißt in Telfs und Umgebung bis nach Polling hinunter, bin ich herumgekommen.

Und noch heute ist es schön, wenn ich ins Dorf gehe. Oft treffe ich Angehörige und ich kann mich nicht mehr an ihre Namen erinnern, aber sie können sich an mich erinnern. Dann reden wir, und sie sagen alle „du" zu mir. Dann denke ich mir, wie das schön ist. Dann fühle ich mich als Telferin irgendwie. Und ich habe 1985 sogar die Verdienstmedaille der Marktgemeinde Telfs bekommen, dazu 1993 noch das Ehrenzeichen der Marktgemeinde Telfs sowie die Verdienstmedaille des Landes Tirol.

Mit dem Dialekt war es manchmal schwer. Manche Sachen habe ich oft nicht verstanden. Ich weiß am Flaurlinger Berg oben, da hat eine Frau einmal zu mir gesagt: „Brauchen Sie ein Pfoad für meinen Mann?" Dann habe ich gesagt: „Mei, tut mir leid, ich bin ja eine Dänin." – „Ja, das wissen wir, wir haben Sie doch gern!" Sage ich: „Ich weiß nicht, was das bedeutet, ein Pfoad." Dann sagt sie: „Das ist ein Nachthemd." Ach so? Dann habe ich es gewusst. Das sind Situationen, wo man einander nicht so verstanden hat, aber das war eigentlich auch egal. Aber der Dialekt war schon ein großes Problem für mich.

In Tirol hat es mir von Anfang an gefallen. Mit meiner Mama und meinem Papa sind wir jedes Jahr mit fünf Kindern in Norwegen gewesen in einer Hütte. Von da habe ich das gekannt, die Berge und die Wanderungen. Norwegen ist ein wunderschönes Land. Und als ich hergekommen bin in die Berge, [lacht] und auch der Tirolerabend, das alles hat mir einfach gefallen. Wir haben beide gut tanzen können, und das Tanzen hat uns einfach verbunden. Der Tirolerabend war damals jeden Mittwoch, zuerst im Rathaus Café. Das haben die Leute vom Hotel Tirolerhof, die Elsa und der Franz Alfons damals gehabt. Das waren von meinem Mann die besten Freunde. Da habe ich sehr viel Kontakt gehabt.

Meine Familie war sehr gut mit mir. Es war nicht leicht, wir haben kein Telefon gehabt, nur Briefe geschrieben. Der Schritt nach Tirol war ein großer – und der Alltag ist nicht wie die Liebe im Urlaub. Meine Mama hat bei meiner Hochzeit zu mir gesagt: „Wenn du plötzlich eines Tages nicht mehr weiter weißt, wenn du unglücklich bist und weg möchtest, da hast du den Haustürschlüssel zu unserem Haus, hierher kannst du immer kommen." Den habe ich heute noch.

Ich war verliebt in die Natur, ich war verliebt in meinen Mann. Und das hat gehalten so viele Jahre. Trotzdem war es am Anfang schon eine Enttäuschung, denn wir hatten nur so einen Zusatzherd. Im Schlafzimmer drüben war es kalt, nirgends war es warm. Als ich die Kinder gekriegt habe, da bin ich so mit einem Liegebett in der Küche draußen gelegen, auf so einer Art Diwan. Und es war schrecklich kalt. Es war eine sehr schwere Zeit, denn in Dänemark habe ich in einer eigenen Wohnung gelebt, ich habe meinen Beruf gehabt. Das Leben hier in Telfs war für mich eine ganz große Umstellung. Hier musste ich um 12 Uhr in der Nacht aufstehen und Koks nachlegen, genauso in der Früh.

Aber jetzt bin ich da eingewöhnt. Zwei Mal im Jahr, zu Ostern 14 Tage und im August 14 Tage, fahre ich nach Dänemark. Ich bin ganz gerne oben bei meinem Bruder. Er hat einen alten Bauernhof aus dem 16. Jahrhundert, mit umgebautem Wohnhaus und Gartenanlagen, wunderschön. Dort kann ich bleiben, und er freut sich immer so, wenn ich komme. Ich habe immer zu meinem Mann gesagt: Das musst du mir lassen. Ich will heimfahren können, wenn ich gerne mag.

Meine Mutter ist lange jedes Jahr gekommen. Entweder mit dem Bus oder mit meinem Bruder. Ich kann eigentlich nicht sagen, dass ich je so richtig Heimweg gehabt habe. Ich war ja, bevor ich nach Österreich gekommen bin, ein ganzes Jahr auf der Turnhochschule und habe meine Mama hin und wieder besucht. Gearbeitet habe ich später auch auf der Operationsstation in Kopenhagen, 700 km entfernt von meinem Heimatort. Ich habe aber meine Mama gepflegt, als sie Knochenkrebs hatte mit 89 Jahren. Sieben Wochen habe ich sie Tag und Nacht gepflegt, bin bei ihr geblieben. Das tröstet mich heute.

Ja, hin und wieder, wenn hier Schwierigkeiten waren, habe ich sicher Sehnsucht gehabt. Mir hat es dann geholfen, Briefe an meine Mutter zu schreiben, und ich habe so schöne Briefe wieder zurückbekommen. Ich habe sie alle aufbehalten. Aber ich will sie, über 20 Jahre nach Mamas Tod, heute noch nicht lesen, weil immer traurige und schmerzliche Erinnerungen damit verbunden sind.

Unser Hobby ist, im Sommer auf die Almen zu gehen. Ich habe das von zu Hause überhaupt nicht gekannt. Aber ich finde es wunderschön, wenn man auf die Almen gehen kann oder auf die Hütten. Im Sommer bin ich einfach glücklich. Da sind wir immer unterwegs. Am Sonntag gehen wir immer wandern und kehren irgendwo ein. Das ist unser gemeinsamer Tag. Ich habe drei Enkel und „kindse" immer gerne. Aber Samstag und Sonntag sage ich immer: die gehören Mama und Papa. Weil vor der Pension haben wir keine Zeit füreinander gehabt. Und das genießen wir jetzt miteinander.

Mein ältester Sohn heißt Urban. Da ist meine Schwiegermutter auf Besuch gekommen um das Kind anzuschauen. Dann hat sie gesagt: „Und der heißt Urban Klieber." Dann habe ich meiner Mama heim geschrieben, der heißt Urban Klieber. Und dann hat sie zurückgeschrieben: „Ich muss weinen, weißt du!" Weil oben in Dänemark gibt es ein Bier, das heißt Urban. Und wenn damals Dänen betrunken waren, sagte man: „Na Urban." Und der nächste heißt Günther, der Mittlere. Der ist verheiratet mit einer Französin. Der Jüngste, Björn, hat eine russische Frau geheiratet. Wir haben vier Nationen in unserer Familie. Und unser Enkel spricht mit zehn Jahren perfekt Französisch. – Das Schlimmste war, dass ich wegen der Schwiegermutter mit den Kindern nicht dänisch sprechen durfte. Mein Mann hat es mir auch verboten. Und wenn meine Mama gekommen ist, dann hat sie „g'reart"[1] und gesagt: „Ich kann nicht einmal mit meinen Enkeln reden."

Die Tiroler sind mit Sicherheit sturer als die Dänen. Man merkt es schon an der Art, wie man hier redet, wie man aufgewachsen ist. Besonders die Tiroler Männer sind stur, die lassen sich nicht ändern. Die haben immer Recht. Und in der Kirche war es schwierig für mich, da war damals ein alter Pfarrer, noch vor dem Dekan. Ich bin ja evangelisch, und habe bei meiner eigenen Hochzeit keine Kommunion gekriegt. Aber ich musste unterschreiben, dass die Kinder in katholischem Glauben aufwachsen. Das habe ich müssen akzeptieren und unterschreiben. Wenn ich dann mit dem Kinderwagen in die Kirche gegangen bin, hab ich gesehen, dass die Mütter mit den „Poppele" zum

---

[1] geweint.

Pfarrer gehen. Ich hab mich gefragt, was tut der denn da? Hat der Weihwasser gespritzt und ein Kreuzele gemacht, und geredet mit den Müttern. Und wenn er mich gesehen hat, dann ist er vorbeigegangen. Dann bin ich einmal hin und habe gesagt: „So, kriegt unser Kind kein Kreuzele auf die Stirn so wie die anderen?" – „Nein, du bist evangelisch", hat er gesagt. Das haben sie nicht akzeptiert damals. Und jetzt geht es ganz gut.

Grete Jakob

geboren 1938 in Ratschach/Radeče, Jugoslawien (heute Slowenien)

Grete Jakob, geborene Hoffer, musste aufgrund ihrer deutschen Wurzeln 1945 vor der jugoslawischen Armee nach Kärnten flüchten. Als junge Frau kam sie nach Telfs, das von nun an ihr Lebensmittelpunkt sein sollte. Gemeinsam mit ihrem Mann bewirtschaftete sie verschiedene Schutzhütten.

Das Erste, woran ich mich erinnern kann, sind die Bombenangriffe. Wir haben genau neben der Save in Slowenien gewohnt, in der Nähe einer Brücke, die ein Verkehrsknotenpunkt war. Und die wollten sie unbedingt zerstören. Ich habe bis heute Angst vor dem Finstern, ich mag z. B. nicht gerne in den Keller hinunter gehen. Denn sobald die Bomben gekommen sind, mussten wir schon in den Luftschutzkeller im Gemeindegebäude vis-à-vis laufen. Einmal haben wir es nicht mehr „dertan", und da hat sich durch den Luftdruck das kochende Wasser aus dem Wasserschiff im Sparherd in einer Fontäne über die Mama ergossen. Auch die Fenster sind geborsten. Und die Mama hat mich noch unten hineingerissen. Das ist so erschreckend gewesen.

Das war 1945. Wir wurden angegriffen, von den Alliierten oder der jugoslawischen Armee? Ich weiß es heute nicht mehr. Die deutschen Offiziere haben im Nebenhaus gewohnt. Die Mama hat für sie gewaschen und gekocht. Wir haben zu ihnen ein gutes Verhältnis gehabt. Da kam eines Tages ein Offizier und sagte: „Ihr müsst weg." Der Papa war in Graz geboren, er konnte kein Wort slowenisch. Die Mama konnte gut slowenisch. Sie meinten, wenn wir bleiben, würde der Papa in die Save geschossen und die restliche Familie käme nach Sibirien. Meine Eltern haben sofort Ja gesagt. Wir haben einen Lastwagen-Anhänger zur Verfügung gestellt bekommen, man hat uns gesagt: „Packt zusammen was geht, nehmt alles mit, wir bringen euch über die Grenze." Wir sind auf einem Schleichweg gefahren, bis die Laster nicht mehr weiter konnten.[1]

Wir sind vom 8. bis zum 21. Mai unterwegs gewesen. Dann haben sie uns in einem Straßengraben abgeladen, alles raus aus dem Anhänger. Was sollten wir jetzt tun? Ein Bauer hat uns gesagt, wir sollten schauen, dass wir einen Leiterwagen organisieren und jemanden bezahlen, damit er uns auf Schleichwegen nach Kärnten bringt. Meine Mama, die als einzige Slowenisch konnte, musste ein paar Tage laufen, um das alles zu organisieren. Immer wieder sind wir auf Partisanen gestoßen, die wollten meinen 15-jährigen Bruder mitnehmen. Aber meine Schwester und ich haben uns an ihn gehängt und ihn nicht losgelassen. Ein anderes Mal hat ein Partisane eine „Duschka"[2] auf meinen Vater gerichtet und verlangt, dass er seine Stiefel auszieht. Der Papa hat ihn nicht verstanden. Dann ist die Mama vorgetreten. Er hat die „Duschka" auf sie gerichtet und gesagt: „Was willst du? Ich schieße dich nieder wie eine Hündin." Und wir Kinder sind da herumgestanden.

Meine Mama hatte Goldmünzen und Wertsachen bei sich, und so konnte sie einen Bauern mit Leiterwagen bezahlen, der uns zur Grenze brachte. Als meine Mama den Grenzbalken und die Engländer sieht, fällt sie um. Wir haben nicht gewusst, was los

---

[1] Gegen Ende des Krieges und nach dem Krieg kam es auf dem Gebiet des heutigen Slowenien zu schweren Kriegsverbrechen durch Tito-Partisanen. Es wird geschätzt, dass in den ersten beiden Monaten nach Ende der deutschen Besetzung 15.000 Slowenen ohne Gerichtsurteil exekutiert wurden.
[2] Maschinengewehr.

ich bis 1964 gemacht, das hat mir richtig getaugt. Dort habe ich auch das Kalkulieren gelernt.

Ich habe in diesen Jahren eine Frau kennengelernt, die hat eine kleine Hütte bewirtschaftet. Das hat mir sofort gefallen. Ich habe mir gedacht, sowas möchte ich auch machen. Ich hatte damals meinen Mann schon kennengelernt, und auch meinen Papa gefragt, ob er mit mir so eine Hütte übernehmen würde. Er und meine Mama waren nicht abgeneigt. Mama meinte, sie könnte kochen. Aber wo eine Hütte herkriegen? Dann haben wir gelesen, dass die Sektion Berlin die Martin Busch Hütte in Vent im Ötztal verpachtet. Auf 2500 Metern. Ich hatte keine Ahnung, was da auf uns zukommen würde! Ich bin hineingesprungen ins kalte Wasser. Und es ist gegangen. Eine Hütte mit 147 Schlafplätzen.

Vorher haben mein Mann und ich geheiratet. Eigentlich wollten wir das noch nicht, weil wir uns erst eineinviertel Jahre gekannt haben, aber für die Hütte war das notwendig. Mein Mann war ein Sudetendeutscher, er hatte auch mit seiner Familie fliehen müssen. Sie waren sehr reich gewesen und hatten durch den Krieg alles verloren. Mein Mann arbeitete auch bei Porr, dort lernten wir uns kennen. Er war eine Seele von Mensch.

Damit wir die Hütte übernehmen konnten, musste mein Mann einen Bergrettungskurs machen. Und einen Schikurs. Weil er noch nie schigefahren war. Und ich auch nicht. Wir sind zwar gerne wandern gegangen, auf die Munde und da herum. Aber richtig im Hochgebirge waren wir nie gewesen. Und so haben wir das übernommen. Das war schwer, sage ich Ihnen. Wenn ich heute daran denke, frage ich mich, wie ich das alles geschafft habe. Wir waren acht Jahre auf der Martin Busch Hütte. Nur als meine jüngere Tochter auf die Welt kam, musste ich herunten bleiben. Da hat meine Mama übernommen, und meine Schwester war Kellnerin. Als meine Tochter auf die Welt kam, hatte Peter, mein Mann, 301 Leute auf der Hütte und den Bundeskanzler Klaus dazu. Er konnte uns nicht besuchen, erst vier Tage später kam er zu uns.

Die Hütte war im Winter und im Sommer geöffnet. Die Töchter sind 1967 und 1969 auf die Welt gekommen, und wir sind mit Kind und Kegel hinauf. Erst in den letzten Jahren konnten wir mit dem Hubschrauber viel hinaufbringen lassen. Im Sommer konnte man mit dem Puch Haflinger hinauffahren, aber fragen Sie nicht. Der Weg ist 8 km lang und 1,20 bis 1,30 m breit – und da ist es 300 m hinunter gegangen. Da habe ich viele Nerven gebraucht. Und ich habe ja immer alleine gekocht, die Mama hat mir nur am Anfang geholfen. Ich muss ehrlich sagen, das hat Nerven gekostet.

Danach haben wir 1973 die Hütte am Obernberger See übernommen, 15 Jahre lang. Das war ein Paradies gegen Vent. Nur 50 Betten, hauptsächlich Tagesbetrieb. Außerdem hatte die Hütte im Winter zu, die Saison ging nur von Mai bis Oktober. Zuerst war meine Mama bei den Kindern, die ja in Telfs in die Schule gingen, nach ihrem Tod hatte ich eine Frau, die die Kinder unter der Woche beaufsichtigte. Am Freitag haben wir sie immer auf die Hütte geholt, und in den Ferien waren sie sowieso bei uns.

Nach diesen Jahren haben wir in Innsbruck das Gasthaus „Laterne" in Pradl gepachtet, ein nettes kleines Gasthaus, 50 Plätze drinnen, 70 im Gastgarten. Und das ist gut gelaufen, bis ich in 1997 in Pension gegangen bin.

Ich habe eigentlich nie gespürt, dass ich eine „Zuagroaste" bin, nicht in Telfs, nicht als Wirtin. Nur im Ötztal war es nicht ganz leicht. In unserem ersten Jahr haben wir nicht einen Liter Milch zu kaufen gekriegt. Nichts. Mit Müh und Not konnten wir beim Wirt, der vorher oben war, ein Lager für die Lebensmittel im Tal mieten. Das haben die Einheimischen uns sehr spüren lassen, dass die Hütte kein Ötztaler gekriegt hat. Dabei wollte die Sektion das so.

Zwischen 1955 und 1960 ist mein Bruder mit seinem ersten Auto zum ersten Mal mit meinen Eltern wieder zurück nach Slowenien gefahren. Vorher hatten wir nur Briefe geschrieben. Mamas Eltern waren in Marburg, und wir hätten nicht gewusst, dass Opa gestorben ist, hätte sich Mama in der Kärntner Zeit nicht mal mit Oma an der Grenze getroffen. Jahrelang hatten wir keinen Kontakt. Es war sehr berührend, als meine Mama ihre Mama und ihre Geschwister wiedersah. Beim ersten Mal haben sie geweint. Aber meine Eltern wollten nicht zurück. In diesem Jugoslawien unter Tito herrschte ein ganz ein anderer Standard. Die haben fast nichts verdient.

Für uns Kinder war Slowenien ohnehin nicht sehr wichtig. Als wir das erste Mal nach Ratschach zurückgekehrt sind, waren wir enttäuscht. Ich hatte es mir so schön vorgestellt, und es war alles so klein. Als Kind siehst du das mit anderen Augen.

Aber wir haben mit den Verwandten Kontakt gehalten und sind immer wieder hinunter gefahren. Ich habe jetzt noch mit meiner Cousine und meinem Cousin Kontakt. Die kommen auch öfters herauf. Ich mag jetzt nicht mehr so weit mit dem Auto fahren. Jetzt geht es ihnen in Slowenien auch gut, aber früher habe ich ihnen viel geholfen. Ich habe hier Kleider gesammelt und hinunter geschickt. Sie mussten nie Kleider kaufen.

Ich habe eine ganz schöne Jugend hier in Telfs gehabt. Wir waren bald ein netter Freundeskreis, ein Freundeskreis, mit dem ich noch heute beieinander bin. Damals sind wir immer gemeinsam auf die Hütte von unserem Vermieter in Mösern gegangen am Wochenende, meine Mama hat mir einen Rucksack vollgepackt mit verschiedenstem Zeug. Wir waren acht Frauen, jetzt sind wir nur mehr sieben. Aber immer noch befreundet. So etwas musst du suchen.

Ich habe immer einen guten, netten Kontakt mit Telfs gehabt, nur die Jungen kenne ich nicht mehr. Wie ich hergekommen bin, waren in Telfs 3.000 Einwohner, das war ein Dorf. Telfs hat sich gut entwickelt. Ich mag Telfs, ich bin gerne hier. Und ich fühle mich auch als Telferin, als Tirolerin. Ich bin jetzt bald 60 Jahre da! Das sind schon zwei Leben [lacht]. Ich war immer lebendig, ich habe immer Leute eingeladen und Leute hergezogen.

Mehmet und Eşe Sahan

geboren 1941 und 1945 in Denizli, Türkei

Mehmet und Eşe Sahan kamen Anfang der 1970er Jahre nach Telfs um in der Fa. Schindler als Textilarbeiter zu arbeiten. Unter extrem beengten Verhältnissen und schwierigen Bedingungen schlug die Familie durch ihre Kinder und Enkel langsam Wurzeln in Telfs.

Mehmet: Ich habe 1963 meinen Militärdienst in der Türkei abgeschlossen. Als ich meinen Entlassungsschein erhalten hatte, bin ich zum Arbeitsamt gegangen, da ich ja arbeitslos war. Beim Arbeitsamt war es wirklich verwirrend. Ich habe mich dort in eine Liste eingetragen, auf eine Warteliste nach Deutschland. Nach sieben Jahren war ich endlich an der Reihe, nach Deutschland zu gehen. Gerade als ich mich für Deutschland entschieden hatte, bekam ich Österreich angeboten. Dazu musste ich keine Unterlagen vorlegen, nur eine Untersuchung war nötig. Ein Arzt hat uns untersucht. Dazu haben sie uns nach Istanbul geschickt, dort wurden wir wieder untersucht. Wir mussten uns ausziehen und sie haben einen Bericht verfasst. Alles wurde untersucht. Wenn ein Zahn fehlte, wurde gesagt, dass man diesen ersetzen muss. Als wir aus der Türkei herkamen, war alles bei uns in Ordnung, uns fehlte nichts. Natürlich waren wir damals jung und gesund. Bei Eşe war es auch so.

Als alles fertig war, bekamen wir in Istanbul das Ausreisedatum. 1971 wurde ich dann nach Österreich geschickt, im Juni war ich in Österreich. Wir wurden direkt mit dem Bus zum Schindler[1] gebracht. Von der Firma wurden wir wie Gäste empfangen, als wir ankamen. Der Bus der uns herbrachte, brachte uns direkt zum Büro. Dort gab es einen Wärter, Fakil. Er kümmerte sich um die Heime. Er brachte uns in unser Heim. Am nächsten Tag bekamen wir 500 Lire in Schilling.

Eine Woche später wurden wir woanders hingebracht, in ein anderes Heim. Das Heim war der Ort, wo die Arbeiter schliefen, es gab Zimmer, und auch alles andere, wie Toiletten. In einem Zimmer schliefen wir mit vier bis fünf Mann. Das Zimmer war ca. drei Meter lang und drei Meter breit. Das Haus steht heute immer noch, jemand hat es gekauft. Danach haben sie uns wieder woanders hingeschickt, wo wir auch zu viert wohnten, Wiesenweg hieß der Ort. An diesem genannten Ort blieb ich ca. ein bis eineinhalb Jahre, danach holte ich 1973 meine Frau her. Meine Kinder blieben bei meiner Mutter alleine in der Türkei zurück, ich hatte vier Kinder. Die Kinder habe ich dann 1978 hergebracht. Wir hatten keine Wohnung, das war unser größtes Problem. Ich bekam nur ein Zimmer, und dorthin habe ich meine vier Kinder gebracht, zu sechst schliefen wir in diesem Zimmer. Zu sechst haben wir in einem Zimmer gelebt, wir haben da gekocht und alles andere in diesem Zimmer gemacht. Das Zimmer haben wir vom Arbeitgeber zugewiesen bekommen, alle Arbeiter schliefen dort. Dieser Zustand hielt noch einige Zeit an.

Am Anfang fühlten wir uns einsam, es war merkwürdig. Die Sprache konnten wir sowieso nicht, aber im Heim gab es einen Bekannten – aus Konya – der konnte die Sprache. Er half uns bei der Verständigung mit der Heimleitung. Dass dies und das noch fehlte, erzählten wir ihm, und er übersetzte es der Heimleitung. Die gaben uns dann 500 Lire in Schilling als Taschengeld, damit konnten wir dann Teller und Töpfe kaufen, mit denen wir dann kochen konnten, bis wir unser erstes Gehalt bekommen haben.

---

[1] Textilindustrie.

Es gab viele Türken in Telfs, aber wir hatten am Anfang keinen Kontakt. Auch zu den Österreichern hatten wir keinen Kontakt. Wir waren neuangekommene Fremde. Wir haben versucht, unter die Österreicher zu gehen, aber sie haben sich abgesondert, und sie sondern sich noch immer ab. Wenn wir zu ihnen gegangen sind und mit ihnen reden wollten, sind sie aufgestanden und weggegangen. Sie haben uns keine Infos gegeben. Wenn Sie uns gesehen haben, sind sie weggegangen. So wurde uns begegnet. Der Kontakt zu den Türken kam erst später.

Als meine Kinder herkamen, haben wir sie zur Schule angemeldet. Ein oder zwei Jahre darauf bekamen wir noch ein Zimmer. Danach schliefen die Kinder in dem anderen Zimmer. Unsere Kinder waren in der Türkei in der 4. Klasse, einer in der 2. Klasse und einer in der 1. Klasse, und in der gleichen Stufe haben sie hier weitergemacht. Sie haben die Sprache schnell gelernt. Wir hatten keine Schwierigkeiten mit der Schule. Wenn die Kinder welche hatten, dann hatten *sie* welche, wir hatten keine Schwierigkeiten. Wir sind auch zu Elternabenden gegangen, es gab da einen türkischen Lehrer, der hat für uns übersetzt.

Als wir die Kinder herbrachten, gab es einen Landsmann von uns, wir nennen ihn „den Banker". Um die Hand seiner Tochter haben wir für unseren Sohn angehalten, sie hat für unsere Kinder damals übersetzt. Gülseli heißt sie, und jetzt ist sie mit meinem Sohn verheiratet und meine Schwiegertochter. Sie hat damals übersetzt, weil sie schon länger da war. In der Schule haben unsere Kinder die Sprache gut gelernt, und hatten deshalb keine Schwierigkeiten. Aber uns fiel es schwer, die Sprache zu lernen und es fällt uns immer noch schwer. Und jetzt wo wir nicht arbeiten, verlernen wir es wieder.

Es hat uns damals gefreut, dass wir die Kinder herbringen konnten. Ich habe damals nachts zu arbeiten angefangen. 1973 hat meine Frau tagsüber gearbeitet und ich bin um fünf Uhr früh nach Hause gekommen. Ich habe dann die Kinder um sieben Uhr geweckt, fertig gemacht, und sie zur Schule geschickt, Eşe kam um eins und dann ging ich schlafen, so haben wir versucht es zu regeln.

Ich habe beim Schindler im Schichtdienst gearbeitet, abends um neun bin ich arbeiten gegangen. 20 Jahre habe ich bei Schindler nachts gearbeitet, 20 Jahre. Damals haben sie wenig gezahlt, die Miete wurde von der Firma einbehalten, 350 Schilling behielt die Firma ein. Wir haben 1.700 bis 2.000 Schilling verdient. Betriebswohnungen waren günstig. Mit dem Geld versuchten wir über die Runden zu kommen.

Natürlich hatten wir Kummer. Bevor wir hierher kamen, waren wir in der Türkei Bauern, uns ging es nicht so gut. Ich hatte gerade meinen Militärdienst absolviert, was soll schon ein Mann haben, der gerade vom Militärdienst kommt. Trotzdem gab es in der Türkei von allem reichlich zu essen und trinken, denn wir haben alles selber angebaut. Hier gab es nur das Notwendige. Aber jetzt gibt es hier auch viel. Hier ist es auch gut geworden.

Eşe: Weil unsere Kinder nicht da waren, haben wir geweint im Heim. Wir waren nur drei Frauen, damals gab es kaum Frauen da. Damals konnten die Kinder nicht mit. Wenn wir an Feiertagen zusammen saßen, weinten wir, wir trösteten uns gegenseitig und die Zeit verging.

Ich habe natürlich gearbeitet, ich habe an einem Tag zehn Maschinen bedient. Ich war eine der ersten arbeitenden türkischen Frauen hier. Da gab es eine Frau aus Istanbul, Rabia, mögen ihre Ohren klingeln – viele meiner Freunde sind für immer zurückgekehrt, einige sind gestorben – sie war eine gute Person. Sie gaben mich in die Garnabteilung, ich konnte die Arbeit aber nicht, ich setzte mich hin und weinte. Ich habe es zu dem Meister mit der Glatze gesagt, der hat es dem Ober-Meister gesagt. Dann haben sie mich auf die andere Seite gegeben. Dort gab es eine schwangere Frau, Duraniye hieß sie. Sie hat mir das Wickeln des Garns gezeigt, und als sie ging, arbeitete ich an ihrem Platz.

Probleme gab es immer wieder, natürlich, die Meister schimpften, und manche Arbeiter verstanden sie, manche nicht. Aber wir haben unsere Arbeit gemacht, wegen der Arbeitsweise hat keiner geschimpft. Als die Fabrik zugemacht hat, habe ich sieben Jahre in Matrei gearbeitet. Wir sind immer mit dem Servicebus zum Arbeiten dahin gefahren, haben aber weiter in Telfs gewohnt. Nach sieben Jahren hat auch dieser Betrieb geschlossen. Nach weiteren sieben Jahren beim Thöni habe ich einen Rentenantrag gestellt.

Wir haben kein Deutsch gesprochen, damals gab es keinen Deutschunterricht, und wir haben immer mit Türken gearbeitet. Wir haben gearbeitet, und wenn ein Meister kam, erklärte er die Bedienung der Maschine, übergab sie uns, und ging. Nur wenn es etwas Wichtiges gab, kamen sie, darum brauchten wir die Sprache nicht zu lernen.

Wir sind aus finanziellen Gründen hergekommen. Wir haben gesagt, wir arbeiten eine Zeitlang und gehen dann zurück. Aber das Geld reichte nicht, also arbeiteten wir weiter, und es reichte wieder nicht, und so weiter. Und während wir so weiter planten, sind wir geblieben.

Mehmet: Wir wollten nur noch ein weiteres Jahr arbeiten und dann zurückkehren, das wollen wir immer noch. 20 Jahre haben wir so gelebt. Wir hatten Schwierigkeiten eine Wohnung zu finden, weil wir Ausländer waren. Wenn wir angerufen haben, hat man uns gesagt, es ist nichts frei, oder dass sie keinen Platz hätten. Wir wollten sehr gerne aus der kleinen Betriebswohnung ausziehen, haben aber keine andere Wohnung gefunden. Erst später haben sie hier neue Wohnungen gemacht.

Wir hatten auch österreichische Nachbarn, aber sie kamen nie zu uns. Wir haben auch österreichische Kollegen, aber wenn wir mit ihnen reden wollen, gehen sie einfach weg. Wir haben einander nie besucht. Wenn wir zu ihnen gehen würden, würden sie die Türe zumachen. Die Österreicher wollten, dass wir wieder gehen, und als wir nicht gingen, wollten Sie uns nicht hier. Am liebsten würden sie uns vertreiben, aber da der Staat uns angeworben hat und da es einen Staatsvertrag gibt, wollen wir nicht gehen. Und jetzt sind auch unsere Kinder hier und arbeiten hier.

Unsere Kinder haben hier geheiratet und haben Kinder bekommen, ich habe zehn Enkelkinder. Zwei sind in der Türkei. Wir arrangieren uns halt. Wir haben gearbeitet, unsere Kinder groß gezogen, wir haben sie verheiratet, die Enkel groß gezogen und nun sind wir alleine zu zweit. Die Enkel sollten heiraten, tun es aber nicht.

Wir selbst hatten bei der Einreise keine Schwierigkeiten gehabt, weil wir über die Arbeitsvermittlung hergekommen sind. Wir mussten uns um nichts kümmern. Erst später traten bei der Familienzusammenführung Schwierigkeiten auf. Wenn du früher ein Kind verheiratet hast, konntest du die Braut direkt hierher holen. Aber jetzt ist es schwieriger, man muss erst einen Antrag stellen, dann Unterlagen einreichen, dann kommen sie um die Wohnung zu begutachten, dann können die Angehörigen erst kommen.

Am Sonntag gehen wir, um für unseren Enkel um die Hand eines Mädchens anzuhalten. Das ist schon lange fällig. Sie sind 20 Jahre alt, 22 und 23 Jahre, und heiraten nicht. Sie haben alle die Schule beendet und eine Ausbildung. Einer geht noch zur Schule, in eine Gastgewerbeschule, für die muss man bezahlen. Für unsere Kinder gab es damals solche Möglichkeiten nicht, das haben sie mir ins Gesicht gesagt: Sobald unsere Kinder die Pflichtschule beendet hatten, sind sie arbeiten gegangen. Nur bei meinem Jüngsten wollte ich, dass er ein Gewerbe lernt. Ich bin mit ihm zu Arbeitsamt gegangen, dort hat er einen Test gemacht im Bereich Elektrik, den Test hat er bestanden. Dann haben sie uns nach Zirl geschickt, in einen Betrieb. Dort hat er auch einen Bewerbungstest gemacht und auch diesen bestanden. Ganz zum Schluss kam eine Österreicherin mit ihrem Kind und hat mit ihnen geredet. Wir haben gewartet, da sie unseren Sohn nehmen wollten, aber dann sagte man uns, dass sie zuerst ihre eigenen Leute nehmen. Sie sagten uns, dass mein Sohn zwar den Test bestanden hätte, aber sie könnten ihn nicht nehmen. Dann sind wir wieder gegangen. Unsere Kinder konnten keine Ausbildung machen, sie konnten nur Arbeiter werden. Für einen Ausbildungsplatz oder für eine höhere Stellung haben sie unsere Kinder nicht genommen. Aber jetzt nehmen sie auch ausländische Kinder. Heute wohnen alle Kinder in Telfs. Wir haben zwar die Wohnungen getrennt, aber wir sind nicht getrennt.

Wir wurden hier dennoch gut behandelt, möge Allah es ihnen danken, sie waren schon gut. Wir haben hier Brot gegessen. Schlecht kann man nicht sagen, Allah hat es gesehen. Wir konnten hier Geld verdienen, und leben immer noch gut. Wenn wir Freizeit hatten, saßen wir zusammen, sind spazieren gegangen, oder haben uns mit Freunden unterhalten.

Jetzt gibt es türkische Cafes und Moscheen. Damals gab es das nicht, wir haben damals eine bescheidene Moschee errichtet. Unsere Freunde und Bekannte waren Türken, in unserer Umgebung waren alles Türken. Wir versammelten uns Deniziler, saßen zusammen, tranken Tee und Kaffee. Wir blieben wegen der Sprache unter uns. Wenn wir in ein deutschsprachiges Cafe gingen, saßen wir alleine, keiner setzte sich zu uns. Darum setzen sich nur Landsleute zu uns, und das ist immer noch so. Wir haben es versucht, wir sind in österreichische Cafes gegangen, aber es funktionierte nicht. Die österreichischen Männer gehen weg, immer noch. Das ist immer noch so, die Österreicher hier mögen die Türken nicht besonders. Zum Beispiel, wenn wir morgens in ein Cafe gehen, setze ich mich hin, man bringt mir meinen Kaffee, ich trinke ihn, aber niemand setzt sich zu mir an den Tisch. Wenn ich mich zu jemandem setze, steht er nach kurzer Zeit auf, so ist das.

Als wir dann in Rente waren, dachten wir daran, in die Türkei zurückzukehren, aber aus gesundheitlichen Gründen geht es nicht. Ich habe keinen in der Türkei, meine Kinder sind ja hier. Ich gehe nur für einen Urlaub zurück. Unsere Kinder halten uns hier. In der Türkei habe ich ein Haus in der Provinz, ich besitze im Dorf Land. Aber meine Kinder sind nicht da, und weil keiner dort ist, sind wir hier gebunden. Sechs Monate sind wir hier, und sechs Monate bleiben wir in der Türkei. Wenn wir im Urlaub sind, vermissen wir das hier. Ich habe in der Türkei 30 Jahre gelebt und hier lebe ich seit 43 Jahren. Zuerst sind wir türkische Staatsbürger, aber unsere zweite Heimat ist Österreich. Wenn wir in der Türkei sind, vermissen wir das hier, und wenn wie hier sind, vermissen wir die Türkei. Und so vergeht die Zeit.

Cajse-Marie Schediwetz

geboren 1945 in Arvika, Schweden

Cajse-Marie Schediwetz, geborene Fjellstedt, lernte ihren österreichischen Mann in Schweden kennen. Nach der Geburt der gemeinsamen Kinder beschloss das Paar 1972, nach Österreich zu ziehen, um hier einen Friseursalon zu betreiben.

Ich erinnere mich gut an meine Schulzeit in Schweden. Ich hatte es nicht weit in die Schule. Die Winter waren sehr kalt. In Schweden fuhr man damals mit einem „Spark" auf den Straßen. Ich habe so ein Gerät auch hier und bin drei Mal in Telfs damit gefahren. Jeder hat mich angeschaut und sich gewundert, mit was ich da daher kam. Wenn man einkaufen fährt, kann man die Taschen draufhängen oder stellen, und eine Person kann darauf sitzen. Als Kinder waren wir oft zu fünft auf dem Spark. Das war sehr lustig.

Mein Vater hat in Borlänge eine Eisfabrik betrieben, und auf Grund dessen war ich natürlich sehr populär in der Schule [lacht].

Als ich 13 war, sind wir nach Göteborg gezogen. Mein Vater hat die Eisfabrik verkauft und ist in Pension gegangen. Ich habe erst eine vierjährige Realschule und dann die Handelsakademie besucht und bin Sekretärin geworden. Wie die meisten Frauen damals habe ich einen typischen Frauenberuf gewählt. In jener Zeit war es einfach das Ziel einer 20-jährigen Frau, zu heiraten und eine Familie zu gründen.

Zuerst war ich Chefsekretärin in einem Schuhmodehaus. Ich habe nie mehr so viele Schuhe gehabt wie damals [lacht]. Als ich eine Einladung zum Klassentreffen bekam, wollte ich meine langen Haare schneiden und eine pfiffige Frisur machen lassen. Meine Kolleginnen sagten: „Da gehst du am besten zu Erwin." Und das habe ich gemacht. Das war 1965. Mein Mann hat später gesagt: „Als ich dich gesehen habe, wollte ich dich einfach noch einmal treffen" [lacht]. Er hat dann später über meine Kollegin gefragt, ob ich für ihn Modell sitzen würde. Er hat damals bei Wettbewerben teilgenommen und musste gewisse Frisuren trainieren. Ich dachte: „Ja, so ein bisschen gepflegt zu werden, ist sicher nicht schlecht", und bin hingegangen. Bald haben wir uns auch privat getroffen, und dann ist alles sehr schnell gegangen. Im Juni 1966 haben wir geheiratet.

Nach drei Jahren kam 1969 unser erster Sohn Christian zur Welt und 1971 kam Tobias. Mein Mann ist Österreicher. Er hatte zuvor fünf Jahre in Norwegen gearbeitet und war schon einige Jahre in Schweden. Unsere Familiensprache war schwedisch, obwohl wir viele österreichische Freunde in Schweden hatten. Es ist ja so, wenn man ins Ausland geht, zieht es einen zu den eigenen Landsleuten.

Ich habe gedacht, dass wir in Schweden bleiben, das ist klar. Aber nach einigen Jahren hat mein Mann gesagt, er möchte gerne zurück nach Österreich. Er möchte einen Salon in einem Skiort aufmachen, wo man nur im Sommer und Winter arbeitet und in der Vor- und Nachsaison frei hat. Saisongeschäft eben. Wir waren jedes Jahr auf Skiurlaub in Österreich, in verschiedenen schönen Skiorten, und haben uns viele Geschäfte angeschaut. Zum Beispiel in Mühlbach am Hochkönig, in Bad Gastein, in Bad Aussee und in Seefeld. Wir haben uns für einen Friseursalon in Seefeld entschieden, da Seefeld sehr schön liegt und nicht so eingeklemmt ist von den Bergen. Zum Glück haben wir dort keine Wohnung gefunden, sondern mussten nach Telfs ausweichen. Gott sei Dank! Denn in Seefeld ist das halbe Jahr Winter. So haben wir in Telfs eine schöne

3-Zimmer Wohnung in der Moritzenstraße bezogen.

In Seefeld mussten wir das Geschäft von Null aufbauen, wir wurden von der Vermieterin ganz schön reingelegt. Das Saisongeschäft war schlecht und gut ein Jahr später hatte mein Mann genug. Wir beschlossen, ein Geschäft in Telfs aufzumachen. Wir haben Werbung mit der Post verschickt, damit alle wussten, dass wir hier aufmachen und wer bei uns angestellt ist. Man hat versucht, uns alles so schwer zu machen wie nur möglich. Die Kundschaften auf den Weg zu unserem Geschäft wurden uns „weggefischt" und einige mussten einen Umweg machen.

Das erste Jahr in Telfs war furchtbar. Ich war fix und fertig. Es war ein Kulturschock, obwohl das nicht das richtige Wort ist. Wie soll ich es beschreiben? Vieles hier war so anders als in Schweden. Papierwindeln zum Beispiel waren in Österreich damals nicht üblich, und sie waren unglaublich teuer. In Schweden haben wir nicht gewusst, was Stoffwindeln sind, geschweige denn dass wir sie verwendet hätten. Dazu kam, dass die Speditionsfirma den Kinderwagen und den Herd in Schweden vergessen hatte. Es gab nicht einmal eine Küche in der Wohnung! In Schweden gibt es keine Wohnung ohne Küche. Ich bekam eine Kochplatte von unserer Friseurin. Da war ich ganz fertig.

Zum Einkaufen musste ich also Tobias mit einer Hand tragen, er war 1 ½ Jahre alt, und an der anderen Hand musste ich Christian halten. Wohin mit den Einkaufstaschen? Das ging ja nicht! Schlau wie ich bin, dachte ich, da gehe ich einfach einkaufen, wenn sie ihren Mittagsschlaf machen. Ich sauste raus, und was denkst du? ... Zwischen 12 und 15 Uhr war ALLES zu. Aber gar alles!

Es war am Anfang wirklich sehr schwierig für mich. Ich hatte alle meine Freundinnen und die Familie zurückgelassen. Eigentlich wollte ich ja nicht nach Österreich. Ich habe den Schritt nur meinem Mann zuliebe getan. Aber ich dachte, „wir versuchen es mindestens zwei Jahre lang". Das erste Jahr war sehr hart. Einmal bin ich total durchgedreht, ich habe nur mehr geschrien und geweint. Da hat mich mein Mann nach Schweden geschickt für ein paar Monate.

Die Jytte Klieber, eine Dänin, hat nicht weit weg gewohnt. Sie hat gehört, dass eine Schwedin gekommen ist und hat mich besucht. Sie hat sich dann ein bisschen um mich gekümmert. Lustigerweise war meine nächste Nachbarin auch eine Schwedin. Jytte Klieber hat uns zusammengeführt und wir waren 40 Jahre mit einander befreundet. Mein Mann und ich sind zum Turnverein gegangen und haben mit der Zeit auch dort Freunde gefunden.

Während mein Mann die Meisterprüfung machte, bin ich nach Schweden gefahren. So hatte er seine Ruhe zum Lernen und ich freute mich „zu Hause" zu sein. Meine Eltern waren überglücklich, ihre Enkel zu sehen. Dass ich ins Ausland gezogen war, war ein Schlag für sie.

Dazu gab es in Telfs kein Telefon, als wir hierher kamen. „Was!?" habe ich gesagt, „es gibt kein Telefon!!" Nein. Kein Telefon. Und wir Schweden sind nämlich ein telefonierendes Volk. Ich konnte es nicht glauben. Es hat ungefähr ein Jahr gedauert, bis wir einen

Viertel-Anschluss bekommen haben. An der Wand montiert! Ich habe gedacht, wir sind zurück im Steinzeitalter. Ja, was macht man da? Meine Eltern und ich haben uns ein kleines Tonbandgerät gekauft, die Tonbänder besprochen, alles erzählt was passiert ist, und dann die Tonbänder mit der Post geschickt. Die Kinder haben hinauf gesungen und geplaudert. Einmal fragte Tobias, als er Oma und Opa zugehört hat, „wo sind sie denn?" Und hat hinter dem Tonbandgerät nachgeschaut. So haben wir ein Jahr lang, also bis wir Telefon bekommen haben, die Bänder hin- und her geschickt.

1974 im Frühjahr haben wir unseren Salon in Telfs aufgemacht. Das war ein Schritt, den wir niemals bereut haben. Heute würde ich niemals nach Schweden zurückgehen. Telfs gewinnt vielleicht keinen Schönheitspreis als Marktgemeinde mit ihrem geschäftslosen Zentrum. Immerhin gibt es das Inntalcenter und den Telfspark, so mangelt es uns nicht an Geschäften. Aber die Lage ist toll. Man ist nahe an Deutschland und Italien. Du wohnst so richtig mitten in Europa und das finde ich schön.

Nach einigen Jahren hat mein Mann mit Freunden den Fitnessclub gegründet. Dort habe ich viele Freundinnen gefunden. Endlich habe ich ein soziales Leben gehabt. Ich war ja sehr lange Hausfrau. Was heißt Hausfrau? Ich habe die Buchhaltung vom Salon gemacht. Ich habe die Handtücher gewaschen und die Schaufenster dekoriert. Ich habe alles hinter den Kulissen organisiert.

In der Schule in Schweden habe ich sieben Jahre lang Deutsch gelernt. Das hilft grammatikalisch. Aber wenn du nach Telfs kommst und einkaufen gehst, hilft es dir wenig. Bis du „10 Deka Wurscht" verlangst, wie es hier üblich ist, dauert es einige Zeit. Ich habe mich sehr bemüht und ich wollte halbwegs richtig reden. Aber bis ich die Wörter gefunden habe und den Satz in meinem Kopf grammatikalisch richtig gemacht habe, war das Gesprächsthema oft schon wieder ein anderes. Da musst du einfach anfangen zu reden, ob es richtig ist oder nicht. War es richtig – gut. Und sonst haben sie mich berichtigt. Mir war es wurscht, und nur so kannst du eine Sprache lernen. Aber es dauert mindestens zehn Jahre, bis du alle Zweideutigkeiten und Wortspiele verstehst. Wenn jemand sagt, „I hun ka Marie", schaust du ihn an und denkst, was meint der bloß? Nach einer Weile weißt du, dass er pleite ist [lacht].

Mit meinen Kindern habe ich nur schwedisch gesprochen, bis sie in die Schule gekommen sind. Im Kindergarten haben sie deutsch gelernt. Sie haben beide Sprachen nebeneinander gesprochen. Mit mir schwedisch und draußen telferisch, deutsch war das ja eigentlich nicht.

Bis heute pflege ich einige Traditionen aus Schweden. Zum Beispiel arbeite ich am Karfreitag nicht, wenn möglich, wir sind ja evangelisch und das ist einer der heiligsten Tage im Jahr. Da gibt es nur Fisch und Ruhe. Es hat mich immer gestört, dass der Karfreitag in Österreich ein normaler Arbeitstag ist. Am 13. Dezember feiern wir „Sankta Lucia" mit frischgebackenen Keksen, besonderen Lucialiedern und vielen Kerzen. Für Weihnachten haben ich mir 25 Jahre lang den Schinken von Schweden schicken lassen.

Mittlerweile macht uns die Familie Lechner einen schönen, gepökelten Weihnachtsschinken. Außerdem gehört eingelegter Hering mit verschiedenen Geschmäckern auf den Tisch. Heute bekomme ich den bei Ikea, früher habe ich ihn in Schweden besorgen müssen. Und es gibt schwedische Hafer- und Nusskekse. Ich backe nur schwedische Kekse, österreichische bekomme ich von meinen lieben Freundinnen.

Mein Mann und ich waren immer gleichberechtigte Partner. Wir helfen einander, wo es notwendig ist, und treffen alle wichtigen Entscheidungen gemeinsam. Die Männer in Schweden putzen, kaufen ein, wechseln die Windeln, waschen ab, und kochen. Die Partner teilen sich die Hausarbeit. Sie arbeiten ja auch beide.

Aber in Telfs haben die Männer damals ihre Frauen herumgeschickt und sich bedienen lassen. Mit den Männern in Telfs bin ich am Anfang gar nicht zurechtgekommen. Tu ich eigentlich noch immer nicht. Die österreichischen Männer könnten sich von den schwedischen eine große Scheibe abschneiden. Macho-Gehabe verstehe ich nicht und kann es nicht akzeptieren.

Am Anfang waren wir auf vielen Bällen, das war sehr lustig. Aber es wurde wahnsinnig viel getrunken und eine Menge Männer haben sich daneben benommen und anzügliche Kommentare gemacht. Das war ich nicht gewohnt und es hat lange gedauert, bis ich damit umgehen konnte.

Ich wurde in Telfs nie benachteiligt. Aber eine Erfahrung war sehr prägend. Ich habe anfangs nicht gewusst, dass man hier jeden grüßt, wenn man auf der Straße geht. Damals hatte Telfs 6.000 Einwohner. In Schweden grüßt man nur Leute, die man kennt. Doch dann hat mir eine Freundin ausgerichtet, dass über uns geredet wurde. Es hieß: „Der Salon Erwin wird bald ‚aufhausen', weil die Frau Chefin kann nicht grüßen." Das musste ich nur einmal hören. Ab dann habe ich ganz Telfs gegrüßt, ob sie Kundschaften waren oder nicht, das war mir wurscht. Alle zu grüßen finde ich mittlerweile eine nette Sitte, und jetzt pflege ich das sogar in Schweden. Wenn ich dort bin, sage ich zu jeden „Hallo", und die Leute schauen mich verwundert an, aber die meisten sagen dann „Hallo" zurück [lacht].

Ab dem Zeitpunkt, zu dem ganz Europa Österreich wegen dem Koalitionszusammenschluss unter Jörg Haider und Wolfgang Schüssel boykottiert hat, habe ich gesagt: „Jetzt bin ich Österreicherin und halte zu meinem Land."

Margit Fischer

geboren 1947 in Gaildorf, Deutschland

Margit Fischer, geborene Schmidt, kam mit ihrem Mann 1967 nach Telfs. Hier fühlte sie sich schnell wohl und schätzte das ländliche Flair der Ortschaft in jener Zeit. Fischer arbeitete nach der Geburt ihres dritten Kindes bis zu ihrer Pensionierung 2008 bei der Fa. Liebherr.

Geboren bin ich zwar in Gaildorf, aufgewachsen jedoch im „Schneckenbusch". Zur Gemeinde Sulzbach-Laufen gehören 50 Dörfer, Weiler, Höfe und (Einzel-)Häuser mit einer Bevölkerungsdichte von 57 Einwohner je km². Als meine Großeltern 1919 außerhalb der Gemeinde Laufen Grund und Boden kauften, auf dem viele Büsche wucherten und sich Unmengen von Weinbergschnecken tummelten, ließ mein Großvater das Erworbene rechtlich auf „Schneckenbusch" eintragen. In dieser absoluten Landidylle, wo talauf und talab gegrüßt wurde, verbrachte ich als Einzelkind eine glückliche Zeit bei Eltern und Großeltern. Nach Beendigung der Hauptschule besuchte ich die Handelsschule mit anschließender Lehre und kaufmännischem Abschluss. Meinen absoluten Traumjob fand ich 1965 bei einem der renommiertesten Architekten Gaildorfs, einer Kleinstadt mit damals wie heute ca. 12.000 Einwohnern.

Allerdings dauerte es nicht lange und ich begegnete auch meinem Traummann. Mein Thomas war Großstädter, Hietzinger[1], und absolvierte Praxisjahre bei einem großen Holzbauwerk vor Ort. Er wollte jedoch auf keinen Fall im Schwabenland bleiben, da ihn die Eigenheit meiner Landsleute „vom Schaffa zu schwätza, auch wenn sie nicht schafften" mächtig störte. Meinen Holzbauingenieur zog es also in seine Geburtsstadt Wien zurück, was wiederum mich nicht sehr begeisterte. Ich war ein Landei, und Wien war mir zu groß und zu fein. Außerdem wollte ich auf gar keinen Fall so weit entfernt von meinem Elternhaus leben. Wenn schon Österreich, dachte ich, dann sollte es Richtung Tirol oder Salzburg gehen. Bundesländer, die ich von kleinen Reisen her kannte, und die mir gefielen. Nach einigem Hin und Her gab mein Zukünftiger ein Stellengesuch in einer Baufachzeitschrift auf und kurz darauf meldete sich Hermann Kranebitter aus Pfaffenhofen. Die Würfel waren gefallen. Im Juni 1967 heirateten wir, und am Nationalfeiertag 1967 übersiedelten wir mit Sack und Pack nach Telfs in das am Sonnenhang gelegene Auerhaus im Puelacherweg.

Jetzt also war ich in Telfs, das ca. 6.000 Einwohner zählte. Über uns thronte der imposante Hausberg Hohe Munde. Richtung Süden lagen nur Wiesen und Felder. Im Norden grenzte ein bewaldeter Hügel an das Haus. Es war so richtig schön ländlich, wie ich es liebte, und dazu so schön in der Mitte zwischen Wien und meinem Schwoabaländle. Ich erinnerte mich oft an zwei Lieblingslieder meines Großvaters „zu Mantua in Banden der treue Hofer war" und „die Tiroler sind lustig, die Tiroler sind froh", die wir ab meinem 6. Lebensjahr mindestens einmal im Monat zusammen gesungen hatten.

Obwohl ich jung und sehr verliebt war und alles positiv sah, fiel der Abschied von meinem Elternhaus nicht so leicht. Trennten uns nun doch mehr als 300 Kilometer, was zur damaligen Zeit und mit unserem damaligen PKW eine fünf- bis siebenstündige Autofahrt bedeutete. Die Autobahn zwischen Füssen und Ulm gab es seinerzeit

---

[1] Hietzing ist der 13. Bezirk der Stadt Wien.

nicht. Wir reisten noch über die Landstraßen Garmisch, Schongau, Landsberg, Augsburg, Donauwörth, Aalen etc., die zeitweise nicht in bestem Zustand waren. Der gemütliche familiäre Plausch am Sonntag bei Kuchen und Kaffee fiel komplett ins Wasser. Wir hatten weder einen Fernseher noch Telefon. Das TV-Gerät ging mir nicht ab, aber das Telefon. Denn ohne Telefon war ein spontaner Kontakt nicht möglich. Die ersten Monate tingelten wir daher so oft als möglich in mein Schwoabaländle. Telfs mit seinen Ausflugsmöglichkeiten und Sehenswürdigkeiten war allerdings für meine Mutter und meinen Freundeskreis ebenso Neuland und für sie deshalb immer eine Reise wert.

Solange meine Großmutter noch lebte, die mir besonders am Herzen lag, schickte ich ihr jede Woche einen Brief, ein sogenanntes Tagebuch. Auch mein Freundes- und Bekanntenkreis wurde bedacht. Man muss sich vorstellen, so ein Brieflein war zur damaligen Zeit mindestens ein bis zwei Wochen unterwegs.

Dabei hatte ich ständig viel zu erzählen, denn jede Gasse, jeder Hügel, der ganze Ort mit seinen kleinen Geschäften, wurde per pedes besichtigt. Jedes Gasthaus wurde inspiziert, selbst das Schleicherlöchl[2]. Und überall hinterließ ich mein artiges „Grüß Gott". Mit dem Grüßen war das ja so eine Sache. Mein Mann fragte oft: „Kennst du denn die Leute, die du grüßt?" Natürlich kannte ich die Menschen vor Ort nicht. Sie pflegten zwar einen ähnlichen Lebensstil wie meine Landsleute, aber der Tiroler Dialekt und meine schwäbische Mundart waren komplett konträr. Da mussten sich beide Seiten ordentlich ins Zeug legen. Trotzdem wollte ich das Grüßen – als Sitte oder Unsitte aus meiner Heimat – unbedingt beibehalten. War es doch oft auch ein kleiner Auftakt für ein Gespräch mit einem näheren Kennenlernen.

Nachdem unsere Wohnung wie gesagt an einen bewaldeten Hügel grenzte, trieb uns die Neugier kurz nach unserem Einzug gleich durch den Wald. Nach ca. 1 km kamen wir beim Hof vom Hinterberg Franz heraus. Dort fragte ich, ob sie denn auch Eier und Milch verkaufen würden. Der Franz hat uns in seine Stube eingeladen und da waren plötzlich vierzehn Kinderaugen auf uns gerichtet. Für ein Einzelkind war das schon beeindruckend. Auf alle Fälle blieben wir mit Franz und seiner Frau in Verbindung, und der Franz in seiner liebenswürdigen und unkomplizierten Art hat uns und unsere Freunde mit unseren Schlitten Winter für Winter mit seinem Traktor nach Straßberg gezogen. Seinerzeit konnte man bis zum Puelacherweg hinunter rodeln, ein Riesenvergnügen.

Eine absolute Sensation war das Kino in Telfs. Mindestens einmal pro Woche war Kino angesagt. Der Saal war immer voll mit jungen Leuten. Nach Filmende wurde diskutiert und palavert und neue Bekanntschaften wurden geschlossen. Faszinierend waren auch die vielen Tanzlokale. Allein in Telfs gab es Livemusik in der Hohen Munde und

---

[2] Kneipe am Eck Obermarktstraße/Mühlgasse, die von den Fünfzigerjahren bis in die Siebzigerjahre von der Familie Gredler betrieben wurde, und für raue Umgangsformen bekannt war.

im Mundekeller, im Tiroler Hof, in der Post und in Pfaffenhofen im Schwarzen Adler und im Schlosskeller. Mein Mann und ich waren begeisterte Tänzer. Ungefähr zweimal pro Woche tanzten wir uns bei Boogie Woogie, Rock'n'Roll, Twist, Cha-Cha-Cha, Jive, Fox und Walzer fast die Füße wund. Auch die Bälle im Rathaussaal wurden besucht und auch so mancher Tiroler Abend. Die Lokale waren voll, die Stimmung gut. Ein Highlight, bei dem wir aus dem Staunen nicht mehr heraus kamen, war das Schleicherlaufen 1970. Die unterschiedlichsten Gruppen, allen voran die Schleicher, bildeten ein einziges Fest der Sinne.

Zu den gesellschaftlichen Ereignissen kam, dass mein Mann und ich auch gerne Sport betrieben. Im Winter waren wir mit den Skiern, mit der Rodel und weiterhin viel zu Fuß unterwegs. Die Berge mit ihrem malerischen Panorama boten ungeahnte Möglichkeiten. Im Sommer wanderten wir zu kleinen Bergseen, fuhren Rad und lernten auf der alten Tennisanlage in Telfs – heute ist das der südliche Bereich des Inntalcenters – Tennis. Eigentlich war ich mehr schlecht als recht, aber die Freude an dieser Sportart blieb. Mein Mann und ich waren ständig in Bewegung und selten in unserem Domizil. Die kurz angeführte Geschichte zeigt jedoch, dass eine Landpomeranze lange eine bleibt. Nachdem mein geographischer Radius immer größer wurde, wagte ich mich Frühling 1968 erstmals alleine mit dem Auto nach Innsbruck. Dank einem ausgiebigen Stadtbummel fand ich anschließend das Auto nicht mehr. Von leichtem Schrecken geplagt fiel mir in letzter Sekunde ein, dass der Ausgangspunkt das Finanzamt war. Wer kann schon das Finanzamt vergessen!

Eingekauft wurde in Telfs damals im Konsum, der teilweise schon auf Selbstbedienung umgestellt hatte. Eingekauft wurde aber auch bei Meindl, A&O oder den vielen kleinen Krämerläden. Die Leute waren freundlich, hilfsbereit und mindestens so neugierig wie ich selbst. Meindl hatte mit seinem Filialleiter Huber die flinkste Bedienung weit und breit. Zwischen der Bedienung erinnerte er uns noch beflissen: „Brauchen Sie Mehl, Zucker, Butter, Käse oder vergünstigte Zwiebeln?" – Ritsch-ratsch war der Einkauf perfekt verpackt. Das war wesentlich weniger zeitaufwändig als der heutige Einkauf im Supermarkt.

Trotz all der positiven Eindrücke gab es zwischendurch auch schräge bis peinliche Momente. Z. B. wurde ich oft gefragt, was mein Mann denn für ein Landsmann sei. Antwortete ich, er sei Wiener, kam prompt retour: „Oh, Wiener? Das sind Schlawiner!" Ehrlich gesagt, mich hat's amüsiert, denn mit dem Schlawiner kam ich bestens zurecht. Zurecht kam ich allerdings nicht, wenn ich mit „Frau Ingenieur" begrüßt wurde. Im Württembergischen wurden Frauen mit den Titeln der Männer nicht bedacht. Einen Titel musste man sich auch als Ehefrau erarbeiten.

Anfang 1968 werkelte ich kurze Zeit bei Notar Dr. Ivo Dietrich. Zur Reinschrift bekam ich u. a. Listen oder Verträge. Da kamen Namen vor wie Stefl, Hasl, Pischl, etc. und ich dachte, da hat sich doch glatt einer vertippt. Also korrigierte ich auf meiner Schreibmaschine beflissen auf Stefel, Hasel und Pischel. Der gute Mann ist fast in Ohnmacht gefallen und meine Integration im Arbeitsbereich fand bedauerlicher Weise ein jähes Ende. Kurz danach gab es eine neue Herausforderung. Diesmal im Sekretariat beim A&O-Handelszentrum in Zirl. Jeden Morgen düste ich mit unserem Renault R4, der bei Rückenwind 120 km/h lief und alterungsbedingt einige Macken hatte, über die Dörferlinie Richtung Zirl.

Apropos Macken. Wenn der Vergaser verstopft war, fing das Vehikel während der Fahrt nicht nur zum Stottern an, es gab auch an allen möglichen und unmöglichen Verkehrsstellen den Geist auf. Da gab es nur eines: Vergaser ausbauen und reinigen, was rußverschmierte Hände und Spuren im Gesicht hinterließ und zwischendurch auch eine kleine Verspätung mit sich brachte. A&O Lebensmittelhandel hatte einen eigenen Fuhrpark mit einer eigenen mechanischen Werkstatt. Eines Tages entdeckte ich in der Werkstatt ein großes Schild mit der Aufschrift: „Frau Fischer sucht Käufer für ihren Renault R4." Die Anordnung kam von meinem Chef Hr. Ortner, der absolute Wertigkeit auf Pünktlichkeit und adrettes Aussehen legte. Das Spuckerl fand intern überraschenderweise sofort einen Abnehmer und mein Mann und ich bekamen von meiner Großmutter einen nagelneuen kleinen Simca. Was meine Person anbelangt, kam mein Chef nur noch kurze Zeit in den Genuss einer pünktlichen Sekretärin ohne rußverschmiertem Gesicht, denn ich sah zum ersten Mal Mutterfreuden entgegen.

Unter unserer gemieteten Wohnung im Puelacherweg lebte ein älteres kinderloses Ehepaar. Als ich im August 1969 hochschwanger und mein Mann auf Reisen war, meinten sie, ich solle, falls es losgehe, nur auf unseren Schlafzimmerboden klopfen. Just in diesem Moment hätte ich mir eine solide Bauweise mit schalldichten Räumen gewünscht.

Eine große Freude war die Geburt unseres Sohnes im September 1969. Zu diesem freudigen Ereignis erhielten wir von unserer indirekten Nachbarfamilie Falbesoner, die wir nur vom Sehen kannten, ein kleines Präsent. Eine Gratulationskarte mit folgendem Inhalt war beigefügt: „Wir wissen, dass sie als junge Familie ohne Eltern nach Telfs gezogen sind. Junge Leute aber wollen zwischendurch ausgehen, etwas unternehmen. Falls Not am Manne, würden wir jederzeit als Babysitter einspringen." Über soviel Entgegenkommen waren wir überrascht und gleichzeitig gerührt. Die 16-jährige Tochter wurde dann tatsächlich unser Babysitter, und eine sehr schöne Freundschaft begann.

1971 wurde unsere Tochter Gabriele geboren und 1971 sind wir auf den Hackele Bichl übersiedelt. Unsere neueste Errungenschaft war ein kleiner Miet-Bungalow mit großem Garten und ebenso freundlichen Nachbarn. 1978 schließlich sind wir in unser heutiges Heim gezogen, ein Reihenhäuschen mit einer schönen Aussicht Richtung Inntal. Unsere Nachbarn waren junge Familien mit Kindern, die im Alter unseres Nachwuchs waren. 1981 gesellte sich zu Mario und Gabriele unsere Nachzüglerin Eva. Von 1983 an war ich bis zu meiner Pensionierung im Jahre 2008 ganztägig bei Liebherr tätig.

Unsere Kinder haben sich in Telfs wohl gefühlt. Sie waren beim Turnverein, im Skiclub, im Schwimmclub, beim Tennisverein und auch bei der Katholischen Jungschar. Heute leben sie in Wien, Australien und München. Die Fischer-Familie ist größer geworden, mein Mann und ich sind heute stolze Großeltern von drei Buben.

In den Anfangsjahren bekam mein Mann immer wieder Job-Angebote im In- und Ausland. Fast wären wir zwischendurch nach Patras in Griechenland gezogen. Fast wären wir nach Kärnten und fast nach Vorarlberg übersiedelt. Aber irgendwie hielt uns Telfs fest. Telfs – mit seiner rasanten Entwicklung, wirtschaftsstark und dynamisch, aber auch lebens- und liebenswert – hat uns mitgeprägt. Immer wieder werde ich gefragt, warum ich nach 48 Jahren Aufenthalt immer noch nicht Tirolerisch könne. Ich muss gestehen, dass ich mich dahingehend nie bemüht habe. Ich denke, die Tiroler und ich haben uns immer verstanden, obwohl ich im Herzen eine Württembergerin geblieben bin.

Manchmal schaue ich in unserem Wohnzimmer auf eine alte Wanduhr, die mir meine Großmutter zum Abschied 1967 mit folgenden Worten auf den Weg gegeben hat: „Die Uhr soll dich begleiten, damit du immer weißt, was es geschlagen hat."

Franz Grillhösl

geboren 1948 in Wegscheid, Deutschland

Franz Grillhösl wuchs im Bayrischen Wald auf und kam als Klosterschüler nach Tirol. In Telfs lernte er seine spätere Frau Renate kennen und verabschiedete sich von den Plänen seiner Mutter, Pfarrer zu werden. Die beiden gründeten in Telfs eine Familie, Franz Grillhösl wurde Lehrer und pendelte bis zur Pension nach Mittenwald. Heute ist er seit 15 Jahren Hauptmann der Telfer Schützen.

Ich wurde 1948 an einem Telfer Feiertag geboren: Am 20. Jänner wird in Telfs der Heilige Sebastian als Schutzpatron gefeiert, und auch die Schützen haben an diesem Tag ihre Jahreshauptversammlung. Der 20. Jänner ist ein ganz besonderer Feiertag für mich.

Ich wurde in Wegscheid im Bayrischen Wald geboren, in einem drei Kilometer entfernten Einzelhof. Meine Eltern waren Bauern, wir hatten Kühe und bauten Getreide für den Eigenbedarf an. Der Hof liegt auf etwa 600 Metern Höhe, wie Telfs. Aber das Klima ist viel rauer, deshalb ist es mit der Landwirtschaft ein wenig schwieriger als in Telfs.

Wir waren fünf Kinder. Ich habe eine schöne Kindheit gehabt. Rund ums Haus hat alles uns gehört, da haben wir alles machen können. Wir hatten halt wenig Kontakt zu anderen Kindern, das Ortszentrum war doch drei Kilometer weg. Es war natürlich auch normal, dass man daheim mithelfen hat müssen. Auch in den Schulferien. In den Urlaub gefahren, wie wir das von anderen gehört haben, sind wir nie. Aber abgegangen ist es uns nicht, weil wir das ja nicht kannten.

Meine Mama war sehr religiös und wollte eigentlich ins Kloster gehen. Das hat sie aber nicht können, weil sie den elterlichen Bauernhof übernehmen musste. Dann hat sie sich vorgestellt, dass wenigstens eines von den Kindern ins Kloster geht oder Pfarrer wird. Wie das halt früher so gewesen ist. Sie hat ihre Hoffnungen auf mich und meinen jüngeren Bruder gesetzt. So bin ich mit zehn Jahren nach Passau ins Gymnasium gekommen, dort war ich im Internat, und konnte nur noch in den Ferien heim.

Ein Pater von Stams, der aus der Nähe von Passau stammte, vermittelte, dass ich nach Stams kam. 1967 bin ich nach Stams gewechselt. Diese Zeit war sehr schön, auch im Internat erlebte ich eine sehr schöne Zeit. Ich habe mich in Stams, und damit auch in Tirol, wohlgefühlt. 1970 habe ich in Stams die Matura gemacht.

Und kurz bevor ich wieder heimgefahren bin, habe ich am 11. April 1970 meine Frau kennengelernt.

Wir hatten einen kleinen Chor und sind gefragt worden, ob wir nicht auch bei einer Hochzeit in Telfs singen würden. Als wir eines Abends die Details vorbesprachen, war Renate als Freundin der Veranstalter dabei. Bei uns hat es gleich gefunkt. Wir sind dann länger geblieben und nach Obsteig ins Hotel Tirol zum Tanzen gefahren. Das war kurz vor meiner Matura. Der Plan war gewesen, dass ich nach der Matura wieder nach Passau gehe, um dort das Priesterseminar zu machen. Ich hatte vorher schon gezweifelt, ob ich da der Richtige sei. Aber von da an war es für mich fix, dass ich einen anderen Weg einschlage. Meine Mutter wollte noch, dass ich in Passau mit dem Regens vom Priesterseminar rede, was ich auch getan habe. Ich habe ihm meine Situation dargelegt, und er hat mir bestätigt, dass es gescheiter ist, wenn ich nicht Pfarrer werde. Das habe ich meiner Mutter erklärt, und damit war sie einverstanden.

Ich bin 1970 nach Regensburg gegangen und habe da die Lehrerausbildung gemacht. Ich bin aber bei jeder Gelegenheit nach Telfs gefahren. Meistens mit dem Zug, das war zwar teuer, aber was tut man nicht alles aus Liebe … Wir wollten in Telfs bleiben, weil sich Renate für ihre Eltern zuständig fühlte.

Im September 1972 haben wir geheiratet, denn da war unsere Tochter Norma schon unterwegs. Wir hätten uns sonst vielleicht ein bisschen mehr Zeit gelassen, aber es war mir wichtig, dass der Familienname von Anfang an geregelt ist. 1973 habe ich die Ausbildung abgeschlossen und wurde dann Lehrer in Mittenwald. Es war ein großes Glück, dass ich gerade hier einen Arbeitsplatz bekam, den ich so viele Jahre lang behalten konnte: Fast 40 Jahre lang, bis zum Jahr 2010 war ich in Mittenwald Lehrer in der Hauptschule. Mittenwald ist der nahegelegenste Ort in Deutschland, von Telfs aus gesehen. Nur eine halbe Stunde Fahrzeit, das ist nicht so tragisch. Das bin ich jeden Tag gefahren. Das einzige Problem waren manchmal die Winter, bei Schneefahrbahn ist die Strecke nicht sehr einfach zu fahren. Aber dann habe ich halt die Schneeketten angelegt. Wenn man jung ist, nimmt man Vieles in Kauf.

Wir sind hier in Telfs in Renates Elternhaus gezogen. Ganz früher war das ein Bauernhaus. Renates Vater war aber Teppichweber, der hatte im ehemaligen Stall zwei Webstühle stehen und hat für die Leute, die ihm die „Knuidl"[1] gebracht haben, die Teppiche gewoben. Am Anfang haben wir deshalb oben bei den Eltern im ersten Stock gewohnt. Dann haben wir umgebaut und herunten gewohnt, wir haben eine eigene Küche und alles gehabt. 1974 haben wir dann die Maria, unsere zweite Tochter bekommen.

Ich habe sehr schnell viele Bekannte in Telfs gehabt, und da war es eigentlich kein Thema, dass ich ein „Zuagroaster" war. Ich habe damals noch das tiefe „a" gehabt, wie man eben in Bayern spricht. Und da hat man natürlich schon sofort erkannt, dass ich aus dem Bayrischen Raum bin. Ich bin deshalb aber nie blöd angeredet worden. Ich habe ja auch sehr früh angefangen, mich in Telfs aktiv einzubringen.

1975 ist der Jugendchor gegründet worden, die heutige Chorwerkstatt, da bin ich bald einmal dazu gegangen. Und beim Kirchenchor bin ich auch bald gewesen. Und dann ist es eigentlich Schlag auf Schlag gegangen. 1979 im Herbst sind schon die Vorbereitungen für die nächste Fasnacht gewesen. Und da hat mich dann ein alter Telfer – der Bemsl Hansl – überredet, bei der Fasnacht mitzumachen. Das war damals bei den „Rittern von Saufenstein".

Ich bin also 1980 zum ersten Mal bei der Fastnacht dabei gewesen. Und da hat man in dem Sinn erst „die" Telfer kennengelernt. Auch wenn man sich die Fasnacht heute anschaut, sind da eigentlich im Großen und Ganzen die alteingesessenen Telfer dabei. Damals hat es gerade ein bisschen angefangen mit den Gruppenbesuchen[2], da

---

[1] Knäuel.
[2] Im Vorfeld der Fasnacht finden abends feuchtfröhliche gegenseitige Besuche der verschiedenen Fasnachtsgruppen statt.

hat man dann sehr schnell viele Leute kennengelernt.

Und im Rahmen dieser Fasnacht kam dann auch mein Kontakt zu den Schützen. Weil der Gruppenführer von den „Rittern von Saufenstein", das war der Trostberger Pepi, der damalige Schützenhauptmann. Der ist damals seit kurzem Hauptmann gewesen, und dadurch ist man ins Schützenheim gegangen, das war früher unterm Schwimmbad. Da war eine Kegelbahn, und daneben haben die Schützen einen Schießstand gehabt. Er hat mich aber nie gefragt, ob ich zu den Schützen gehen würde. Irgendwie war ich damals noch ein bisschen Ausländer.

1982 hat man dann die „Schwegler"[3] gegründet. Professor Peter Reitmeir hat angefangen, die Schwegler auszubilden. Und das hat mich interessiert. Als ich 1983 dann zu Weihnachten von Renates Bruder Hubert Kobler, ein Hauptschullehrer, der bei den „Schweglern" war, eine Schwegel als Geschenk bekam, war das für mich Grund genug, dass ich gefragt habe, ob ich zu den Schützen gehen könnte.

Und damit hat das Schützenleben eigentlich angefangen, 1984 bin ich zu den Schützen gekommen. Und die Telfer Schützen sind bis dato die einzigen in Nordtirol, die wieder Schwegler haben. Das ist schon etwas Besonderes. Jahrzehntelang hat es das nicht mehr gegeben. Mittlerweile sind wir schon bei einigen historischen Umzügen dabei gewesen.

Ich bin kein Sportschütze, aber ich schieße gerne auf Scheiben. Ich habe mich dann also um das Schießwesen im Schützenheim gekümmert und bin bald Schießwart geworden. Bald darauf haben sie einen Schießwart für das ganze Bataillon gesucht, so bin ich dann Bataillonsschießwart geworden. Ich hab mich gerne bei den Schützen nützlich gemacht. Und 1999 hat der Trostberger Pepi gesagt, er möchte den Hauptmann abgeben. Im Vorstand hat man beraten, wen man da als Nachfolger nehmen könnte. Sie haben reihum gefragt. Der eine konnte nicht, der andere wollte nicht. Dann haben sie halt mich auch gefragt und ich habe gesagt: „Ja, ich mach's schon. Aber ich bin halt ein Bayer." [lacht] „Ja, das macht nichts", haben die Einen gesagt. Da hat es natürlich schon auch Kritik gegeben. Einer aus dem Vorstand war damals bei dieser Sitzung nicht dabei. Der hatte sich aber vor der Wahl erkundigt beim Bund der Tiroler Schützenkompanien, ob das rechtlich überhaupt möglich sei. Früher ist in den Satzungen der Schützen gestanden, man müsse österreichischer Staatsbürger sein, um Mitglied zu werden. Aber die haben zur Auskunft gegeben, dass das im EU-Raum heute gar keine Frage und jedenfalls möglich sei. Das war also schon Thema bei der Wahl. So bin ich dann doch mit Mehrheit 2000 zum Schützenhauptmann gewählt worden und seither fünf Mal alle drei Jahre bestätigt worden.

Viel Arbeit bei den Schützen hatten die Renate und ich aber auch schon vor meiner

---

[3] Telfer Schützenschwegler. Schwegel: einfache, hölzerne Urform der Querflöte, wurde schon im Mittelalter verwendet.

Wahl zum Hauptmann. Denn 1993 ist das Schützenheim erbaut worden und wir haben die Betreuung des Heims übernommen. Das ist ohnehin eine Mordsaufgabe, weil man ja bei den Öffnungszeiten jeden Dienstag und Freitag immer anwesend sein muss. Als Schützenhauptmann kommen dann natürlich noch viele Sitzungen dazu, und auch der organisatorische Aufwand ist größer als man meint. Im Jahr rücken die Schützen durchschnittlich 15 Mal aus, etwa zu Sebastian und Fronleichnam, Herz Jesu, zum Bataillonsfest oder anderen Festen. Zum Moritzen-Umgang rücken wir auch aus, und bei der Aktion „Sauberes Telfs" machen wir mit. Schütze-Sein heißt für mich, dass man Traditionen schützt. Und deshalb helfen wir auch bei der Betreuung der Kapelle und dem Kalvarienberg in Moritzen mit, wenn wir gebraucht werden. Wir sind um die 40 Schützen, wenn wir ausrücken. Manchmal sogar 60. Und wir haben offiziell circa 80 Mitglieder.

Heute fühle ich mich schon als Telfer. Ganz besonders, weil ich auch im sogenannten „Dorf" wohne. Da sieht man viele Leute und ich kenne auch inzwischen viele Leute. Ich bin jetzt doch schon ein paar Jährchen da [lacht]. Und ich habe mich im Dorf sonst auch engagiert. Ich war in der Kirche Peter und Paul viele Jahre Kantor und Kommunionshelfer. Ich war eine Periode im Pfarrgemeinderat. Ich habe mich da gerne eingebracht.

Zu meiner Freude brauchen uns jetzt unsere vier geliebten Enkelkinder Leo, Ludwig, Lina und Leander, unser ganzer Stolz, sie beanspruchen viel Zeit. Im Sommer sind wir immer am Achensee unten. Dort gehen wir viel wandern, und wir bekommen Besuch von Verwandten und Bekannten. Renates Mutter kommt von dort, die Großmutter hatte diese alte „Villa Edelweiß" früher als Pension betrieben. Für Renate ist es ein Stück Heimat, und wir sind alle gerne unten. Wir renovieren das Haus nun schon seit einigen Jahren. Auch unsere Enkel fühlen sich dort wohl. Und so können wir mit unserer Familie ganz in der Nähe Ferienglück erleben.

Temel Demir

geboren 1949 in Trabzon, Türkei

Temel Demir kam 1971 nach Österreich. Fast 20 Jahre lang arbeitete er in der Gastronomie in Obergurgl, schließlich bei Fa. Liebherr in Telfs. Von 1991 bis 2006 war Demir Obmann des Vereins ATIB, seit 2015 ist er erneut in dieser Funktion tätig. Demir ist heute Pensionist.

Ich bin in der Türkei in einem Dorf, 12 km vor Trabzon, geboren. Meine Eltern waren Bauern, früher haben sie Tabak gepflanzt, später Nüsse. Ich bin von 1969 bis 1971 beim Militär gewesen. Der Vater meiner Frau war damals in Bregenz und so bin ich auch nach Bregenz gegangen. Meine Frau ist in der Türkei geblieben.

1971 bin ich also mit einem Tourismusvisum nach Österreich gekommen. Das war so üblich, wenn man keine Arbeitsbewilligung hatte. Und von offizieller Seite hieß es damals bereits: Keine Gastarbeiter mehr. Aber über meinen Bruder wusste ich, dass ich in Bregenz arbeiten könnte. Wir sind damals mit dem Flugzeug nach Wien gekommen. Am Flughafen ließ man uns aber nicht weg, etwas stimmte mit den Visa nicht. Wir mussten am Flughafen schlafen. Eine Nacht, zwei Nächte … Dann, frühmorgens, kam die Polizei, sie nahmen unsere Pässe. Eineinhalb Stunden haben wir da gewartet, eineinhalb Stunden. Ich weiß es genau wie heute. Mein Kollege wollte rauchen. Aber ich hatte Angst, man würde uns schimpfen und nicht nach Österreich lassen. Ich sagte ihm, er dürfte hier nicht rauchen. Als ich Durst hatte – im Raum war ein Wasserbecken – da meinte mein Kollege, ich sollte nicht trinken, solange die Polizisten hier wären! Wir haben uns nichts zu tun getraut!

Nach eineinhalb Stunden kam ein Mann, und wir durften gehen. Er bestellte uns ein Taxi. Erst später verstand ich, was passiert war: Willy Hermann, der Chef der Bregenzer Textilfirma, hatte ein Fax geschickt und darum gebeten, die Leute zu ihm nach Bregenz zu schicken.

Wir sind zum Bahnhof gebracht worden und in den Zug nach Bregenz gestiegen. Ich weiß noch, ich traute mich nicht zu schlafen. Ich schaute aus dem Fenster und wartete auf den Bahnhof Bregenz. Ich habe immer geschaut, ob irgendwo „Bregenz" geschrieben steht, damit wir schnell aussteigen können. Wir haben nicht geschlafen, die ganze Nacht nicht, immer haben wir gewartet, ob nun Bregenz kommt. Heute weiß ich, erst kommt Linz, dann Salzburg, dann Innsbruck. Wir aber haben damals nur geschaut, wann Bregenz kommt. Ich weiß noch genau, am Nachmittag sind wir eingestiegen, am Morgen darauf waren wir in Bregenz. Heute braucht man nur mehr ein paar Stunden, aber damals sind wir einen halben Tag und eine Nacht gefahren.

Bald bekam ich auch eine Arbeitsbewilligung für die Arbeit in der Textilfabrik Willy Hermann. Es ist alles gut gegangen, ich bin sehr zufrieden gewesen. Aber der Anfang war schwer. Ich konnte kein Wort Deutsch und ich verstand kein Wort Deutsch. Wenn ich Brot kaufen ging, legte ich nur das Geld hin, ich sagte immer „Mama, Brot." Und kein Wort sonst. Dann hab ich mir das Brot genommen und bin schnell wieder weg.

Wir hatten manchmal auch Schwierigkeiten. Als Ausländer durftest du damals in Bregenz in bestimmte Lokale nicht hineingehen. Heute glaubt mir das keiner. Vieles ist besser geworden. Aber damals, wenn wir zum Beispiel Kollegen in ihren Wohnungen besuchen wollten, durften wir manchmal nicht ins Haus hinein: Die Hausbesitzer haben aus dem Fenster herausgeschrien, wir sollten uns wo anders treffen.

Bis Ende 1973 habe ich in Bregenz gearbeitet, dann bin ich nach Tirol gekommen und habe in einem Hotel zu arbeiten begonnen. In Obergurgl hatte bei einem Hotel der Dachboden gebrannt und wir mussten beim Umbau helfen. Daraufhin bin ich in Tirol geblieben. 15 Jahre bin ich in Obergurgl geblieben. Mit dem Geld, das ich verdient habe, habe ich in der Türkei ein Haus gebaut. Das Haus ist nun schon wieder 30 Jahre alt, vor fünf Jahren mussten wir es renovieren, wir haben eine neue Heizung hineingemacht.

In der ersten Zeit bin ich jedes Jahr einmal im Sommer in die Türkei zurückgefahren. Mein erstes Kind wurde 1974 in der Türkei geboren. Das Kontakt-Halten war nicht einfach: Wenn wir telefonieren wollten, mussten wir das beim Postamt anmelden. Am Vormittag haben die das dort zum Beispiel aufgeschrieben, und am Nachmittag konnte man dann in Obergurgl telefonieren, der Anruf ist über Wien, Izmir und Trabzon vermittelt worden! Damals hatten wir noch Telefone mit Drehscheibe, heute drücke ich eine Taste auf meinem Handy und rede mit meiner Familie in der Türkei!

1975, mein Sohn war gerade ein halbes Jahr, habe ich meine Familie zu mir nach Obergurgl geholt. Dort haben wir beide viel gearbeitet, das kann ich ehrlich sagen. Aber wir haben auch viel gelernt. Meine Frau hat im Hotel in der Küche gearbeitet, sie hat zum Beispiel die Salate gemacht. Als 1987 mein zweites Kind auf die Welt gekommen ist, hat sie aufgehört zu arbeiten. Der Chef vom Hotel hat auch selber einen Lift gehabt. Ich war zwar Hausmeister im Hotel, habe aber auch beim Lift gearbeitet und bin Pistengeräte gefahren. Schifahren bin ich leider nie gegangen, das tut mir heute leid. Aber ich habe dazu gar keine Zeit gehabt. Ich habe die Schipisten morgens früh müssen herrichten mit den Pistengeräten. Zu Mittag war ich wieder im Speisesaal, oder was ein Hausmeister halt zu tun hat, immer hin und her, die Gäste holen, den Müll fahren, oder was weiß ich, Koffer tragen usw. Zum Schifahren haben wir keine Zeit gehabt, nein ehrlich.

Wir haben das ganze Jahr in Obergurgl gelebt. Das war schon weit drinnen in den Bergen. Das andere Personal hat mich immer gefragt: „Ihr bleibt im Winter und im Sommer da? Das gibt es nicht!" Aber ich habe gesagt: „Was kann ich tun? Ich möchte Geld verdienen." Und gottseidank hatten wir in Obergurgl auch im Sommer Arbeit, denn der Chef hat nach der Saison immer umgebaut. Sonst hätte ich jede Saison woanders hingehen müssen. Das ist auch nicht gut.

15 Jahre haben wir oben gearbeitet, im Hotel Gotthard und im Hotel Deutschmann. Wir haben gutes Geld verdient. Ich habe beim Koffer Tragen zum Beispiel auch gutes Trinkgeld bekommen. Und ich habe dabei viel gelernt.

Wir haben auch die ganze Woche durchgearbeitet, für uns gab es kein Wochenende im Hotel. Einen Tag in der Woche hatten wir frei. An so einem freien Tag bist du dann so müde, dass du kaum den Kopf aufheben kannst. Dann möchtest du Ruhe haben und liegen. Mit den Arbeitskollegen spricht man ein wenig, aber Freunde hat man keine … nein.

In Bregenz hatten wir immer am Wochenende frei, Samstag und Sonntag. Da sind wir schon ein bisschen spazieren gegangen. Aber richtige Freunde hatte ich auch dort nicht. Mit den Kollegen habe ich halt Kontakt gehabt. Wir haben zu dritt in einer Wohnung geschlafen, und die Küche haben wir uns geteilt. Aber Freunde hatte ich keine, und schon gar keine Österreicher. Ich glaube, dass die Österreicher am Anfang vor uns Angst hatten, ich weiß nicht warum. Sie waren immer zurückhaltend, wollten nicht so viel Kontakt mit uns.

1987 sind wir dann nach Telfs gezogen. Mein zweites Kind ist damals auf die Welt gekommen, und zur gleichen Zeit haben wir da in Telfs eine Wohnung bekommen. Wir haben dann sogar meine Mama von der Türkei hergeholt. Aber es war sehr schwierig für sie in Telfs. Sie wollte immer zurück in die Türkei. Nur ihre Kinder waren, bis auf meine Schwester, alle hier. Ich habe zu ihr gesagt: „Mama, bleib bei uns da. Hier kannst du besser leben." Aber nach zwei, drei Monaten ist sie doch wieder runter gegangen. Einige Jahre lang ist sie immer für die Wintermonate zu uns nach Österreich gekommen. Das war für so eine alte Frau sehr schwierig. 2011 ist sie im Alter von 85 Jahren gestorben, sie war gerade „im Urlaub zuhause"[1].

Wir waren damals in Telfs und ich wurde informiert, dass sie ins Spital gebracht wurde. Das war an einem Dienstag Abend. Ich habe mich sofort auf den Weg gemacht. Doch sie ist am Freitagabend gestorben, und ich war erst am Samstag bei ihr. Das war sehr schwer für mich.

Ich habe noch bis 1991 in Obergurgl gearbeitet, und danach habe ich in Telfs beim Liebherr angefangen zu arbeiten. Dann haben sie mich gefragt, ob ich nicht Obmann des Vereins ATIB[2] werden möchte. Sie haben mir gesagt, ich könne gut sprechen, ich könne gut die Kontakte pflegen, das sei wichtig. Zehn Jahre lang war ich Obmann. Ich bin sehr zufrieden gewesen in dieser Zeit, ich habe keine Probleme gehabt. Und auch heute: Wenn ich in Telfs auf der Straße gehe, grüße ich jeden und jeder grüßt mich zurück. Vielleicht kennen sie mich vom Verein, vielleicht auch so. Und ich habe wirklich nie mit jemandem ein Problem gehabt, ich war nie auf dem Gericht und nie bei der Polizei.

Als Obmann war mir immer wichtig, dass man Glaube und Politik trennt. Und auch, dass man allen Leuten ihren Glauben lässt. Jeder soll seinen Glauben haben, das ist Geschmackssache, und man darf nie die Politik hineinmischen. Auch mit der Gemeinde haben wir immer gut zusammengearbeitet, wir haben nicht nur „unseren" Leuten geholfen, sondern auch gespendet, wenn in Österreich zum Beispiel eine Wasserkatastrophe gewesen ist. Einmal haben wir 7.000 Schilling gesammelt. Wir haben uns immer bemüht, dass keine Mauern entstehen.

---

[1] in der Türkei.
[2] Islamisch-religiöser Dachverband: Union der Türkisch-Islamischen Kulturvereine in Europa e. V.

Von 1991 bis 2006 war ich Obmann beim Verein ATIB. Aber ich muss ehrlich sagen, deutsch habe ich damals besser gesprochen. Im Verein sprechen alle türkisch, und auch zuhause haben wir türkisches Fernsehen. Damals im Hotel, als Hausmeister, musste ich viel deutsch sprechen. Aber heute spreche ich fast nur noch türkisch, und alt werde ich auch noch. Das ist mir unangenehm, denn ich habe manchmal Mühe, in der deutschen Sprache zu antworten.

Der Verein ATIB wurde 1986 in Telfs gegründet, aber schon seit 1975 kamen Vorbeter aus der Türkei hierher. Zu dieser Zeit hat man am Wiesenweg in einer Garage gebetet. Der Hausbesitzer hat uns die Garage gratis zur Verfügung gestellt, er hat keinen Groschen verlangt. Wir haben sie hergerichtet und einen Teppich hineingelegt. Aber trotzdem … eine Zeit war das! Der Raum war zu klein, und manchmal hat es heruntergetropft.

In Telfs haben schon früh viele Türken gewohnt, nicht? Und aus meinem Heimatort haben viele hier gewohnt und wir haben sie manchmal besucht, um gemeinsam Tee zu trinken oder etwas zu essen. Deshalb haben wir uns gedacht, wir könnten überhaupt ganz nach Telfs ziehen. Meine Frau war damals zum zweiten Mal schwanger und in Obergurgl hatten wir zu wenig Platz.

Heute leben alle meine drei Kinder bei mir in Telfs, wir haben ja 1997 noch einmal ein Kind bekommen. Auch mein Bruder und seine Familie sind hier. Alle meine Enkelkinder leben hier. Manchmal werde ich gefragt, ob ich zurück in die Türkei gehe? Ich weiß es nicht, das ist sehr schwierig für mich. Denn ich bin heute österreichischer Staatsbürger und war in Telfs immer sehr zufrieden. Aber ich fahre jedes Jahr für zwei, drei Monate in die Türkei auf Urlaub, und ich fühle mich dort auch zuhause.

Ibrahim Kalın

geboren 1950 in Konya-Kulu, Türkei

Ibrahim Kalın lebt seit 1973 in Telfs. Er arbeitete bei den Firmen Schindler, Pischl und Liebherr. Nach dem Tod seiner Frau holte er seine beiden Kinder aus erster Ehe zu sich nach Österreich. In zweiter Ehe heiratete er 2001 die Telferin Gertrud Schranz, mit der er ebenfalls zwei Kinder hat.

Wir haben daheim in der Türkei eine kleine Bauernschaft gehabt. Ich bin bis 18 in die Pflichtschule gegangen. Als ich fertig war, bekam ich vom Militär ein Schreiben, dass ich einrücken muss. Nach der Militärzeit kam ich wieder heim. Meine Eltern haben gesagt: „Du musst heiraten." Ich habe gesagt: „Nein, ich will nicht heiraten!" Ich habe immer den Wunsch gehabt, als Lediger nach Europa zu gehen. Von 900 Einwohnern waren damals 500 im Ausland, in Schweden, Deutschland, Dänemark, Holland, Amerika, Kanada. Wenn die auf Urlaub gekommen sind, haben wir nur geschaut, wie gut es denen geht. Und so wollte jeder nach Europa. Aber meine Eltern sagten: „Du musst heiraten. Wir sind älter geworden, jemand muss auf uns schauen." Ich war der einzige Bub von uns sechs Kindern. Und so habe ich halt 1969 geheiratet.

Ein Bekannter war hier in Telfs beim Schindler. Er hat mich eingeladen, zu kommen. Ich habe ein Schreiben gekriegt, dass ich an einem bestimmten Datum zur österreichischen Botschaft nach Istanbul gehen müsse, um dort eine Untersuchung machen zu lassen. Und danach bin ich am 3. Juli 1973 mit dem Bus nach Telfs gekommen. Der Bus hat uns in Innsbruck aussteigen lassen, von dort haben wir ein Taxi zum Schindler genommen. Der Nachtportier hat uns im Heim in der Hohe-Munde-Straße 5 aufgenommen und uns die Zimmer gezeigt. Im Schindlerheim waren ein Haufen Leute von meiner Ortschaft. Aus Konya-Kulu sind bestimmt 50 Familien in Telfs. Deshalb haben sie bei der Polizei, wenn man dort etwas zu tun hatte und die Daten angeben musste, oft gescherzt und gefragt, ob denn die Türkei größer sei oder Kulu? [lacht]

Ich habe fünf Jahre beim Schindler gearbeitet, der ist Konkurs gegangen und ich bin danach zum Pischl. Dort war ich zwölf Jahre, dann ist der Pischl Konkurs gegangen. Beim Pischl war das so: Der Direktor ist damals zum allerersten Mal zu mir gekommen. Ich habe nicht gewusst, was los ist. Er hat gesagt, ich muss ins Lohnbüro. Ich dachte schon, ich bekomme eine Lohnerhöhung. Und dort habe ich erfahren: Unsere Firma ist Konkurs und muss zusperren. Aber das war kein Schock für mich, denn damals haben wir leicht Arbeit gekriegt. – Hier am einen Tag aufhören, dort am nächsten Tag anfangen. Ich bin dann zur Firma Liebherr. Heute ist es anders. Heute hast du keine Chance, ohne eine Berufsausbildung Arbeit zu finden.

Freizeit habe ich nicht viel gehabt. Ich habe meistens Nachtschicht gearbeitet. Und weißt du, wenn du um 5 Uhr von der Schicht kommst, schläfst du bis 12. Dann sind wir eine Runde im Dorf spazieren gegangen, oder einen Kaffee trinken. Danach sind wir heim, haben Abendessen gekocht, und schon mussten wir wieder in die Nachtschicht. Wir haben keine Ausflüge gemacht, wir haben das Geld gespart. Wenn wir das Geld in der Firma in einem Kuvert bekommen haben, habe ich es aufs Sparbuch in die Bank gebracht. Bevor wir in die Türkei gefahren sind, haben wir alles abgehoben und in der Türkei dann in Lira gewechselt. Wir sind damals die ganze Strecke mit einem alten Auto gefahren, am Dachträger die Koffer oben! Schon Wochen vorher haben wir viele Geschenke gekauft, für die Kinder, die Familie, die Nachbarn. Zweieinhalb Tage war ich da unterwegs hinunter.

Erst als der Jugoslawienkrieg begonnen hat, sind wir nicht mehr mit dem Auto gefahren, sondern mit dem Flugzeug nach Antalya geflogen. Antalya ist 250 km von Konya entfernt.

Wie ich zum ersten Mal nach Österreich gekommen bin, habe ich nach sechs Monaten gedacht, ich muss entweder wieder heimgehen, oder ich muss Deutsch lernen. Also habe ich einen Deutschkurs gemacht, der war bei der Firma Schindler gratis. Für alle. Aber wir waren nur drei, die hingegangen sind.

Die Männer sind von Österreich damals eingeladen worden zum Arbeiten, ohne ihre Frauen. Und die Männer haben gedacht, wir gehen hin, arbeiten ein bisschen, sparen Geld, und gehen gleich zurück. Und derweil ist es dann ganz anders gekommen. Was ist gewesen? Keiner ist zurückgegangen. Auch die in Rente gegangen sind, gehen nicht zurück. Jetzt wächst bald die 4. Generation heran.

Meine Frau ist in der Türkei geblieben. Einmal im Jahr bin ich auf Urlaub nachhause gefahren. Ich bin immer gerne nachhause gekommen, aber in meiner Ehe war keine Liebe. Ich habe zwei Kinder mit meiner ersten Frau. Als meine Frau 1995 gestorben ist, habe ich die Kinder zu mir nach Österreich geholt.

1978 habe ich Gertrud kennen gelernt. Sie hat mir immer die Haare geschnitten, und so sind wir in Kontakt gekommen. Unsere Beziehung war ein Problem für Gertruds Familie, die konnten nicht akzeptieren, dass Gertrud mit einem Ausländer zusammen ist. Wir haben in Telfs kein Geheimnis aus unserer Beziehung gemacht. Und ich habe Gertrud gleich am Anfang gesagt: „Gertrud, ich bin verheiratet. Solange meine Eltern leben, bleibt meine Frau bei meinen Eltern. Danach weiß ich nicht, was auf uns zukommt." Aber sie ist noch vor meinen Eltern gestorben. Meine Frau in der Türkei hat gewusst, dass ich mit Gertrud zusammen bin. Wir haben 1982 auch einen Sohn bekommen, und vier Jahre später noch eine Tochter. Meine Eltern haben das akzeptiert. Aber meiner Frau hat das bestimmt nicht gepasst.

Ich hatte damals 1985 den Wunsch, meinen Eltern meinen Sohn vorzustellen. Sie haben ja gewusst, dass ich in Österreich Kinder habe. Ich habe gesagt: „Gertrud, fahren wir in die Türkei, Urlaub machen." „Nein", hat sie gesagt, „ich gehe nicht in die Türkei, ich lasse mir dort nicht den Kopf waschen."[1] Ich habe gesagt, sie braucht keine Angst haben, aber sie wollte einfach nicht. Dann habe ich mir eine List ausgedacht und gesagt: „Gut. Fahren wir nach Jugoslawien auf Urlaub. Nach Rijeka." Dort wollte Gertrud immer hin. Wir haben zusammengepackt und sind losgefahren. Wenn auf der Autobahn „Rijeka" stand, habe ich darauf gezeigt und gesagt, wir sind bald da. Und dann bin ich aber an die türkische Grenze gefahren. Ich habe gesagt: „Gertrud, weißt du, wo du jetzt bist? An der türkischen

---

[1] Sinngemäß: Ich lasse mich nicht zurechtweisen.

Grenze." Da hat sie angefangen zu weinen. Danach hat sie aber selber erlebt und gesehen, dass es nicht so schlimm ist.

Allerdings kam es in Kulu dann zu einem Streit mit meiner Frau und ihrer Familie und wir mussten schnell wegfahren. Ich habe mir dann doch ein bisschen Sorgen gemacht.

Später hat meine Frau meine Eltern und die Kinder verlassen und ist zu ihren Eltern zurück. 1995 ist sie an Krebs gestorben. Danach haben wir die beiden Kinder zu uns nach Österreich geholt, weil sie hier bessere Möglichkeiten haben.

Wir haben in der Familie immer deutsch geredet, aber eigentlich können alle Kinder beide Sprachen mehr oder weniger gut. Die beiden in Österreich geborenen Kinder sind getauft. Mein in Österreich geborener Sohn ist aber auch beschnitten, und wir haben ein Beschneidungsfest gefeiert. Wir dachten, wenn die Kinder erwachsen sind, können sie selbst entscheiden, welcher Religion sie angehören wollen. Genauso feiern wir Weihnachten und Ostern, aber auch das Zuckerfest und das Opferfest. Ein Kollege schlachtet das Schaf und ich grille es und lade die ganze Nachbarschaft ein.

1990 sind der Bürgermeister Helmut Kopp und Felix Mitterer in den türkischen Sportclub in der Kirchstraße gekommen. Da hat der Felix gesagt, er sucht jemand, der im „Munde"-Stück eine Rolle übernehmen und mitspielen kann. Er muss nur deutsch können. Keiner hat sich gemeldet. Da habe mir gedacht: „Soll ich mich melden oder soll ich nicht?" Ein paar Kollegen haben gesagt: „Ibo, du kannst ein bissl deutsch. Vielleicht machst du das." Dann habe ich gesagt, ich werde es versuchen. Nach mir haben sich auch ein paar andere noch gemeldet. Und der Felix hat gesagt, er wird einen aussuchen. Und zum Schluss ist er zu mir gekommen und hat gesagt: „Ibo, ich habe mich für dich entschieden." Und dann habe ich ein Heft gekriegt, aus dem musste ich 40 Seiten auswendig lernen. Und in der Schule haben wir geprobt. Der Felix hat den Text genauso geschrieben, wie ich rede. Aber das Theater Spielen war schwer. Noch dazu ist das Stück am Gipfel der Hohen Munde aufgeführt worden.[2] Ich habe dreieinhalb Stunden hinauf gebraucht beim ersten Mal. Und beim ersten Mal Hinuntergehen bin ich gekrochen vor Angst. Felix ist vor mir gegangen, und der Regisseur Adolf Ladurner hinter mir. Sie haben zu mir gesagt, ich darf nicht hinunterschauen, ich soll immer nur vor mir auf meine Füße schauen. Weißt du, wenn ich hinunter geschaut habe, ist mir schwindlig geworden. Und so sind wir insgesamt elf Mal im August zu Fuß hinauf und hinunter. Ein paar Mal sind wir auch mit dem Hubschrauber geflogen. Ich hatte ein großes Glück, dass ich diese Rolle übernehmen durfte.

Und auch für meine Arbeit war es ein Glück. Damals haben die anderen beim Liebherr

---

[2] Im Rahmen der Telfer Volksschauspiele 1990 wurde Felix Mitterers Stück „Munde" auf dem Gipfel der Hohen Munde uraufgeführt. Schauspieler und Publikum waren in Containern und Zelten auf dem Gipfel untergebracht.

16.000 oder 17.000 Schilling verdient. Und ich habe 9.500 Schilling bekommen. Ich habe immer zum Meister gesagt, ich möchte Akkord arbeiten. Aber das haben sie mir nie gegeben. Deshalb bin ich für die Theateraufführung einfach in Krankenstand gegangen, es war mir egal, ob sie mich kündigen. Und nach der Aufführung des „Munde"-Stücks im August 1990 habe ich beim Liebherr meine Tasche gepackt und bin heim. Nach drei Tagen hat mich der Direktor angerufen und gesagt, ich soll vorbeikommen. „Ibo", hat er gesagt, „wir sind zufrieden mit dir. Wieso bist du heimgegangen?" Da habe ich gesagt: „Ich möchte Akkord arbeiten. Ich möchte mehr Lohn. Ich möchte Montage arbeiten." – „Gut." hat er gesagt. Und das kann ich alles dem Stück vom Felix Mitterer verdanken. Denn der Direktor hat mir nach dem Stück selber gratuliert, er hat es angeschaut und „Bravo" zu mir gesagt.

Als ich einmal nicht da war, hat mir Felix Mitterer zuhause ein Buch hinterlegt, mit persönlicher Widmung: „Lieber Ibrahim, du hast mich als Mensch und als Schauspieler sehr beeindruckt. Ich bin sehr glücklich, dass du mitgespielt hast. Und ich bin glücklich, dass ich dich kennengelernt habe. Dein Felix Mitterer. Am 22. Dezember 1990."

Ich bin seit Jänner in Pension. „Wenn ich in Pension bin", habe ich immer zu Gertrud gesagt, „kaufen wir eine Eigentumswohnung in Antalya oder wo du willst." Aber sie will nicht, sie will lieber in einem Hotel wohnen. Im Urlaub will sie nicht Frühstück richten und kochen. Aber es wäre viel günstiger, etwas Eigenes zu kaufen. Und ich würde gerne länger bleiben, nicht nur zwei Wochen. Seit ich in Österreich bin, bin ich immer nur zwei oder drei Wochen auf Urlaub. Ich will einmal ein paar Monate unten bleiben. Aber Gertrud will das nicht. Sie versteht nicht, was ich mit meinen Geschwistern rede. 35 Jahre sind wir beisammen und sie kann nicht türkisch. Ich habe ihr am Anfang damals natürlich auch gesagt, sie braucht das nicht zu lernen. Und jetzt ist es zu spät.

Aber die letzte Ruhestätte ist bei uns wenigstens keine große Diskussion. Gertrud möchte in Telfs begraben sein, und ich auch bei meiner Frau. Vielleicht kommen ja auch die Kinder ans Grab und bringen Blumen. Aber wenn möglich, wäre ich gerne in einem muslimischen Gräberfeld begraben.

Jetzt in der Pension möchte ich mir mehr Zeit nehmen für die Enkel. Und auf die Berge gehen. Und besonders gerne möchte ich noch einmal auf die Munde. Die Rente ist eine große Umstellung. Ein Leben lang gehst du arbeiten und auf einmal bist du daheim. Glücklicherweise habe ich einen Garten und Blumen. Ich weiß mir zu helfen. Und ich helfe meiner Frau, beim Putzen und Wischen. Ich habe immer im Haushalt mitgeholfen.

Bayram Altın

geboren 1950 in Gordoğlu, Türkei

Bayram Altın kam 1972 als Textilarbeiter nach Telfs, veränderte sich beruflich bald und betrieb über 30 Jahre lang die Tankstelle in der Lumma. Heute ist Bayram Altın in Pension und hilft gelegentlich seiner Tochter in der Pizzeria „Altino".

Meine Eltern sind Bauern gewesen, in einem Dorf namens Gordoğlu, das liegt zwischen Konya und Ankara. Ich bin das älteste von elf Kindern. Als ich in die Schule gekommen bin, musste ich nach der Schule immer meinem Papa helfen. Wir hatten Schafe, Kühe und Pferde.

Ich durfte in Ankara eine höhere Schule besuchen. Ich war bei meinem Onkel untergebracht. Nach zwei Jahren in der Schule bin ich allerdings krank geworden – ich war ein bisschen politisch und das war schwierig für mich. Wir sind Kurden, wir sind da fremd und dort fremd. Meine Mama hat auch Angst um mich gehabt. Ich habe also die Schule abgebrochen und bin nachhause zurückgekehrt. Dann wurde ich zum Militärdienst eingezogen. Als Kurde beim türkischen Militär habe ich einiges gesehen. Ich musste damals meiner Mama Recht geben, dass sie Sorge um mich hat. Als der Militärdienst fertig war, bin ich wenige Monate später nach Deutschland gegangen. Mit einem Tourismusvisum bin ich nach Deutschland, nach Dänemark und wieder nach Deutschland und schließlich nach Österreich gereist. Ich war mit Kollegen unterwegs, sie sind nach dieser Reise wieder in die Türkei zurückgekehrt. Aber ich bin geblieben, ich habe Anfang 1973 Arbeit gefunden bei den Röhrenwerken in Hall. Mein Papa hatte dort 1966 schon gearbeitet, aber nach eineinhalb Jahren ist er wieder nachhause gegangen, es hat ihm einfach nicht gefallen, und er hatte ja den Bauernhof und einen Haufen Kinder in der Türkei.

Nach eineinhalb Jahren habe ich eine Zeit lang in Sautens im Tourismus gearbeitet, und bin anschließend nach Telfs gekommen. Erst habe ich bei Fa. Schindler, dann bei Fa. Pischl, und schließlich beim Liebherr gearbeitet. Ich habe die feuchte Luft in den Betrieben nicht gepackt, und bin krank geworden, ich hatte Bronchitis und Asthma und war dann länger im Sanatorium in Natters. Nach elf Jahren als Hilfsarbeiter habe ich schließlich 1982 eine Tankstelle gepachtet. 31 Jahre habe ich diese Tankstelle bis zu meiner Pensionierung 2013 selbständig betrieben. Die Tankstelle war unser Familienbetrieb, alle haben mitgeholfen und ich habe manchmal 16, 17 Stunden alleine gearbeitet. Anders geht das nicht. Anfangs war es schwer, aber es ist immer besser geworden. Wichtig ist der Kundenkontakt, man muss viel mit den Kunden reden. Ein Deutscher hat mal zu mir gesagt: Wenn europäische Leute Geschäftsmänner sein wollen, müssen sie drei, vier Monate in die Türkei gehen und dort als Geschäftsleute arbeiten. Dann wissen sie, wie man arbeiten muss.

In einer Familie mit elf Kindern war klar, dass wir von zuhause weg müssen. Ich musste in irgendeine Stadt oder nach Europa gehen. Also bin ich hergekommen. Nach ein paar Jahren habe ich meinen Bruder geholt und nach und nach die anderen zehn. Jetzt ist die ganze Familie da. Nur unser Papa ist ganz alleine unten, die Mama ist schon gestorben. Drei Schwestern sind wieder in die Türkei zurück, zwei sind in Reutte, eine in Haiming. Drei Geschwister sind wir hier in Telfs, mit mir noch ein Bruder und eine Schwester.

Am Anfang hatte ich schon im Kopf, dass ich einmal wieder in die Türkei zurückkehren werde. Aber das ist nicht so gegangen. Ich habe meine Frau mit den zwei Kindern nach Österreich geholt und hier wurden drei weitere Kinder geboren. Wir haben fünf Mädchen, und mittlerweile zwölf Enkel. Und natürlich werde ich jetzt hierbleiben. Mir gefällt es hier, ich lebe gut hier. Über die Hälfte meines Lebens bin ich jetzt in Österreich. Ich bin mit 21 Jahren gekommen, jetzt bin ich 65. Wenn ich in die Türkei hintergehe, bin ich fast ein Fremder. 70 % der Leute kenne ich nicht mehr, und die junge Generation kenne ich überhaupt nicht. Ich habe zwar alles in der Türkei: Ich habe ein Haus gebaut, den Grund habe ich von meiner Mama gekriegt. Aber ich bin nur zu 30 % unten, als Tourist, um im Juli und August ein wenig Urlaub zu machen. 70 % bin ich in Österreich. Hier helfe ich meiner Tochter ein bisschen und meine Frau passt auf die Kinder auf.

Meine Frau habe ich 1975 nach Österreich geholt. Ich habe sie vor unserer Hochzeit nicht gekannt. Mein Papa hat sie gesehen, und er ist mit meiner Mama zu ihrer Familie hingegangen. Als sie mich gefragt haben, war ich zuerst nicht einverstanden. Dann hat mein Onkel mit mir gesprochen und mich überzeugt. Dann war es okay für mich. Ich war 19 als wir geheiratet haben, das war 1969. Wir sind jetzt 46 Jahre miteinander verheiratet.

Als ich nach Österreich gegangen bin, musste ich meine Familie zurücklassen und das war ganz schwer. Ohne Familie, ohne Kinder. Nach einem Jahr erst konnte ich Urlaub machen. Die Kinder haben geweint, als ich näher gekommen bin. Die jüngere hat mich nicht gekannt. Zu dieser Zeit haben wir kein Telefon gehabt, wir konnten nur Briefe schreiben. Damals habe ich in Sautens gearbeitet. Der Chef hat mich gefragt: „Was ist los mit dir? Hast du Sorgen?" Ich habe ihm alles erklärt und er sagte: „Kannst du nicht deine Frau herbringen?" Ich antwortete: „Ja, kann ich schon, aber mit dem Finanziellen bin ich ein bisschen schwach." Er hat mir Urlaub gegeben, und ich bin in die Türkei gefahren und habe die Frau mitgenommen. Die zwei Kinder haben wir 20 Monate bei der Schwiegermama gelassen, bis wir eine Wohnung und eine gute Arbeit gefunden haben. Meine Frau hat auch in Sautens in der Gastronomie gearbeitet, bis sie mit der dritten Tochter schwanger war. Und dann habe ich auch die Kinder geholt.

Das erste österreichische Kind hat auch einen österreichischen Namen bekommen, meine dritte Tochter. Sie heißt Ursula [lacht]. Zu dieser Zeit habe ich im Gasthaus gearbeitet. Vom Krankenhaus haben sie angerufen, wir sollen dem Kind einen Namen geben. Die Chefin war dran und hat dem Kind einen Namen gegeben, ohne uns zu fragen. Als wir ins Krankenhaus gekommen sind, steht oben: Ursula. Ich sage: „Wer hat das gesagt?" – „Ja, die Chefin hat das gesagt." Meine Frau konnte zu dieser Zeit kein Deutsch, sie hat nichts verstanden. Jetzt hat die Tochter zwei Namen. Das ist automatisch an das Standesamt gemeldet worden. Als wir ein paar Tage später beim Standesamt waren, um das Kind anzumelden, sage ich: „Da steht ja Ursula!" Aber wir konnten den Namen nicht mehr wechseln. Wir haben nur einen türkischen Namen dazugeschrieben. So heißt sie Ursula Kumran. Die Österreicher rufen Ursula, wir sagen Kumran [lacht]. Die anderen beiden Kinder haben einen türkischen und einen kurdischen Namen bekommen. Einen kurdischen Namen anzumelden, war schwierig.

In den österreichischen Behörden nicht, aber wir waren türkische Staatsbürger, und das Konsulat antwortete nur, so ein Name geht nicht.

Meine Mama war Türkin, mein Papa ist Kurde. Meine Muttersprache ist Kurdisch, Türkisch haben wir erst später gelernt. Mit meinen Kindern spreche ich in drei Sprachen: Türkisch, Kurdisch, Deutsch. Manchmal gemischt [lacht].

Meine Kinder sind alle ihren Weg gegangen. Sie hatten in der Schule keine Probleme, sie haben alle einen Beruf gelernt und arbeiten. Ein Kind war sehr schüchtern und daher schwach in der Schule. Ich bin zum Direktor gegangen und habe gesagt, dass mir wichtig ist, dass sie die Schule weitermacht. Er hat mir empfohlen, Nachhilfe zu nehmen. Also haben wir gesucht und eine Nachhilfe gefunden, die täglich zwei, drei Stunden mit meiner Tochter gearbeitet hat. Dann hat sie es geschafft.

Wenn andere erzählen, dass sie es als Türken in Österreich schwieriger hätten mit Lehrstellen, dann glaube ich das nicht. Das hat immer andere Gründe. Meine älteste Tochter war sehr gut in der Schule und die Lehrerin wollte, dass sie weiterlernt. Wir hatten uns aber für eine Lehre entschieden. Da ist die Lehrerin sogar zu mir nachhause gekommen und hat mich „geschumpfen", weil ich das Mädchen nicht studieren lasse. Mit den Österreichern hatten wir nie Probleme. Wenn einer arbeiten will, dann findet er überall Arbeit. Und wegen dem Kopftuch … Dann müssen die Frauen das Kopftuch halt abnehmen, wenn der Chef das nicht will. Meine Töchter tragen alle kein Kopftuch. Meine Frau will ein Kopftuch tragen, sie hat von Kindheit an eines getragen, sie möchte das so. Mir ist das wurscht.

Ich bin mit dem Zug nach Rosenheim gekommen, dort hat mich mein Schwager abgeholt und mit nach Österreich genommen. Bei ihm bin ich in der ersten Zeit geblieben. An meine erste Zeit in Österreich kann ich mich aber kaum mehr erinnern. Ich habe so viel im Kopf gehabt, dass ich rundherum nicht viel mitbekommen habe. Wenn du Ausländer bist und auch keine Sprache hast, dann hast du die meiste Zeit Angst, Fehler zu machen. Du bist fremd. Ich bin an keine Orte gegangen, wo Bedienung war. Einkaufen bin ich nur in Märkte gegangen, wo ich mir die Sachen nehmen und einfach bezahlen konnte. Aber ich bin Kurde. Kurden lernen schnell Deutsch. Nach vier, fünf Monaten habe ich alles verstanden. Sprechen konnte ich nicht so gut, aber verstanden habe ich schon. Einen Deutschkurs habe ich nie gemacht. Das Lesen ist schwieriger, aber es war auch notwendig, man muss ja Verträge und solche Sachen lesen und unterschreiben. Bei den meisten Texten die ich lese, verstehe ich 80 %.

Ich bin nach Telfs gekommen, weil hier ein paar Leute aus unserem Dorf waren. In dieser Zeit war es wirklich schwierig, eine Wohnung zu finden. Am Anfang wohnten wir zusammen mit zwei anderen Familien in einer Wohnung! Das war eine normale Vier-Zimmer-Wohnung mit einer Küche und einem Bad. Jede Familie lebte in einem Zimmer, Bad und Küche benutzten wir zusammen. So haben wir in dieser Zeit gelebt. Jetzt ist es ganz anders, jetzt ist es besser. Obwohl es da in Telfs immer schwierig ist für Fremde mit den Vermietern. Und auch die Mieten sind sehr hoch, wenn man sich die Löhne anschaut. Vielen bleibt bei diesen Mieten kaum mehr was zum leben. Viele fremde Mieter machen dann Probleme, und das ist auch nicht gut. Und so war es lange so, dass viele Vermieter keine Ausländer in ihre Wohnungen genommen haben. Es war sogar eine Zeit lang so, dass in manche Gastronomiebetriebe keine Ausländer hineingehen durften. Das ist jetzt aber schon lange nicht mehr.

Wir wohnen schon lange in einer Eigentumswohnung. Und auch meine Kinder haben ihre eigenen Wohnungen. Wir haben es geschafft. Aber weißt eh, wie lange ich gearbeitet habe! 16 Stunden, 17 Stunden in der Tankstelle. Das ist nicht so leicht gewesen. Ich habe anfangs natürlich Angst gehabt, ob ich das schaffe. Aber ich wollte es probieren. Und nachher ist es doch gegangen. Als die Kinder ein bisschen älter waren, haben sie mir nach der Schule auch immer ein, zwei Stunden geholfen. Und ich konnte nachhause gehen um etwas zu essen. Dann bin ich gleich zurück in die Tankstelle. Ich habe fast keine Freizeit gehabt. Keinen Samstag, keinen Sonntag. Immer durchgearbeitet, 30 Jahre lang. Ich habe sogar zehn Jahre lang keinen Urlaub gehabt. Aber das hatte eher politische Gründe. Ich bin Kurde und sage das auch, und das passt manchen hier nicht.[1] Und weil meine Tankstelle gut ging, waren manche auch eifersüchtig. Und so hat man mich angezeigt, und das türkische Konsulat hat schließlich das Visum in meinem Pass nicht mehr verlängert. Ich konnte also nicht mehr in die Türkei ausreisen. Das war erst wieder möglich, als ich die österreichische Staatsbürgerschaft hatte. Aber ich will darüber eigentlich nicht sprechen. Ich bin Geschäftsmann und bleibe da besser ruhig. Ich engagiere mich allerdings schon politisch und bin bei den Telfer Grünen auf der Liste. Im Grunde hängt das alles davon ab, ob Menschen Charakter haben. Wer Charakter hat, vor dem braucht man keine Angst haben.

Meine Großeltern waren Aleviten und sind zum Islam konvertiert, damit sie keine Probleme kriegen. Ich bin daher auch Muslim. Aber Aleviten und Muslime sind ja auch vom gleichen Stamm, also ist das eigentlich nicht wichtig. Ob Aleviten oder Sunniten, das interessiert mich eigentlich nicht. Wichtig ist, dass ein Mensch Charakter hat. Jeder von uns hat Knochen und Blut. Wir sollten uns mehr daran erinnern, dass wir alle vom gleichen Stamm sind. Wir sind wie die Blätter auf einem Baum. Ein Stamm, aber viele tausend Blätter oben.

---

1   Vgl. Gamze Eren, Jakob Schnizer: Eine Geschichte der kurdischen Linken in Tirol. In: Horst Schreiber, Monika Jarosch, Lisa Gensluckner, Martin Haselwanter, Elisabetz Hussl (Hg.): Gaismair-Jahrbuch 2016. Zwischentöne. Innsbruck 2015. S. 63–75.

Anne Marie Perus

geboren 1951 in Voss, Norwegen

Anne-Marie Perus, geborene Lemme, kam 1974 nach Österreich um hier Deutsch zu lernen und zu arbeiten, und lernte so ihren späteren Mann kennen. Vor der Geburt ihrer Kinder arbeitete sie als Bürokauffrau, seither ist Frau Perus Hausfrau.

Geboren wurde ich auf einem Bergbauernhof, drei Kilometer entfernt vom nächsten Nachbarn, hoch oben in den Bergen. Später haben meine Eltern in Palmafossen mit meinen Großeltern ein Haus gebaut. Dort habe ich mit meinen Eltern, meinen Großeltern und meinem Bruder gewohnt, bis ich ausgewandert bin. Mein Vater ist früh gestorben, ich war erst 15 Jahre alt. Er hatte viele Geschwister, die meisten lebten auch in Voss, und wir waren eine sehr große Familie.

Ich wollte eigentlich Archäologie studieren, aber als mein Papa gestorben ist, hab ich schauen müssen, dass ich schnell irgendwo eine Arbeit finde. Also habe ich die Büro-Ausbildung gemacht.

Ich habe im Tourismus gearbeitet, da waren gute Englisch-Kenntnisse die Voraussetzung. Meine Freundin hat im gleichen Büro gearbeitet und wir haben beschlossen, dass wir noch eine Sprache lernen möchten. Ich hab gleich gesagt, dass ich Deutsch sicher nicht lernen will. Sie allerdings wollte nach Wuppertal, um dort Deutsch zu lernen. Ich habe mich nach anderen Möglichkeiten umgesehen und von Thomson Holiday in London ein Angebot bekommen: Ich könnte nach London kommen, dort eine Einschulung bekommen und dann in Andorra als Reiseleiterin arbeiten. Das ist toll, dachte ich, so kann ich Spanisch und Französisch lernen. Also fuhr ich im Jänner 1974 nach London, um eine drei Monate lange Einschulung zu machen. Und das war ja mitten in der Energiekrise, und noch dazu war es immer nebelig. London ist zwar eine tolle Stadt zum Einkaufen, aber dort wohnen – nein, das wollte ich nicht.

Den Chef von Thomson Holiday Austria und seine Frau habe ich gut gekannt, wir sind ein Jahr vorher gemeinsam auf Urlaub gewesen. Als er nach London kam und ich ihm mein Leid geklagt habe, sagte er, ja, wenn es mir egal sei, dass ich „nur" Deutsch lerne, dann könnte ich zu ihm und seiner Frau nach Österreich kommen. Entweder er schult mich als Reiseleiterin ein oder er sucht mir einen anderen Job. Ich hab ihn dann gebeten, mir einen anderen Job zu suchen, damit ich schnell Deutsch lerne und schließlich schnell wieder heim nach Norwegen kann. Und so bin ich ins Hotel Tirol in Obsteig gekommen. Ich weiß noch, als mich ein Angestellter abholen kam und zum Hotel brachte, es war grausiges Wetter, und als wir durch Telfs gefahren sind, habe ich mir gedacht: „Na! So ein Kaff! So schnell wie möglich heim!" Voss war ja damals für mich der Nabel der Welt [lacht]. Und hier war alles so weit weg von daheim – da war ich sehr missmutig. Aber das hat sich geändert [lacht]. Denn im Hotel hat auch mein heutiger Mann Roland Schwimmunterricht gegeben, und ich habe mich in ihn verliebt. Und so bin ich hängen geblieben.

Im Hotel habe ich in der Gästebetreuung gearbeitet, ich bin mit den Leuten Eislaufen, Rodeln, oder Langlaufen gegangen. Aber ich bin nicht lange dort geblieben, und habe bald etwas Neues gesucht. So bin ich zum Bauwaren-Haas gekommen, weil Rolands Eltern gerade Haus gebaut haben und den Chef kannten. Dort bin ich länger geblieben, auch wenn die Arbeit nicht meiner Ausbildung entsprach. Als eine Freundin von mir zu studieren begann und mich fragte, ob ich ihre Arbeit in der Maschinenfabrik Ganner in Telfs machen wollte, sagte ich gleich zu. Sie arbeitete viel am Computer, obwohl diese Technik damals noch in den Kinderschuhen steckte, aber das hat mich interessiert. Dort hat es mir sehr gut gefallen, und ich bin geblieben, bis 1979 unsere Tochter Fröydis geboren wurde [lacht].

Als ich meine Stelle im Hotel in Obsteig kündigte, bin ich bei Roland eingezogen. Zuerst haben wir in Pfaffenhofen und dann in Telfs gewohnt. Meine Mama hat sich natürlich Sorgen gemacht. Und ich habe auch da in Telfs mal kurz Panik bekommen: Ich hab gedacht, das kann es nicht sein, dass ich mich da so verliebe, und dass ich da bleibe. Darauf hin bin ich dann auch heimgefahren und hab zu Roland gesagt, ich komme nicht mehr zurück. Ich bin vielleicht einen Monat daheim in Norwegen gewesen [lacht], da hab ich dann aber jeden Tag eine Karte geschrieben und mir gedacht: „Nein, ich muss schauen, ob das eine Zukunft hat." Und meine Mama hat zu mir gesagt, ihr ist es lieber, wenn ich in Tirol glücklich bin, als wenn ich daheim und unglücklich bin. Und so bin ich halt wieder nach Tirol gefahren. Ich habe mich hier sehr wohl gefühlt, aber nach unserer Hochzeit wurde mir doch ein bisschen bang. Weil da war plötzlich alles so fix. Ich bin zwar gerne da gewesen, wollte gerne da leben und alles war recht und gut. Aber mir schien alles so endgültig.

Und heute kommt mir das völlig absurd vor, aber Roland hat mir damals versprechen müssen, dass, wenn ich sterben sollte, er mich daheim in Norwegen begraben lässt. Das war mein größtes Problem [lacht]! Natürlich ist das ein Quatsch, aber in der ersten Zeit, nachdem wir geheiratet haben, war das tatsächlich mein größtes Problem. Nur hat das glücklicherweise nicht lange gedauert. Dank meiner Familie und Freunde habe ich mich schnell heimisch gefühlt.

Im ersten Jahr – 1974 – war das so ein Kapitel mit den Behörden. Als ich bei der Maschinenfabrik Ganner angestellt war, hat die Firma auf einmal nachweisen müssen, dass sie mich brauchen, damit ich eine Arbeitsgenehmigung bekomme. Wir sind dann auf die Bezirkshauptmannschaft nach Innsbruck gefahren. Dort hat sich herausgestellt, dass ich keine Aufenthaltsgenehmigung habe. Sie haben mich zur Fremdenpolizei geschickt, damit ich dort eine Aufenthaltsgenehmigung bekomme. Dort wollten sie mir aber ohne Arbeitsgenehmigung keine Aufenthaltsgenehmigung ausstellen. Da musste ich wieder zurück, eine Bestätigung holen, dass ich eine Arbeitsgenehmigung bekomme, sobald ich eine Aufenthaltsgenehmigung hätte. Dann bin ich wieder zurück mit der Bestätigung, dann wieder zurück zum Arbeitsamt und dann noch quer durch die Stadt, um Stempelmarken zu kaufen. Das war etwas! Aber dann hat es endlich gepasst [lacht].

Mit unserer Heirat 1976 ist das dann einfacher geworden. Ich habe dadurch eine unbefristete Aufenthaltsgenehmigung bekommen. Die habe ich bis heute.

Am Anfang haben wir natürlich nicht allzu viel Geld gehabt. Und das Kontakt-Halten mit der Familie in Norwegen war teuer. Aber wir haben regelmäßig telefoniert und geschrieben, und dann ist auch meine Mama mit einer Freundin nach Kitzbühel auf Urlaub gekommen. Sie wollte anschauen, wo ich nun lebe und Roland kennen lernen. So haben wir sie in Kitzbühel besucht, und da hat sie sich natürlich gleich auch in Roland „verliebt", und ab dem Moment hat alles gepasst [lacht].

Mit den Einheimischen hab ich nie Probleme gehabt. Rolands Familie und Freundeskreis haben mich gleich gut aufgenommen.

Bis heute gut in Erinnerung habe ich meine ersten Eindrücke von Telfs. An das „55er Haus" kann ich mich besonders erinnern. Das stand damals in der Nähe des Platzes vor dem Inntal Center. Und so etwas hatte ich in meinem Leben noch nie gesehen. Darin haben damals die sogenannten „Laninger"[1] gewohnt. Das war eine ganz heruntergekommene „Hütte", und die Bewohner haben oft sehr furchteinflößend dreingeschaut. Wenn man sie aber gegrüßt hat, waren sie freundlich. So hab ich gemerkt, dass die Leute da eigentlich ganz nett waren.

Ich kann mich erinnern, die ersten Tage in Tirol waren sehr anstrengend, weil ich wenig bis nichts verstanden habe. Ich habe Glück gehabt, dass ich Leute um mich gehabt habe, die englisch geredet haben, und ich habe auch am Anfang mit dem Roland englisch geredet. Aber nach kurzer Zeit haben wir gesagt, das kann es wohl nicht sein – wenn ich da bin, um Deutsch zu lernen und alle reden englisch mit mir. Dann ist es recht schnell gegangen mit Deutsch Lernen. Schon nach zwei Monaten habe ich alles verstanden. Ganz anstrengend war, wenn mehrere Leute gleichzeitig geredet haben. Aber ich bin ja sowieso eine Quatschtante, und wenn ich irgendein Wort nicht gewusst habe, hab ich halt das norwegische Wort genommen und „eingedeutscht". Norwegisch ist ja auch eine germanische Sprache. Meist war es falsch, aber nicht so falsch, dass die Leute mich nicht verstanden hätten.

Als ich damals im Hotel gearbeitet habe, wollten sie auch, dass ich im Service arbeite. Dazu brauchte ich ein Dirndl samt BH. Also bin ich nach Innsbruck gefahren und hab mir dort ein Dirndl ausgesucht. Ich habe mich bemüht, besonders gut Deutsch zu sprechen, und habe die Verkäuferin nach einem „Dirnen"-BH gefragt! Sie hat mich nur groß angeschaut. Zum Schluss haben wir uns aber schon „ausgedeutscht" [lacht].

Wir haben schon immer wieder überlegt, ein paar Jahre nach Norwegen zu gehen. Aber dann wurde Fröydis geboren, und wir haben gesagt, hier geht es uns eigentlich gut, solange wir immer wieder nach Norwegen fahren können. Und so ist es jetzt auch. Wir fahren jedes Jahr hinauf für einen Monat. Ich bin unheimlich gerne oben, aber nach einer gewissen Zeit möchte ich auch wieder zurück, weil hier jetzt meine Heimat ist.

Mit den Kindern habe ich immer norwegisch gesprochen, mit Fröydis mehr, mit Per Olav weniger. Wir haben bemerkt, dass er alles versteht, aber er wollte kein norwegisches Wort sprechen. Bis wir wieder ein-

---

[1] Jenische.

mal in Norwegen Urlaub gemacht haben. Dort ist ein Nachbarsbub gekommen um zu fragen, ob der Per Olav rauskommen darf, um mit ihm zu spielen. Er ist mitgegangen, und wir haben ihn drei Tage fast nicht mehr gesehen. Als ich dann fragte, wie er sich denn mit dem Jungen unterhalten würde, hat er „auf norwegisch" geantwortet. Auf die Frage „Und warum redest du mit mir nicht norwegisch?" antwortete er: „Wieso denn, du verstehst eh Deutsch!" [lacht].

Die Kinder haben immer eine gute Beziehung zu Norwegen gehabt. Per Olav hat auch während seines Studiums in den Ferien in Norwegen gearbeitet und ein Erasmusjahr auch dort gemacht. Heute arbeitet er in Norwegen.

Fröydis hat mittlerweile zwei Kinder, ich spreche auch mit meinen Enkeln norwegisch, und genieße es, Großmutter zu sein. Ich koche auch gerne norwegisch, und es ist für uns alle ein Fixpunkt im Jahr, einen Monat nach Norwegen zu fahren. Wir verbringen viel Zeit in einer Hütte an einem See, die meinem Bruder gehört. Manchmal kommt auch Fröydis mit ihrer Familie mit. Ich liebe diese Einsamkeit dort. Und die Hütte ist ganz in der Nähe des Pflegeheims, in dem meine Mutter nun lebt. Sie ist leider an Demenz erkrankt. Aber so kann ich sie ganz oft besuchen, wenn wir in Norwegen sind.

Obwohl wir uns als „waschechte" Telfer bezeichnen, ist das Norwegische in unserer Familie sehr gegenwärtig. Wir haben unser Haus eher norwegisch eingerichtet. Wir nehmen immer wieder Sachen aus Norwegen mit, auch ein Erbstück, eine tolle rosengemalte Kiste. Die wird seit vielen Generationen von Mutter zu Tochter vererbt.

Mit unserem Autokennzeichen IL VOSS 1 erregen wir ziemlich viel Aufmerksamkeit in Norwegen. IL ist die Abkürzung für den Sportverein Idrottslag, dort habe ich in jungen Jahren Handball gespielt, und Voss steht für meinen Heimatort.

Als ich jung war, habe ich immer gesagt, ich könnte mir nie vorstellen, mit dem Arbeiten aufzuhören, weil ich sehr gerne bei der Maschinenfabrik Ganner gearbeitet habe. Aber als Fröydis geboren wurde, hatten wir anfangs natürlich niemanden für die Kinder. Wir haben damals entschieden, dass ich daheim bleibe, und da habe ich entdeckt, dass mir das sehr gut gefällt. Als ich daheim war, konnte ich mir die Bücher kaufen, die mich interessieren, und ich begann zu lesen. Ich habe oft gesagt, dass ich aus Egoismus daheim bleibe, weil ich selber sehen will, wie meine Kinder aufwachsen, wie sie die ersten Schritte machen und wie sie die ersten Worte sprechen. Das möchte ich selber erleben. Und so bin ich halt daheim geblieben. Diese Entscheidung habe ich nie bereut.

Judy Kapferer

geboren 1952 in Reigate, Großbritannien

Judy Kapferer, geborene Walsh, kam durch ein Schüleraustauschprogramm nach Telfs, wo sie ihren späteren Mann kennenlernte und mit ihm eine Familie gründete. Die ausgebildete Tanzpädagogin engagierte sich in der Frauenarbeit und war Mitbegründerin der Telfer Frauenkulturgruppe „Geierwally".

Ich bin in England geboren. Mein Vater hieß eigentlich Österreicher mit Nachnamen, er war entfernt jüdischer Abstammung und in Wien geboren. Er und sein Bruder kamen mit dem letzten Kinderzug von Deutschland nach England. Mein Vater war 15 Jahre alt und wurde von einem Pfarrer aufgenommen. Weil in England deutsche Namen nicht sehr gerne gesehen waren, wechselte er seinen Nachnamen zu Walsh, dem Namen des Pfarrers. Als mein Vater meine Mutter kennenlernte, bin relativ bald danach ich auf die Welt gekommen.

Ich habe mit meinen zwei Brüdern eine sehr glückliche Kindheit gehabt. Mein Vater war Lehrer, meine Mutter Lehrerin. Wir haben in meiner Kindheit drei Jahre in Nigeria verbracht, wo mein Vater kurz vor der Unabhängigkeit des Landes Englisch unterrichtete. Mein Vater war sehr engagiert und hat nach unserer Rückkehr begonnen, mit dem alten Herrn Auer, dem Direktor der Telfer Hauptschule, einen Schüleraustausch zu organisieren. Sie hatten noch einen Platz bei der Familie Ganner, und mein Vater meinte, ich sollte diesen Austausch machen, obwohl ich erst 12 und auf einer anderen Schule war. Damals bin ich das erste Mal nach Telfs gekommen und habe hier meinen Mann kennen gelernt. Die Familie Ganner waren die Paten von meinem Mann. Ich kam noch einmal im Sommer darauf. Und als ich 17 war, machte ich mit meiner Familie Urlaub, und wir sind in Telfs zugekehrt. Als ich meinen Mann dann wiedersah, haben wir uns verliebt.

Mit 18 habe ich begonnen, Sport und Pädagogik zu studieren. In dieser Zeit konnten mein Mann und ich uns nur in den Ferien sehen. Nach dem Studium habe ich ein Jahr in England unterrichtet, und dann bin ich nach Österreich gekommen. Das war 1975. Ich war ausgebildete Lehrerin, konnte aber kein Deutsch. Für mich als Ausländerin war es damals schon ganz schwierig, Arbeit zu finden. Ich habe es als Aupair versucht, aber keine Arbeit bekommen. Die Firma Ganner hat mir im Büro Übersetzungsarbeiten gegeben, so habe ich ein Jahr lang im Büro gearbeitet. Schon nach drei Monaten konnte ich ziemlich gut Deutsch. Wir haben 1976 geheiratet und von da an hatte ich beide Staatsbürgerschaften. Trotzdem sagte man mir in der Handelsschule, als ich eine Stelle als Sportlehrerin bekam, dass ich gehen müsse, sobald eine Österreicherin diese Stelle wolle.

Das kritisiere ich sehr an Österreich: diese gewisse Arroganz gegenüber ausländischen Ausbildungen. Ich habe mich um Anerkennung meiner Ausbildungen bemüht und mein Studium eingereicht. Da haben sie gesagt, ich muss Eislaufen und Schifahren nachholen. Dass ich Tanzspezialistin war, haben sie überhaupt nicht anerkannt. Sie sagten, ich muss noch ein Fach dazu nehmen. Ich habe also begonnen, Englisch auf Lehramt zu studieren. Als ich die Zwischenprüfung schon abgelegt hatte, ist ihnen eingefallen, ich müsse auch eine Lateinprüfung haben. Damals war das Kleine Latinum wahnsinnig schwer. Und das wollte ich dann einfach nicht mehr. Ich habe aufgehört zu studieren und zwei Töchter bekommen, 1978 und 1980.

Ich habe später Abendkurse für die Volkshochschule gegeben, und für den Turnverein. Mein Mann war auch Lehrer, und als er ein Sabbatical[1] genehmigt bekam, entschieden wir, ein Jahr lang zu reisen. Die Mädchen waren damals in der 1. und 3. Klasse Volksschule. Wir waren mit den Kindern sieben Monate in Australien, drei Monate in Neuseeland, und zwei Monate in Amerika. Wir haben die Kinder aus der Schule herausgenommen. Man hat uns gesagt, dass sie in Mathe, Deutsch und Sachunterricht geprüft würden, wenn sie zurückkommen, damit sie aufsteigen können. Also hat mein Mann sie unterrichtet. Die Kinder haben Tagebuch geführt, es war eine tolle Zeit. Eine wirkliche Bereicherung. Als wir zurückkamen, hat es – anders als ursprünglich angegeben – geheißen, sie würden in allen Fächern geprüft, in Häkeln, Zeichnen, alles. Und das war stressig. Und dieses Paragraphenreiten, das ist mein zweiter großer Kritikpunkt an den österreichischen Behörden.

Nach diesem Jahr im Ausland wollten wir gerne aufs Land ziehen. Wir haben mit Freunden aus Telfs eine Bauernschaft gesucht, und in Aschland in Obsteig eine gefunden. Wir haben uns dort eine Wohnung ausgebaut und sieben Jahre dort gewohnt. Unsere Freunde waren Bauern und haben Tiere gehalten.

Gleich nach unserer Reise hatte eine amerikanische Bekannte mich gefragte, ob ich nicht bei ihr im Studio Tanz unterrichten möchte. Damals war Aerobic gerade modern. Und so habe ich einige Jahre im Tanz- und Bewegungsstudio Lipburger in Telfs am Schwarzen Weg gearbeitet.

Ich wollte mich aber bald arbeitsmäßig verändern und habe eine Ausbildung als Kinder- und Jugenderziehungsberaterin gemacht. Im SOS Kinderdorf in Imst habe ich Mädchenarbeit mit Mädchen ab 10 Jahren gemacht, um ihren Selbstwert zu stärken. Mütterberatungen habe ich auch einige Jahre lang gemacht. Und vor ungefähr zwölf Jahren bin ich beim Kinderdorf in die Nachbetreuung und Krisenintervention eingestiegen. Ich habe hauptsächlich mit jungen Frauen gearbeitet, die psychische Probleme, das heißt Depressionen, Drogensucht, Selbstverletzung, oder finanzielle Probleme hatten. Viele von ihnen kannte ich von klein auf. Seit kurzem bin ich nun in Pension.

Ich habe eine Tanztherapie-Ausbildung gemacht und vor 16, 17 Jahren angefangen, mit Frauen und Tanz als Selbsterfahrung zu arbeiten. Das ist meine große Leidenschaft und eine sehr kreative Arbeit. Das mache ich nach wie vor. Ich habe nicht vor, in meiner Pension nichts mehr zu tun. Nur für dieses erste Jahr in Pension habe ich mir vorgenommen, viel unterwegs zu sein, und meine Eltern alle paar Monate zu sehen. Sie sind jetzt sehr alt.

Ich möchte auch sehr gerne mit älteren Frauen etwas machen. Ich denke, dass es neue Vorbilder braucht für alte Frauen. Nicht immer nur krankheitsorientiert zu denken, nicht nur als Oma abgestempelt zu werden, nicht nur im Kaffeehaus sitzen. Es braucht neue Vorbilder voller Kraft und Mut. Ich habe einen großen Freundeskreis in Telfs. Und da

---

[1] Einjähriger Sonderurlaub.

kommt eine neue Generation von Frauen nach. Als ich nach Telfs gekommen bin, war es nicht einfach, angenommen zu werden. Vor allem von der älteren Generation. Erstens war ich nicht katholisch, das war einmal ein Problem. Und dann war ich diese Formalitäten hier nicht gewöhnt. Dass man jedem die Hand gibt, dass man jeden mit „Grüß Gott" grüßt. Denn in England gehst du in einen Raum und grüßt alle Anwesenden pauschal mit einem „Guten Morgen". Und auf diese Formalitäten habe ich immer wieder vergessen. Dann war ich wieder unten durch. Und auch wie ich mich gekleidet habe. Ich bin ein bisschen aus der Hippie-Zeit gekommen. Das war auch nicht gerne gesehen. Man sollte sich anpassen. Dieses Sich-Anpassen-Sollen und diese Engstirnigkeit, das war für mich das größte Problem. Meine Generation hat mich gut angenommen, das war kein Problem. Aber die Engstirnigkeit der Älteren hat mir da am meisten zu schaffen gemacht.

In England ist alles viel lockerer. Ich kann nur sagen, wie ich aufgewachsen bin. Ich habe zwei Brüder, aber mir ist nie gesagt worden, dass ich als Mädchen weniger wert bin. Oder dass ich nicht gleichwertig bin. Aber hier habe ich das beinhart zu hören gekriegt. Von wegen, dass es wurscht sei, ob und welche Ausbildung meine Töchter machen, weil sie ja ohnehin nur heiraten würden. Ich hätte nicht die gleichen Rechte als Frau. Punkt.

Als wir 1989 von Australien zurückkamen, ist meine Freundin Eva Lechner an mich herangetreten. Sie wollte eine Frauenkulturgruppe ins Leben rufen, sie kenne aber zu wenige Leute. Sie fragte mich, ob ich Frauen kenne, die man zusammenrufen könnte. Am Anfang waren wir zehn Frauen. Wir suchten uns einen Vereinsraum und bekamen einen im Jugendtreff, damals war das das „Treff 75". Unser Ziel war, vor allem zugereisten Frauen einen Treffpunkt anzubieten. Wir entwickelten ein Programm, und unser Glück war, dass der Altbürgermeister Helmut Kopp voll hinter uns gestanden ist, auch finanziell. Manche Gemeinderäte in Telfs haben gesagt, wir gehören hinter den Herd. Das war wirklich so. Aber der Helmut hat uns weiterhin unterstützt. Und so haben wir zweimal jährlich ein eigenes Veranstaltungs-Programm erstellt, mit Vorträgen und Workshops, zu Themen, die uns als Frauen oder Mütter interessiert haben. Nach kurzer Zeit hatten wir 80 bis 100 zahlende Mitglieder.

Diese Frauenkulturgruppe haben wir zehn Jahre lang sehr intensiv betrieben. Alles lief dort sehr demokratisch ab. Wir haben uns einmal im Monat getroffen, gemeinsam Themen ausgesucht, uns die Organisation aufgeteilt. Wir haben unsere Gruppe „Geierwally" genannt, nach einer besonderen Frau im Außerfern. Wir haben tolle Sachen hergebracht. Und wir waren fast alle Zugereiste. Wir haben in Telfs schon Staub aufgewirbelt. Die Gemeinderätin Hilde Härting wollte unbedingt, dass eine von uns in den Gemeinderat geht. Auch mit der Wilfriede Hribar haben wir viel Kontakt gehabt. Aber es war uns leid um unsere Energie. Wir wollten nicht in die Politik gehen.

Nach 10 Jahren haben wir wahnsinnig viel gelernt, vom Organisieren bis hin zum Leiten einer Gruppe. Es war ein toller Lernprozess. Aber ich habe das Gefühl gehabt, es ist Zeit für etwas Neues. Ich habe dann begonnen, diese Selbsterfahrungskurse zu machen. Nach wie vor kommen vor allem Zugereiste zu mir, nur ganz wenige Telferinnen. Es geht ja viel um Mut, Mut zur Veränderung, Mut um für sich selber einzustehen, Mut Dinge loszulassen, Mut was Neues zu probieren. Ich arbeite sehr daran, Frauen dabei zu stärken, mutig zu sein. Und ich merke, dass sich bei den Frauen einiges weiterentwickelt.

Wenn ich mich an meine ersten Jahre in Telfs erinnere, da war es nicht einfach für mich. Plötzlich das Gefühl zu kriegen, als Frau weniger wert zu sein. Ich habe in den ersten Jahren sicher eine depressive Phase durchgemacht. Ich habe mir schon sehr schwer getan mit dieser Kultur. Es war das Gesamtpaket.

Ich weiß von englischen Freundinnen, dass man dort wirklich an die Tür vom Nachbarn anklopfen kann ohne sich vorher anzumelden. Hier ist es so, dass man sich vorher anmeldet, wenn man jemanden sehen will. Höchstens man hat eine wirklich enge Beziehung.

Und was für mich auch schwierig war, war, dass es normal war, dass Männer ihren Hobbys nachgingen. Die haben einfach Ihres gemacht. Sei es Sport, oder was auch immer. Und die Frauen waren daheim und haben halt viel Hilfe bekommen durch ihre Mütter da. Ich habe aber meine Mutter nicht da gehabt. D. h. ich war einfach viel allein. Das war damals für zugereiste Frauen nicht einfach. Später habe ich gehört, dass sich mehrere zugereiste Frauen mit Kindern gegenseitig unterstützt haben. Aber das hat es bei mir damals einfach nicht gegeben. Ich habe mich einfach nur darauf gefreut, dass ich endlich heim nach England fahren konnte. Oft sind meine Eltern auch hergekommen. Heimweh habe ich aber eigentlich nur gehabt, wenn es mir nicht gut gegangen ist.

Ich hab nie einen Deutschkurs gemacht, ich tu mich daher nach wie vor ein bisschen schwer mit dem deutsch-Schreiben. Aber wir haben in der Partnerschaft immer deutsch miteinander geredet.

Als meine Töchter auf die Welt gekommen sind, habe ich englisch mit ihnen gesprochen. Sie sind zweisprachig aufgewachsen. Die Ältere hat mit mir immer englisch, und woanders deutsch geredet. Das war kein Problem. Aber als sie in den Kindergarten gekommen ist, war da ein Vorfall. Im Sitzkreis wurde sie von der Kindergärtnerin gefragt: „Wie heißen deine Eltern?" Und Lisa hat gesagt: „Meine Mama heißt Judy." Da sagte ein Bub: „Was ist denn das für ein Name?!" Darauf hin hat er sie mit „ausländische Lisa" beschimpft. Von da an hat sie radikal kein Wort englisch mehr mit mir gesprochen. Und die Kleinere hat das natürlich nachgemacht. Ich habe weiter mit ihnen englisch gesprochen, aber sie haben mir nur mehr deutsch geantwortet. Da war ich dann verzweifelt, weil es mir wichtig war, dass die Kinder englisch sprechen können. Auch damit sie sich mit meiner Familie unterhalten können. Aber als wir in England waren, haben sie mit meinen Eltern wieder englisch gesprochen.

Ich habe kein Heimweh. Ich würde auch nicht zurückgehen nach England. Ich fühle mich hier mit meiner Familie, meinem Freundeskreis, meiner Arbeit gut eingebettet. Wenn ich aber damals geahnt hätte, was alles auf mich zukommt, hätte ich es nicht gemacht.

Dennoch bin ich heute sehr glücklich, wo ich stehe. Denn ich bin an diesen Herausforderungen gewachsen.

Siddik Tekcan

geboren 1957 in Kaman, Türkei

Siddik Tekcan kam 1972 gemeinsam mit seinem Vater nach Österreich, um hier einige Jahre lang zu arbeiten. Als er 1977 in der Türkei heiratete, beschloss die Familie zwei Jahre darauf, ganz nach Österreich zu ziehen. Der gelernte Mechaniker Siddik Tekcan arbeitet bei Fa. Liebherr.

Österreich und Deutschland haben damals jedes Jahr türkische Arbeiter angefordert. Sie haben beim türkischen Arbeitsamt angesucht. Das Amt hat uns mitgeteilt: So und so viele gehen nach Österreich, so viele gehen nach Deutschland. Der eine hat für Österreich eine Arbeitsgenehmigung bekommen, der andere eine für Deutschland. So ist mein Papa hergekommen. Dann hat er drei Jahre gearbeitet, dann noch drei Jahre, dann ist er wieder in die Türkei. Die haben früher nicht länger gearbeitet – ein paar Jahre, dann sind sie nachhause.

Als ich in der dritten Klasse Hauptschule war, ist mein ältester Bruder mit meinem Papa nach Österreich gegangen. Damals habe ich gesagt: „Wenn er nach Österreich geht, möchte ich auch nach Österreich." Mein Papa meinte: „Du bist noch jung, du musst noch lernen." Aber ich sagte Nein. Ich habe die Hauptschule abgebrochen und bin 1972 hier hergekommen. Ich und mein älterer Bruder sind mit Papa hergekommen. Das war nicht leicht damals, in einem fremden Land, ich konnte kein Deutsch und ich habe mich total allein gefühlt. In der Türkei hatte sich Mama um alles gekümmert, und als ich mit 16 herkam, habe ich alles selber machen müssen. Wir haben damals Briefe nachhause geschrieben: Mir geht's gut und wie geht's euch? 14 Tage hat der Brief in die Türkei gebraucht, 14 Tage herauf. Nach einem Monat hat man Antwort erhalten.

Nach einiger Zeit habe ich gesagt: „Papa, hier ist es nichts für mich", das war nach ein oder zwei Monaten, „Papa, ich möchte wieder nachhause, ich möchte weiterlernen in der Türkei." Aber mein Papa meinte: „Ja, wie möchtest du alleine in die Türkei fahren?" Damals gab es nicht die heutigen Möglichkeiten. Als ich ab dem dritten Monat langsam deutsch sprechen konnte, wollte ich nicht mehr in die Türkei. Ich habe damals gleich bei der Firma Schindler Arbeit bekommen. Die Arbeit in der Spinnerei war schwer für mich. Täglich acht Stunden arbeiten! Der Unterschied zwischen Schule und Arbeit ist groß. Aber ich wurde es mit der Zeit gewohnt.

Ich dachte damals, Europa ist ganz anders. In Europa gibt's viel Arbeit und viel Geld. Die Leute, die damals in die Türkei zurückgekommen sind, haben erzählt, dass man in Deutschland sehr viel verdient und es gute Arbeit gibt. Deshalb wollte ich auch nach Europa. Aber wie ich hergekommen bin, habe ich im ersten Monat 1.800 Schilling bekommen. 1972. Wir haben sehr wenig verdient in Österreich damals, ich hab mir das ganz anders vorgestellt.

Unsere erste Wohnung in Telfs war am Wiesenweg, beim Altersheim drüben. Ganz hinten gab es ein Betriebshaus mit Firmenwohnungen, da hat man uns Zimmer gegeben. Aber es war nicht leicht, weil du alles immer selber machen musstest: kochen, waschen. Da bist du erledigt, nicht?! Wir wohnten zusammen mit dem Vater, wir haben ein Zimmer gehabt und eine Küche, aber es hat keine Waschmaschine gegeben, alles musste man händisch waschen [lacht]. Ja, da haben wir viel mitgemacht. Es gab auch kein Telefon. Jetzt hat jeder einen Laptop und ein Telefon. Jetzt haben wir viele Möglichkeiten. Wir sind unserem Gott dankbar, dass er uns das alles gegeben hat. Jetzt gibt es Direktflüge, und die sind viel billiger. 200 Euro von München nach Ankara und zurück! Das ist nichts!

Mit den Wohnungen war es sehr schlecht damals in Telfs, da ist es allen gleich gegangen. Jetzt, Gott sei Dank, gibt es überall neue Häuser, neue Wohnungen, jeder hat eine Zwei-, Drei-Zimmer-Wohnung. Man kann auch eine Vier-Zimmer-Wohnung haben, wenn man sich das leisten kann. Aber das hat es früher nicht gegeben! Seit den 90er-Jahren ist das ein bisschen besser geworden. Heute gibt es Wohnungen genug.

Dann habe ich geheiratet. Jetzt ist es wieder ganz anders, aber früher war das bei uns so: Die Eltern haben den Söhnen ein Mädchen angeboten. Sie haben zu mir gesagt: „Schau, Siddik, dieses Mädchen passt gut zu unserer Familie. Ihre Eltern passen zu unserer Mentalität." Und das war nicht schlecht. So habe ich meine Frau kennengelernt. Wir haben gesprochen, uns ein bisschen kennengelernt, und 1977 haben wir geheiratet. Wir haben drei Buben bekommen. Güven ist der erste, er kam im April 1979 noch in der Türkei auf die Welt. Im August 1979 habe ich die Familie nach Österreich geholt. 1980 kam dann Serdal auf die Welt und 1984 Sifa, er hat den Namen meines Vaters.

Wir hatten Schwierigkeiten mit der Wohnsituation, in den 1980er Jahren hat es in Telfs zu wenige Wohnungen gegeben. Also sind wir 1985 in eine Drei-Zimmer-Wohnung nach Rietz übersiedelt. Es war sehr schön dort, wir sind gut mit den Einheimischen ausgekommen und haben uns in der Nachbarschaft immer gegenseitig geholfen. Zehn Jahre haben wir dort gelebt.

1978 ist die Firma Schindler in Konkurs gegangen und ich habe danach sieben Jahre in Ötztal-Bahnhof bei der Firma Olymp gearbeitet. Danach bekam ich ein Angebot von der Firma Liebherr, die suchten einen Mechaniker. Mit den drei Söhnen brauchte ich eine bessere Arbeit, bei der ich mehr verdienen konnte. Damals hat Liebherr einen guten Auftrag von Russland bekommen, und als ich am Freitag in die Firma ging um nachzufragen, sagten sie: Am Montag kannst du gleich anfangen.

1993 wurde ein altes Betriebshaus der Firma Schindler versteigert. Ich habe damals gedacht, ich habe eine große Familie, eines Tages brauchen wir ein Haus. Und ich habe dieses Haus 1993 gekauft. Zur gleichen Zeit habe ich um die österreichische Staatsbürgerschaft angesucht. Und 1995 sind wir wieder nach Telfs übersiedelt.

Untertags habe ich gearbeitet, und abends war ich nach der Heirat immer bei meiner Familie. Von 1972 bis 1977, also vor der Heirat, sind wir auch mal in Lokale gegangen, ich habe mich mit den Kollegen unterhalten und auch einheimische Freunde gehabt. Nachdem ich meine Frau geheiratet habe, habe ich nur noch mit der Familie Zeit verbracht.

An Wochenenden sind wir damals meistens mit den Kindern oben zum Fußballplatz gegangen. Wir haben einen Plastikball besorgt und die Kinder haben ein bisschen gespielt. Heute haben wir einen schönen Park, aber damals hat es hier keinen Park und nicht viele Möglichkeiten gegeben. Da war kein Einkaufszentrum, nur zwei kleine Geschäfte, dort hat man Joghurt, Milch, Butter und Käse bekommen, mehr nicht.

Wir sind deshalb früher viel nach Innsbruck gefahren, in die Maria-Theresien-Straße, ins Kaufhaus Tyrol. Dort haben wir eingekauft. Es ist heute wirklich viel besser als früher. Manche sagen, damals war es gut, aber da bin ich vollkommen dagegen. Heute gibt es ein besseres Leben und bessere Wohnungs-Möglichkeiten. Heute hat jeder eine Arbeit, ein Auto, und die jungen Leute kaufen sich Eigentumswohnungen oder bauen ein Haus. Da hatten wir früher keine Chancen.

In Telfs hatten wir seit den 1980er Jahren ein muslimisches Gebetshaus, in einem Mietgebäude in der Obermarktstraße. Ich war damals stellvertretender Obmann. Als die Firma Föger, die Eigentümer war, das Haus umbauen wollte, mussten wir uns was Neues suchen. Der damalige Bürgermeister Helmut Kopp hat uns dann das alte Rettungsgebäude zum Kauf angeboten, weil die Rettungsstelle neu gebaut wurde. Der damalige Obmann Temel Demir und ich haben nach einem Freitagsgebet mit unseren Landsleuten geredet. Wir haben es uns angeschaut, es war groß, in Zentrumsnähe – ideal für eine Moschee. So haben wir es gekauft. Einiges haben wir umbauen müssen, denn Garage haben wir keine gebraucht. Vielmehr einen gemütlichen Raum, in dem die Leute vor dem Beten Kaffee trinken, sich unterhalten und Besucher empfangen können.

Das war nicht so leicht, wir haben damals 200 Mitglieder gehabt, die alle freiwillig mitgezahlt haben. Alle haben ein bisschen geholfen, sonst wäre das nicht möglich gewesen. Einige Jahre später haben wir einen Gebetsturm, ein Minarett gebaut. Zur Eröffnung 2006 haben wir auch den Dekan Saurer und einige türkische Minister eingeladen, es war eine große Feier.[1]

Ich fühle mich in Telfs sehr wohl, weil ich hier mit zwei Kulturen lebe. Auf der einen Seite die Kirche, der anderen Seite die Moschee. Und wir kommen mit allen gut aus, mit den Einheimischen und auch mit unseren Landsleuten, und Menschen von anderen Ländern. Viele Telfer Moslems aus anderen Ländern kommen in unsere Moschee. Wir empfangen viele Besucher und haben immer eine offene Türe, jeder kann kommen und schauen, einen Kaffee oder Tee trinken, oder Fragen an unseren Vorbeter stellen.

2003 bin ich mit meiner Mama und meiner Frau nach Mekka gefahren. Jeder Moslem sollte normalerweise einmal in seinem Leben Mekka besuchen und die sogenannte Haddsch machen, auf deutsch Pilgerfahrt. Wir sind einen Monat lang in Mekka gewesen. Meine Mama war sehr glücklich, denn alleine hätte sie eine so weite Reise nicht machen können.

Dann hatte meine Mama vor zwei Jahren auf einmal Lungenprobleme. Sie haben mich von der Türkei aus angerufen: Mama geht es sehr schlecht. Und schon am nächsten Tag

---

[1] Christina HOLLOMEY: Umstrittene Räume: Identitätskonstruktionen türkisch-islamischer Vereine und ihr Einfluss auf die gelebte Praxis ihrer Mitglieder am Beispiel der Marktgemeinde Telfs in Tirol (= unveröffentlichte Diplomarbeit). Wien 2007. S. 55–61.

hat die Schwester angerufen, die Mama ist gestorben. Meine Frau und ich sind gleich zum Flughafen nach München gefahren, aber weil so starker Schneefall war, konnte die Maschine nicht starten. Wir haben am Flughafen übernachtet und mussten einen ganzen Tag warten. Erst am nächsten Tag sind wir nach Ankara geflogen. Nach dem islamischen Glauben müssen die Toten immer am gleichen Tag begraben werden, und nun haben sie extra auf uns warten müssen, weil wir am Flughafen Probleme hatten. Das hat mir wehgetan. Wenn Mama oder Papa krank sind, hat man die Möglichkeit sie zu besuchen, aber wenn sie mal tot sind, hast du keine Chance mehr, sie zu sehen. Und das hat mir wehgetan. Aber ich bin ein Gottgläubiger. Und auch ich muss eines Tages dort hingehen, da kann man nicht viel machen.

Ich habe drei Söhne, sie sind alle verheiratet. Zwei arbeiten wie ich bei der Firma Liebherr, der Mittlere im Möbelhaus Föger. Jeder Sohn hat zwei Kinder, ein Madl und einen Bub. Und wir wohnen gemeinsam in diesem Gebäude, jeder hat seine eigene Wohnung. Die haben wir umgebaut und hergerichtet. Wir leben zusammen und halten zusammen, und ich finde das sehr gut. Wenn einer krank ist, sind alle da, wenn einer Geburtstag hat, sind wir auch da. Auch für die Jungen ist es fein, die Enkel kommen zu uns und kriegen alles von Oma und Opa, was sie brauchen. Ich bin stolz darauf, dass wir zusammen wohnen.

Meine Frau hat damals in Rietz drei Jahre lang in einer Weberei gearbeitet. Damals konnte sie gut deutsch, jetzt hat sie es ein bisschen vergessen. Sie ist den ganzen Tag mit den Schwiegertöchtern und den Enkelkindern zusammen, da sprechen sie meistens türkisch. Die Enkelkinder sprechen zwar perfekt deutsch – sie sprechen deutsch viel besser als türkisch, weil sie hier in die Schule gehen. Aber meine Frau ist jetzt Hausfrau, und sie hat viel Arbeit daheim.

Ich fahre fast jedes Jahr in die Türkei, Anfang August haben wir zwei Wochen Betriebsurlaub, da sperrt die Firma zu. Und ich nehme zwei Wochen dazu, dann fliegen wir von München nach Ankara oder wir fahren mit dem Auto. Mit meinem jüngsten Sohn bin ich heuer mit dem Auto gefahren. Anfang August haben wir einen riesengroßen Feiertag gehabt, wir haben das Ende des Ramadan gefeiert. Die anderen zwei Söhne sind auch gekommen, da haben wir diesen großen Feiertag in der Türkei gefeiert.

Ich lebe nun seit 1972 in Österreich, das ist meine zweite Heimat. Ich habe mehr als die Hälfte meines Lebens in Österreich verbracht. Wenn ich jetzt in Urlaub fahre, bleibe ich einen Monat in der Türkei, die restlichen elf Monate bin ich da. Und ich bin gerne da. Ich komm mit jedem gut aus, auch mit meinem Arbeitgeber. Die Firma Liebherr ist wie eine Familienfirma. Ich arbeite seit 1985 für die Firma Liebherr, ich bin gelernter Mechaniker und nun Monteur.

Im Betrieb bin ich jetzt der älteste Mitarbeiter. Jeder sagt zu mir Opa oder [lacht] Papa, viele sprechen Türkisch, auch die Einheimischen sagen Merhaba, Opa oder Merhaba, Dede! Dede heißt Opa.

Ich fühle mich wirklich wohl, wenn ich morgens um sieben Uhr zu arbeiten anfange. Überhaupt ist Tirol schön. Wo wir leben ist es grün und ruhig. Ich bin ja schon Österreicher, aber ich fühle mich wie ein Einheimischer hier.

Meine Frau und ich lesen beide den Koran. Wir haben das heilige Buch aus der Türkei mitgenommen. An Freitagabenden lesen wir, dass es für unsere Familie und unsere Kinder und die ganze Welt Frieden gibt. Wir beten, dass Gott allen helfen soll.

Bernadette Katzlinger

geboren 1958 in Donegal, Irland

Bernadette Katzlinger, geborene Fox, lernte ihren österreichischen Mann in Frankreich kennen und folgte ihm 1981 nach Österreich, wo sie bis heute an der Pädagogischen Hochschule arbeitet.

Ich wurde 1958 in Donegal in Irland in einer kleinen Gemeinde mit 4.000 Einwohnern geboren, bin aber in Schottland aufgewachsen. Wir waren fünf Kinder, mein Vater war Maurer und meine Mutter Hausfrau. Aber immerhin haben vier von fünf Kindern studiert. Es gab halt einfach in den 1960er, 1970er Jahren auch für Leute mit einem sehr bescheidenen Einkommen die Möglichkeit, dass ihre Kinder studieren konnten. Wir haben damals Stipendien bekommen. Meine Geschwister sind Lehrer, und einer ist Priester, Missionar in Malawi, Afrika.

Ich habe in Glasgow Französisch und Deutsch studiert. Und als ich als Assistentin nach Clermont-Ferrand in Frankreich ging, lernte ich dort meinen zukünftigen Mann kennen, der auch Assistent an einer Schule war. Wir haben die Adressen ausgetauscht und Kontakt gehalten. Ich bin dann zwar zurück nach Schottland und habe dort das Studium fertig gemacht, aber ich habe meinen heutigen Mann damals immer wieder in Österreich besucht und wir haben schon überlegt, was ich hier in Österreich nach dem Studium machen könnte. 1981 hab ich mich erstmals um eine Stelle an der Uni Wien beworben, denn in Innsbruck an der Uni war keine Stelle frei. 1982 habe ich an der Uni Wien als Lektorin zu arbeiten begonnen. Ich bin dann halt fast jedes Wochenende nach Innsbruck gefahren.

Mit den Papieren hatte ich als Lektorin kein Problem, denn diese Arbeit machen ja meistens Ausländer. Einige gehen wieder zurück, einige bleiben. Wenn man bleibt und wirklich sein Leben in Österreich gestalten will, ist es schon von Vorteil, dass man die österreichische Staatsbürgerschaft annimmt. Ich habe die britische Staatsbürgerschaft gehabt, und auf die musste ich verzichten um einen Antrag auf die österreichische zu machen. Ich musste auch 10.000 Schilling bezahlen. Ich war damals schon verheiratet, denn 1984 haben wir geheiratet und 1986 die Staatsbürgerschaft angenommen. Ich habe nach unserer Heirat noch ein Jahr in Wien gearbeitet, und bin dann zu meinem Mann nach Telfs gezogen.

Wir haben hier ein wunderschönes Haus, in einer wunderbaren Gegend, auch die Kinder gehen hier in die Schule. Seit 1985 lebe ich also sehr glücklich in Telfs.

Am Anfang haben wir in der Niederen Munde Straße gewohnt, in einer Mietwohnung, fünf Jahre lang. Dann haben wir den Grund hier bekommen und mein Mann hat dieses Haus gebaut. Seit 1989 wohnen wir nun hier. Und das ist auch so ein Ding: Da sind die Engländer immer ganz erstaunt, dass Lehrer hier Häuser bauen können. Denn mein Mann unterrichtet ebenfalls, hier in Telfs. Und ich hatte damals selber nicht damit gerechnet, aber es ist gegangen.

Seit 1986 unterrichte ich Englisch und Französisch an der Pädagogischen Hochschule in Innsbruck, ehemals Pädak. Ich habe aber hier in Telfs auch Englisch- und Französisch-Kurse gehalten für die Volkshochschule in Telfs.

Es war nicht so, dass ich unbedingt nach Österreich wollte. Das kam durch meinen Mann. Ich hatte eigentlich überhaupt keine Vorstellungen von Österreich. Es war halt so wie im Bilderbuch: Als ich ankam, war ich überrascht, wie schön es hier ist. Und dass man Häuser so hoch oben am Berg bauen kann, das hat mich auch sehr überrascht.

Wenn ich vorher gewusst hätte, wie schön es hier ist, hätte ich wahrscheinlich auch gesagt: Ich muss unbedingt in diesem wunderschönen Land leben. Österreich ist ganz anders als Irland oder Schottland. Es ist einfach viel, viel schöner hier, mit diesen Bergen rundherum, und die Lebensqualität ist auch viel besser. In Österreich ist es einfach wie in einem Märchen, landschaftlich und – ja, man isst auch sehr gut hier.

Natürlich musste ich mich am Anfang erst einleben. Ich war ja zuerst auch in Wien und nicht viel in Telfs. Und habe zuvor in Glasgow studiert. Und da schien es mir in Telfs am Anfang schon sehr, sehr ruhig. Auch was das Ausgehen angeht, und Bistros und Pubs. Trotzdem könnte ich mir jetzt nicht mehr vorstellen, in Schottland zu leben. Das fällt mir besonders auf, wenn wir Besuch haben von Schottland. Die betonen immer, wie sauber und gepflegt hier alles ist. Daran gewöhnt man sich halt sehr schnell. Das sind mitunter große Unterschiede – auch bei den Geschäftszeiten. Aber hier haben wir nun ja auch längere Einkaufszeiten. Und in Telfs ist es fein, weil es nicht so groß ist. Man hat hier fast alles, was man braucht, Ärzte und Geschäfte, und ist doch gleich in der Natur.

Es ist eigentlich schnell gegangen, dass ich Leute kennengelernt habe. Ich habe ja hier dann auch nochmal studiert und einen österreichischen Magister gemacht. Dadurch habe ich auch viele Leute kennengelernt. Ich war auch im Kirchenchor hier, und das ist auch toll, man kann wirklich Kontakte knüpfen, wenn man Interesse zeigt. Es war für mich eigentlich nicht schwer, Anschluss zu finden. Das ist ja ein Schneeball-Effekt.

Am Anfang war der Unterschied, dass ich vom Studium her anders deutsch gesprochen habe, ich habe das bundesdeutsche Hochschul-Deutsch gesprochen und das war mit dem Dialekt am Anfang nicht so leicht. Aber es ist nur eine Frage der Zeit bis man sich daran gewöhnt. Heute passe ich mich an. Wenn jemand im Dialekt redet, dann rede ich auch Dialekt. Problem war das keines. Wichtig ist nur, dass man die Sprache überhaupt kann.

Mit meinen Kindern habe ich immer englisch gesprochen und sie sprechen englisch mit mir. Außer in Gesellschaft, wenn Leute nicht englisch konnten, habe ich deutsch mit ihnen gesprochen. Denn das ist ja unhöflich. Die Kinder sind also zweisprachig aufgewachsen. Den Telfer Dialekt sprechen sie nicht sehr stark, aber sie sprechen tirolerisch. Und mit mir englisch. Das beeindruckt viele unserer Besucher aus England, dass sie so schnell zwischen den Sprachen wechseln können. Aber ich denke, ihre Muttersprache ist deutsch. Und sie fühlen sich auch vor allem als Tiroler. Das war immer eine Geschichte … Kinder wollen einfach wie andere Kinder sein, sie wollten nie auffallen dadurch, dass sie „halb-halb" sind. Daher haben sie immer betont, dass sie zuerst 100-prozentige Tiroler sind. Sie waren nicht besonders stolz drauf, dass sie perfekt englisch sprechen. Erst wenn Leute aus Großbritannien da sind, finden sie es cool, wenn sie sich super mit ihnen unterhalten können. Und dass sie die Leute beeindrucken können.

In der Schule hatten sie beim Englisch-Unterricht vor allem sprachlich einen Vorteil, aber die Orthographie und das Schreiben, das mussten sie auch erst lernen. Aber sie waren da natürlich schon im Vorteil, das ist ganz klar.

Die Kinder sind mit uns immer gerne nach Großbritannien gefahren, die Familie besuchen, Fastfood und Chips essen, dann die lustigen „cereals" zum Frühstück, das hat ihnen gefallen. Sie interessieren sich auch für das Land, und wie man dort Weihnachten feiert oder solche Sachen. Aber sie lieben Tirol. Ich kann mir nicht vorstellen, dass sie wegziehen.

Und wir feiern zum Beispiel Weihnachten auf österreichische Art, wie die Tiroler. Im ersten Jahr war mir das ein bisschen komisch. Wir hatten noch keine Kinder und waren frisch verheiratet. Aber die Gebräuche hier in Tirol zu Weihnachten sind wunderschön, sowas gibt's drüben nicht. In Schottland spielen die Einkaufsstimmung und der Schmuck in den Geschäften eine große Rolle. Aber das ist heute hier auch so.

Und es gibt den „afternoon tea", dazu backen wir „english scones" zusammen. Aber wir leben schon eher in der Tiroler Kultur hier. Ich unterrichte ja auch Cultural Studies, und es ist eine Tatsache, dass wir in Österreich einfach mehr Feste und Traditionen feiern als in Großbritannien oder Schottland.

Ich kann mich erinnern, am Anfang war's lustig mit dem Telfer Dialekt, da habe ich lernen müssen, dass Wörter, die man kennt, oft eine andere Bedeutung haben. Da habe ich zum Beispiel mal mit einer Ur-Telferin geredet, und die hat das Wort „durch" halt mal anders verwendet. Sie hat gesagt: „Das Tuch ist durch" oder „seine Frau ist durch". Und das habe ich damals einfach nicht verstanden. Die Sprüche oder Redewendungen, die Art wie man etwas ausdrückt. Die Sprache ist direkter. Und das war halt am Anfang lustig.

Oder, wie ich den Führerschein gemacht habe hier in Telfs, da hat der Fahrlehrer einen sehr dicken Dialekt drauf gehabt. Da habe ich ihn höflich gebeten, ein bissl langsamer zu sprechen. Und das war lustig, da hat er mich angeschaut: „Ja, woher kommen Sie denn?" Er hat vielleicht gemeint, ich wäre eine Deutsche. Am Anfang haben das viele gemeint, weil ich eher bundesdeutsch sprach. Und wenn man deutsch kann, dann meinen die „locals" dass man alles versteht. Aber es gibt schon lustige Färbungen von Dialekt. – Und die lustigen Phrasen! „Hock di nieder." Solche Sachen. Wenn man sowas das erste Mal hört, ist das lustig.

Heimweh habe ich eigentlich nur einmal gehabt, beim ersten Weihnachten, weil es so ruhig war. Jetzt genieße ich eben das, und das ist schön. Natürlich habe ich auch meine Familie vermisst, aber das ist immer so, oder? Wenn man kleine Kinder hat und die Familie ist ganz weit weg, da kann man nicht einfach anrufen und sagen, kommst du zwei Stunden oder so. Das ist eine Tatsache. Die Schwiegermama hat geholfen, wo sie konnte, aber wir haben die Kinder sehr spät bekommen. Sie war schon über 70 und dann ist das natürlich nicht mehr so einfach.

Wenn man so ein Baby hat, dann hat man nicht so sehr Heimweh als vielmehr „Familienweh". Das geht sicher allen so. Später trifft man sich dann mit anderen Müttern, wenn die Kinder ein bisschen größer sind. Aber das ist völlig normal.

Ich habe viel mit meiner Familie telefoniert, und heute mit dem Skypen geht das ja ganz toll, und alles ist viel günstiger. Einmal im Jahr ist meine Familie gekommen, und wir sind auch öfter hinauf gefahren, so gut es eben ging mit der Schule. Wir schauten, dass wir regelmäßig Kontakt hatten. Aber das wird nun schon weniger.

Heute fahren wir meist einmal jährlich nach Schottland. Wir besuchen unsere Nichten und Neffen. Ich habe auch Verwandte in England. Aber meine Eltern leben nicht mehr. Wir bleiben dort meist bei Verwandten oder Freunden.

Aber ich habe nie das Bedürfnis gehabt, mich in Tirol mit anderen Englisch-Sprachigen zu treffen. Es gibt ein Treffen, einmal im Monat glaube ich, im Oberinntal. Aber ich bin nur einmal hingegangen, es war mir zu „englisch". Sie haben darüber gesprochen, welche englischen Lebensmittel man hier bekommen kann. Da hab ich kein großes Interesse.

Heute fühle ich mich hier ganz zuhause. Ich vermisse weder die Sprache, noch das Land. Ich habe immer Sprachen geliebt. Ich wollte eigentlich nach Frankreich auswandern, das war immer irgendwie ein Traum. Da mein Bruder schon in Afrika war, war es halt immer interessant, woanders zu leben. Nein, in den ersten Jahren wollte ich überhaupt nicht englisch sprechen, ich war voll und ganz hier. Erst mit dem Alter findet man das nett, ein wenig Nostalgie vielleicht …

Kristian Tabakov

geboren 1959 in Sofia, Bulgarien

Kristian Tabakov wuchs als Kind einer Zirkusfamilie auf und kennt das Gefühl des Abschieds und des Ankommens von Klein auf. Schon als Kind lernte er Klavier, später kam noch die Oboe dazu. Als Musiker reiste Tabakov durch ganz Europa.

Ich bin im Zirkus aufgewachsen, ich bin vom Babyalter an viel gereist. Meine Mama hat im Winter normalerweise in Sofia gelebt, und ab Frühling waren wir den ganzen Sommer über bis Spätherbst auf Tournee. Unser Zirkus war ein staatlicher Zirkus, der hatte ein hohes Niveau. Zumindest früher.

Für mich als Kind war das Leben im Zirkus natürlich super, das war ein interessantes Leben. Okay, es war auch ein schwieriges Leben, denn du bist immer irgendwo. Die meiste Zeit waren wir in Bulgarien, dort bin ich eigentlich aufgewachsen. Damals war eine andere Zeit. Bulgarien war ein kommunistisches Land. Es war schwierig, auszureisen. Nur für Künstler, Musiker oder Sportler war es ein bisschen leichter. Meine Mama war eine Attraktion damals, sogar während des zweiten Weltkriegs war sie ständig in Frankreich, in Deutschland, in ganz Europa unterwegs. Sie war die jüngste von fünf Schwestern, ihre Schwestern leben heute über die ganze Welt verstreut. Zwei leben in Kanada, eine in Amerika, eine in Frankreich … Ich habe eigentlich keinen Kontakt mehr zu ihnen. Meine Mama hat im Zirkus gearbeitet, bis sie 50 war.

Als ich vier Jahre alt war, hat meine Großmutter begonnen, mir das Klavierspiel beizubringen. Auch mein Papa war Musiker. Seit dieser Zeit spiele ich immer Musik. Ich habe die Aufnahme ins Musikgymnasium in Sofia bestanden, mein Hauptinstrument war die Oboe. Als Schüler habe ich auch im Orchester gespielt. Mit diesem Orchester bin ich viel gereist, wir haben viele Konzerte gegeben, zum Beispiel in Frankreich, Italien, Brasilien oder Japan [lacht]. In Frankreich hat uns einmal Bernstein dirigiert, und auch mit Karajan sind wir aufgetreten. Das war natürlich eine super Zeit! Gegen Ende der Gymnasialzeit habe ich dann abends in verschiedenen Bands gespielt. Und untertags war ich in der Schule. 1978 habe ich Matura gemacht. Als ich ins Konservatorium kam, spielte ich abends immer Klavier in Bars und Varietes. Ich habe dann das Angebot bekommen, mit einer Top-Fourty-Band in Skandinavien zu spielen. So bin ich 1979 ganz offiziell mit Vertrag von Bulgarien weggegangen. Zuerst einige Monate nach Dänemark. Ich bin mit einer super Band unterwegs gewesen, das waren echt gute Musiker. Wir sind durch ganz Skandinavien gereist, Dänemark, Schweden, Finnland, Norwegen.

Gleichzeitig sind auch viele andere Sachen passiert. Ich habe 1980 geheiratet und einen Sohn bekommen. Meine Frau hat mich nur einmal auf Tour besucht, unser Sohn Bobi war damals ein Baby und ist für kurze Zeit bei meinen Eltern geblieben. Aber irgendwie war das alles schwierig, das funktioniert nicht richtig, wenn ich unterwegs bin und meine Frau in Bulgarien. Wir haben uns dann scheiden lassen. Aber that's life [lacht]. Mein Sohn ist nun 34 Jahre alt, und er lebt jetzt sogar hier in Telfs.

Meine jetzige Frau war Mitte der 1970er Jahre eine Partnerin meiner Mama im Zirkus. Ich kenne sie seit dieser Zeit, wir waren Freunde damals. Sie war lebenslustig, und hat bald geheiratet. Wir haben aber immer Kontakt gehalten und sind Freunde geblieben. Und einmal haben wir uns wieder getroffen und es hat gefunkt zwischen uns. Jetzt sind wir 17 Jahre zusammen, in einer Beziehung. Aber eigentlich kennen wir uns schon seit 40 Jahren.

Als mein Vater 1985 gestorben ist, bin ich wieder mit einer Band auf Tour gegangen. Ein Bulgare aus dem Trio war mit einer Spanierin aus Sevilla verheiratet, aber sie haben in Oslo gelebt. Der dritte im Trio hat uns bald verlassen, er wollte zu seiner Familie in Bulgarien. Da haben wir als Duo gespielt, doch auch mein Freund ist bald Vater geworden und wollte bei seiner Frau in Oslo bleiben. Das war damals schwierig, weil ich musste im Pass immer ein Visum für jeden kleinen Aufenthalt haben, und das war ein Megastress. Und kostete natürlich viel Geld. Nun hatte ich im Pass die Visa, aber keine Arbeit, ich stand auf der Straße. Und dann habe ich mich entschieden alleine zu spielen, Pianobar-Musik. Das war am Anfang stressig für mich, denn das ist nicht leicht und spielerisch. Da musst du auch Entertaining machen. Aber das ist lustig, und so habe ich das mehrere Jahre gemacht. In Skandinavien, und auch auf Kreuzschiffen, richtigen Großkreuzschiffen, die um die Welt gefahren sind.

1988 habe ich oben in Skandinavien gespielt, in Norwegen. Ich habe eine Agentur in Finnland, in Helsinki, gehabt. Als ich in einem Monat gerade keinen Vertrag hatte, habe ich meinen Manager gefragt, ob er nicht einen Auftrag für mich hätte. Er meinte: „Ja, du kannst nach St. Anton gehen." Ich hatte keine Ahnung, wo St. Anton ist. Ich habe ein Auto gehabt, keine Instrumente mitgenommen, aber ein Paar Ski. Ich bin kein guter Skifahrer, aber ich fahre gerne. So bin ich dann über die DDR nach Österreich gefahren. Ich bin von der Tschechoslowakei nach Salzburg gekommen und es hatte einen Megaschnee damals. Als ich über das Deutsche Eck fahren wollte, ließen sie mich nicht, denn ich hatte kein deutsches Visum. Also bin ich über Bischofshofen und Kitzbühel die ganze Nacht durchgefahren. Es hat geschneit, ich wusste nicht, wo ich bin, das war wild. Weil das in Skandinavien Pflicht war, hatte ich Spikes auf den Reifen. Und so bin ich nach Tirol gekommen. Postkartenwetter, traumhaft schön.

In St. Anton im Post Hotel habe ich mich vorgestellt, und der Besitzer hat mich gefragt: „Wo sind deine Instrumente?" Ich sagte, „ich brauche keine, denn ich spiele Barpiano". „Nein, du musst im Piccadilly Apres Ski spielen." Ich habe abgesagt. Also war ich in St. Anton ohne Arbeit. Ich habe dann in der Lobby Barpianomusik gespielt. Dort ist der Franz zu mir gekommen und hat gesagt: „Du, ich will dich nächstes Jahr die ganze Saison!" [lacht] Ich war einverstanden, und ich hatte alles verstanden – wir haben ja nicht deutsch geredet, nur englisch. In St. Anton hast du damals sowieso nur Englisch gehört. Das war das Jahr, in dem die Berliner Mauer gefallen war. Im Frühling, Sommer und Herbst habe ich in Skandinavien gespielt, und am 16. Dezember bin ich wieder zurück nach St. Anton. Wieder mit einer Tasche und den Skiern im Auto. Als mich der Franz abends im Hotel sieht, fragt er: „Was tust du da?" Ich sagte: „Ich hab einen Vertrag für die ganze Saison." Er: „Aber ich habe nicht unterschrieben." Also war ich wieder ohne Arbeit, eine ganze Saison nichts in Aussicht.

In St. Anton hat es ein Lokal gegeben, das Underground hieß, die Besitzerin war Australierin. Eine rothaarige 60-Jährige. Man hat mir empfohlen, mit ihr zu reden, und ich habe noch am selben Abend diese Joan getroffen. Sie hat mich gebeten, ein bisschen zu spielen, da stand ein Klavier. Ich habe eine halbe Stunde gespielt, dann ist sie zu mir gekommen und hat mich gefragt: „Hast du schon was gegessen?" [lacht] Das war lustig, das vergess ich nie. So habe ich eine ganze Saison im Underground in St. Anton gespielt. Die anderen Musiker waren aus England, Japan …

Im Lokal hat nur ein Österreicher gearbeitet. Die ganze Welt war dort. Ich hatte schon lange meine Mama nicht mehr gesehen, und so habe ich sie einen Monat dorthin eingeladen und sie hat mich in St. Anton besucht.

Als die Saison vorbei war, habe ich ein Mädchen aus Linz kennen gelernt. Ich bin mit ihr nach Linz gefahren und dort den ganzen Sommer geblieben. Aber ich hatte den ganzen Sommer keine Arbeit. Ich bin mit Bettina ein bisschen auf Urlaub gefahren, nach Kroatien. Aber ich wollte einfach arbeiten. Und da bin ich zur Post gegangen und habe das Telefonbuch genommen, habe es aufgeschlagen und gelesen: Seefeld. Ich habe nicht gewusst, wo Seefeld liegt. Ich habe in der Post gefragt: „Wo ist Seefeld?" In Tirol, sagten sie mir, dort gebe es ein Casino und 5-Sterne-Häuser. Ja lässig, dachte ich mir. Und ich habe das erste Hotel im Telefonbuch angerufen. Klosterbräu. Ich wusste nichts darüber. Später habe ich gesehen, das ist DAS Hotel. Damals war es das zumindest, vor über 20 Jahren. Ich habe angerufen, erklärt wer ich bin und was ich spielte. Nach drei Tagen habe ich von ihm einen Vertrag bekommen. Ohne dass ich vorgespielt habe. Das war lustig. Und so war es wieder Dezember und ich bin ins Auto eingestiegen und nach Seefeld gefahren. Im Klosterbräu habe ich die ganze Saison gespielt, in der Lobby Barpianomusik gemacht.

Nach dieser Saison ist Christoph Schweninger zu mir gekommen, er hat gesagt: „Du, ich mache da so eine Pianobar, die wird nagelneu unter dem Casino in Seefeld gebaut." Pianobars waren in Österreich nicht so populär wie in der Schweiz oder in Skandinavien, aber diese „Fledermaus" in Seefeld haben sie gebaut, und mir einen Vertrag gegeben. Der Tümmlerhof, ein 5-Sterne-Haus und Haubenrestaurant, war ein Projektpartner dieser Pianobar, dort habe ich auch gespielt. Ich habe viele Leute kennengelernt, viele Freunde kennengelernt, in der Fledermaus gejammed, das ging mehrere Jahre so. Ich habe mit einheimischen Musikern gespielt, auch auf Konzerten.

1992 ist Frajo Köhle auf mich zugekommen. Sie hatten damals einen neuen Direktor in der Musikschule, Johannes Stecher. Frajo hat mich gefragt, ob ich unterrichten wolle. Und so habe ich angefangen, an der Musikschule Telfs zu unterrichten, zuerst nur mit einem einjährigen Vertrag. Zeitgleich habe ich viel in Seefeld gespielt, in St. Anton, überall. Zwei- bis dreimal täglich! Ich bin auf Tournee gegangen mit Andy Cutic, und einem guten Freund von mir damals, Louis Goldblum, einem Schlagzeuger aus Südafrika.

1993 habe ich einen unbefristeten Vertrag an der Musikschule bekommen, als Musiklehrer für Oboe, Klavier und Keyboard. Und so unterrichte ich nun seit über 20 Jahren, wow [lacht]! Aus privaten Gründen bin ich mit meiner damaligen Freundin nach Telfs gezogen. In Innsbruck habe ich dann auch Instrumental- und Gesangspädagogik studiert, mit Oboe als Hauptfach. Ich habe mit Frajo, Gerald und Louis Goldblum in einer Band gespielt, wir haben eigene Sachen gemacht.

1998 musste ich nach Bulgarien, denn über eine Agentur war mein Pass verloren gegangen. Ohne meinen Pass konnte ich nichts machen, das war ein Megastress. Aber ich habe es geschafft, in nur 10 Tagen wieder einen zu bekommen. Und daraufhin habe ich mich um die österreichische Staatsbürgerschaft bemüht, die habe ich im Jahr 2000 gekriegt. Und ab dann war alles viel leichter, ich konnte arbeiten und reisen, ich war schon so müde von der ganzen Warterei im Konsulat. Aber das kostete natürlich viel Geld.

Während dieser ganzen Zeit habe ich meine heutige Frau wieder getroffen. Wir haben uns verliebt, und im Jahr 2000 habe ich Snejanka geheiratet. Sie heißt Snejanka, aber jeder sagt Susi. Das war ein unglaublicher Zufall. Natürlich bin ich viel unterwegs, ich kenne viele Leute, und bin viel in der Szene in Innsbruck. Und im Unterland. Weil ich einfach viel spiele. Aber trotzdem lebe ich seit 1992 in Telfs, auch weil hier die Musikschule war, und ich fühle mich auch als Telfer [lacht laut]. Ich bin zu Hause hier. Hier kann man ein normales Leben führen. Das war in Seefeld nicht möglich. Oben herrscht der Tourismus. Ich finde, Telfs ist echt fein zum Leben. Erstens ist es hier sehr, sehr schön, und zweitens bist du irgendwie in der Mitte von Europa. Du bist sofort in Italien, in der Schweiz, in Deutschland. Das ist praktisch. Ich finde es fein, hier zu leben.

Natürlich ist es auch nicht weit von Bulgarien. Aber ich habe dort jetzt leider niemanden mehr. Meine Mama ist vor vier Jahren gestorben und ich habe keine Geschwister. Ich fühle mich mittlerweile hier viel mehr zuhause als in Bulgarien. Natürlich fahre ich nach Bulgarien auf Urlaub. Über Ostern haben wir dort Freunde getroffen. Aber jeder hat sein eigenes Leben. Irgendwie bist du weg von dort. Auch wenn die Sprache deine Muttersprache ist. Ich habe immer in irgendwelchen anderen Sprachen gesprochen. Als ich nach Österreich kam, konnte ich kein einziges Wort sagen. Meistens habe ich englisch geredet.

Wie meine Kindheit im kommunistischen Bulgarien war, kann ich nicht beschreiben, das muss man erlebt haben. Es war ruhig, nicht so stressig. Das Schlimmste war, man konnte nicht weg. Dafür war es sicher, das ist heute nicht so. Bulgarien ist ein sehr schönes Land. Es gibt Berge, das Meer, viele archäologische Stätten. Bulgarien ist ein altes Land. Und ein buntes Volk, dort leben Armenier, Juden, Türken …. Das macht es interessant. Manchmal, wenn ich von Sofia hierher zurückkomme, ist mir hier langweilig.

Dass ich nach Österreich gekommen bin, ist einfach so passiert. Das war nie mein Ziel. Susi scherzt oft: Warum gehen wir nicht noch weiter in den Süden? Sie liebt Italien. Ich liebe Italien auch. Aber ich denke, Österreich ist das beste Land zum Leben. Und wir sind ja in 20 Minuten in Italien, oder?

Zoran Tanasković

geboren 1961 in Bela Crvka, Jugoslawien (heute Serbien)

Zoran Tanasković kam im Alter von 10 Jahren als Sohn ehemaliger „Gastarbeiter" nach Österreich. Tanasković entschied, im Gegensatz zu seinen Eltern, in Österreich zu bleiben. Er arbeitete 19 Jahre für die Fa. Liebherr und ist seither als Schulwart in den Telfer Mittelschulen tätig. Zoran Tanasković war lange Jahre erfolgreicher Damen-Fußballtrainer.

Ich wurde am 11. Jänner 1961 in Bela Crkva geboren, auf Deutsch „Weiße Kirche", das ist in Vojvodina, im heutigen Serbien. Mein Vater war Serbe, meine Mutter Kroatin, also eine super Mischung. Als ich drei war, sind wir von Serbien nach Kroatien in die Ortschaft Oroslavje, in der Nähe von Zagreb, gezogen. Mein Vater war Baumonteur und ist auf einer Baustelle tödlich verunglückt, zwei Jahre später hat meine Mutter wieder geheiratet, sie haben dann noch meine zwei Brüder bekommen. Als ich ungefähr sechs Jahre alt war, haben meine Eltern begonnen, in Österreich zu arbeiten. Wir Kinder sind bei der Oma in Kroatien geblieben, ich habe dort die Volksschule besucht. Meine Eltern waren Gastarbeiter in Reutte, sie waren Weber von Beruf und haben in den Reuttener Textilwerken gearbeitet. Und im Alter von zehn Jahren haben sie uns Buben zu sich geholt.

Es ist interessant, denn meinen ersten Schultag in Österreich werde ich nie vergessen. Der war an meinem Geburtstag, am 11. Jänner, in Reutte. Und man muss sich das vorstellen. Man kommt in einen Raum hinein, und man wird angeschaut. Man wird angeschaut überall. Man versteht nichts. Da war natürlich eine sprachliche Barriere, das ist ganz klar. Und das ist eine total andere Welt einfach. Man muss sich das vorstellen, man kommt in ein fremdes Land, versteht die Sprache nicht und sollte dann in der Schule eigentlich etwas lernen. Das war natürlich schon schwierig.

Bei meiner Oma aufzuwachsen war nicht schlimm für mich, das war normal. Für mich war es eher schlimm, als ich nach Österreich hab müssen. Das war dann für mich ein großer Wandel. Hier wurde eine andere Sprache gesprochen, das Umfeld war neu. Man hat einfach anders gelebt wie unten. Ich habe zwar ein bisschen Deutsch gesprochen, das Volksschul-Deutsch halt, das man in Kroatien so lernt. Wir fühlen uns ja Österreich schon ein bisschen zugehörig, einfach aus der gemeinsamen Geschichte unter der Monarchie heraus. Und so habe ich in Reutte die Hauptschule gemacht und mich eigentlich ganz gut eingelebt. Und durch den Sport, ich habe Fußball gespielt, habe ich mich da eigentlich ganz gut und ziemlich schnell etabliert, muss ich sagen.

Ich war fast nur mit österreichischen Kindern unterwegs. Und da lernt man die Sprache schnell. Aus Jugoslawien war nur noch ein anderes Mädchen mit mir in der Klasse. Wir waren damals 1971 fast Exoten, sagen wir so. Damals waren nicht viele Gastarbeiterkinder.

Man hat natürlich schon gespürt, dass man Ausländer ist. Da war schon eine gewisse Distanz, eine gewisse Abneigung war einfach. Mein Glück war, dass ich im Sport ganz gut war, sagen wir so. Das heißt ich bin in Kreise gekommen, da hat man mich einfach schneller akzeptiert. Aber ich habe schon oft auch zu spüren bekommen, dass ich Ausländer bin. Ich habe ja nicht direkt in Reutte gewohnt, sondern in Ehenbichl, das ist drei Kilometer außerhalb von Reutte und ein bisschen ländlich. Da hat man mich nicht gut aufgenommen: „Nein, du spielst nicht mit. Du darfst nicht mitspielen." Das war halt damals schon, ja. Im Nachhinein gesehen: Ja, das passiert halt manchmal, dass sie Gewisse nicht mitmachen lassen und Gewisse schon. Ich glaube nicht unbedingt, dass das ausländerfeindlich war. Das will ich nicht sagen. Man hat halt nur in gewissen Momenten gemerkt, hoppla, man gehört nicht dazu. Vielleicht war ich auch nur im Dorf ein Fremder. Und je kleiner das Dorf umso schwerer tut sich ein Fremder. Aber meine Freunde waren zu 100 % Österreicher.

Nach der Hauptschule und dem Poly[1] habe ich dann KFZ-Mechaniker gelernt. Es war nicht schwierig, diese Lehrstelle zu finden, und weil alle Mechaniker gelernt haben, habe ich auch Mechaniker gelernt. Das war damals so, aber ich wollte das eigentlich nie. Als ich dann die Chance kriegte, im Metallwerk Plansee als Industriekaufmann eine Lehre zu machen, hat das mein Vater nicht akzeptiert und gesagt, ich müsse erst diese Lehre fertig machen.

Dann musste ich nach der Lehre gleich zurück nach Jugoslawien, um meinen Militärdienst zu leisten. Der dauerte 13 Monate und das war ein Drill, aber im Nachhinein besehen auch eine lässige Zeit. Jugoslawien war ein Vielvölkerstaat. In meiner Abteilung waren „Zigeuner"[2], waren Ungarn, waren Serben und Slowenen, Mazedonier, alles. Und das war total lässig eigentlich. Aber es war gar nicht so einfach, danach in Österreich wieder eine Arbeitsgenehmigung zu bekommen.

Für mich war es klar, dass ich wieder nach Österreich will. Ich habe mich zuhause nicht so wohlgefühlt. Das war damals noch unterm Kommunismus, man muss sich vorstellen, man geht in ein Geschäft hinein und möchte ein Brot kaufen und es gibt keines. Oder man möchte einen Kaffee und es gibt keinen. Da heißt es immer nur: es gibt nichts, es gibt nichts. Und dann wohnst du woanders, wo es einfach alles gibt. Ich kann mich erinnern, ich bin heimgefahren und habe meinen Tanten Waschpulver mitnehmen müssen. Es gab dort kein Waschpulver zum Waschen! Muss man sich das einmal vorstellen.

Dann bin ich beim Liebherr in Telfs gelandet. Und dazu muss ich eine Anekdote erzählen. Als ich in meiner Jugendzeit von Reutte nach Innsbruck in die Berufsschule hab fahren müssen, ist der Bus noch durch das alte Telfs, weil da der ganze Verkehr komplett durch Telfs durchgegangen ist. Das ist schon ewig her. Und das war ein bisschen unsympathisch, da durchzufahren. Und ich habe immer gesagt: In dem „Kaff"[3] möchte ich nicht einmal begraben sein. Das war für mich immer so ärgerlich, da durchzufahren. Und ja, auch mit meiner Frau lachen wir heute noch oft, wie wir damals „geschumpfen"[4] haben. Und mittlerweile wohne ich seit 1988 in Telfs. Wie das Leben so spielt.

Ich habe eine Arbeit gesucht und in Telfs beim Liebherr eine gefunden. Mein Vater hat mittlerweile auch in Telfs gewohnt, er hat da beim Pischl gearbeitet und gewartet, bis ich wieder vom Militär zurückkomme.

---

[1] Polytechnischer Lehrgang, einjährig.
[2] Stigmatisierende Bezeichnung für Angehörige von Bevölkerungsgruppen wie Roma oder Sinti.
[3] Verschlafenes Dorf.
[4] Geschimpft.

Dann ist er zurück nach Jugoslawien, meine Mama war mit dem jüngsten Bruder schon wieder unten. Ich bin hier in Telfs mit meiner damaligen Freundin und heutigen Frau zusammengezogen, sie ist Südtirolerin, aber ich habe sie noch vor dem Militär in Reutte kennengelernt. Da sieht man, wie klein die Welt ist.

Ich habe beim Liebherr als Monteur gearbeitet und bin dort 19 Jahre lang geblieben.

Als ich damals nach Telfs gekommen bin, habe ich ein Zimmer gebraucht. Ich habe einen Job gehabt, und habe glaube ich ganz gepflegt ausgeschaut. Und überall wo sie Zimmer vermietet haben, bin ich hingegangen, um zu fragen, ob sie etwas frei haben. Und wenn sie meinen Namen gehört haben, haben sie gesagt: Nein, haben sie nicht frei. Das weiß ich noch gut. Das war damals ein ziemlich dorniger Weg, muss ich sagen. Das war schon oft ärgerlich. Und auch bei den Behörden in Innsbruck, der Beamte hat dich nicht einmal angeschaut, überhaupt nicht angeschaut. Das war halt damals so. Aber es hat sich heute zum Positiven geändert.

Ich war in der Schule schon immer gut im Sportunterricht und besonders im Fußball. Und dann bin ich halt irgendwann einmal im Fußballklub gelandet. Und das hat sich immer so weiter entwickelt. Und ich bin eigentlich immer beim Fußball geblieben, und bin heute noch beim Fußball. Auch in Telfs habe ich mich gleich beim Fußballverein gemeldet.

Bis letztes Jahr war ich Damen-Trainer und wir waren sehr erfolgreich, dreimal österreichischer Vizemeister.

Ich muss sagen, dass die Tätigkeit in Sportvereinen für die Akzeptanz sehr wichtig ist, wenn man aus dem Ausland kommt. Das ist ganz klar. Man kennt ein paar Leute, man kann mit ihnen reden, man lernt auch neue Menschen kennen. Und dann wird man auch integriert. Weil ansonsten lebst du nur in deiner kleinen Umgebung, mit deinen Freunden oder Bekannten, und du kommst nie hinaus. Ich habe Bekannte von Reutte bis Kufstein, aber die kenne ich eigentlich fast nur durch den Fußball. Aber es müssen nicht unbedingt Sportvereine sein, es kann auch im Kulturbereich sein. Fußball ist halt einfach etwas, wo du nur einen Ball und ein Paar Schuhe brauchst. Mehr brauchst du nicht und kannst spielen. Und Fußball spielen kann ich überall, wichtig ist nur, dass ich spiele.

Und dann ist der Krieg gekommen. Ich war hier in Österreich. Aber mein jüngster Bruder war in Mazedonien damals und wir haben ihn mit einem der letzten Flugzeuge von Jugoslawien nach Österreich gebracht. Meine Eltern sind während des Krieges in Jugoslawien geblieben, wo sie lebten, war es ruhiger.

Es hat sich viel verändert seit damals. Die Menschen haben sich verändert. Früher waren sie lebensfroher. Man hat gefeiert. Das war ein ganz anderes Leben. Und wenn man nach dem Krieg hinuntergefahren ist, und bis heute, es hat sich extrem verändert. Die Fröhlichkeit ist irgendwie verloren gegangen. Viele Menschen, viele Nachbaren haben ihre Söhne verloren.

Auch hier in Österreich hat es sich verändert. Man hat nicht mehr so Kontakt gehabt. Beim Liebherr waren wir ja Arbeiter aus Kroatien, aus Serbien, Bosnien und, und, und. Davor hat man eigentlich normal geredet, Kaffee getrunken miteinander und alles. Und dann hat man das eigentlich nicht mehr so getan. Das ist schleichend weniger geworden. Ich bin überhaupt nicht politisch, aber man ist sich zwangsläufig aus dem Weg gegangen. Das war eigentlich komisch.

Auf die Schulwart-Stelle wollte ich mich, wenn ich ehrlich bin, gar nicht bewerben. Weil ich war der Meinung, ja der Job ist eh schon vergeben. Den Job kriegt ein Einheimischer. Das war für mich außer Frage. Dann haben sie mich überredet, dass ich mich bewerbe. Na, ich habe mich beworben, und für mich war die Sache dann erledigt. Das habe ich gemacht damit meine Frau Ruhe gibt, und die Leute Ruhe geben. Und plötzlich kriege ich eine Einladung zum Hearing. Habe ich mir gedacht: Ja okay, das müssen sie machen. Das ist eine öffentliche Stelle. Bin ich halt hin. Sie haben gesagt, sie melden sich. Bin ich heim. Und dann kriege ich am gleichen Tag um 9 Uhr am Abend den Anruf vom alten Amtsleiter Parth, er möchte mir gratulieren, ich habe die Stelle gekriegt. Für mich war die Überraschung wirklich sehr groß. Weil ich mir gedacht habe, ja so eine Stelle wird sicherlich ein Einheimischer kriegen.

Ich habe mit meiner Frau zwei Mädchen bekommen. Heute sind sie 25 und 20 Jahre alt. Die ältere ist behindert. In der Familie haben wir immer deutsch gesprochen. Die jüngere Tochter studiert jetzt Italienisch und meine Tanten schimpfen immer mit mir, wieso ich ihr nie Kroatisch gelernt habe.

Ich weiß es selbst nicht. Ich kann es nicht sagen. Vielleicht weil die ältere Tochter mit der Behinderung uns so sehr beschäftigte, sie ist mit einem Herzfehler auf die Welt gekommen und bei der Operation erlitt sie einen Sauerstoffmangel. Sie ist jetzt bei der Lebenshilfe und kommt jeden Tag heim zu uns.

Daheim haben wir immer nur deutsch geredet. Auch mit meinen Eltern und als Kinder haben wir auf der Straße deutsch geredet und nur daheim in der Wohnung kroatisch. Das war einfach ein Zeichen des Respekts vor Anderen. Ich finde, wenn ich irgendwo bin, dann sollte ich so leben, dass mich jeder versteht.

Meine Heimat ist nicht meine Heimat. Obwohl ja meine Eltern wieder beide unten sind, die leben seit der Pension beide in Kroatien. Und ich fahre halt heim solange die Eltern leben. Wenn die Eltern einmal nicht mehr sind, dann werde ich nicht mehr heimfahren. Weil außer den Nachbarn kenne ich niemand.

Mein jüngster Bruder ist auch heraufgekommen, wir alle drei Brüder waren da. Der Mittlere war auch beim Liebherr. Er ist dann wieder zurück, er wollte nicht Ausländer sein. Er ist dann heimgegangen. Er hat unten auch die Ausbildung gemacht, und ist mit einer Kroatin verheiratet. Das ist dann natürlich ein ganz anderer Bezug.

Ja, ich sage „heimfahren", aber es ist keine Heimat mehr. Wenn du als Kind weggehst, dann ist das nicht mehr Heimat. Für mich war es nie ein Thema, dass ich zurückgehe, auch als junger Mensch. Ich wollte immer dableiben.

Kasim und Snjezana Bajrić

geboren 1962 und 1965 in Zavidovići, Jugoslawien (heute Bosnien)

Kasim und Snjezana Bajrić, geborene Stanković, kamen kurz vor dem Bosnienkrieg als junges Ehepaar mit ihren zwei Töchtern nach Österreich. Harte Arbeit und der Krieg in der alten Heimat prägten ihr Leben, das sie dennoch mit großem Optimismus gestalteten.

Kasim: Mein Vater ist nach Deutschland gegangen um zu arbeiten, als ich sieben Jahre alt war. Damals sind 50 Leute aus unserem Dorf nach Deutschland gegangen. Er war bei der Firma Hannomag, nach drei Jahren habe ich ihn mal besucht. Sie haben zu viert im Zimmer auf Stockbetten geschlafen, wie beim Militär. Mit 16 hätte ich die Möglichkeit gehabt, auch nach Deutschland zu gehen. Aber mein Vater erlaubte das nicht. Wahrscheinlich hatte er eine harte Zeit hinter sich. Er wollte überhaupt nicht, dass ich weggehe. Ich war ein sehr guter Fußballspieler und hätte Möglichkeiten gehabt, beim Fußball viel zu erreichen. Aber mein Vater meinte, *ein* Mann müsse schließlich im Haus bleiben. Ich glaube, das war eine Ausrede und er wollte mich schützen.

Es ist vielleicht Zufall, aber kurz vor Kriegsausbruch wollte ich unbedingt weggehen. Beim Fußballspielen hat man die Stimmung vor dem Krieg schon mitbekommen. Aber man hat gehofft, dass der Krieg in Bosnien keine Chance hätte, weil hier durch die Menschen alle drei Religionen miteinander verbunden sind. Alle Religionen sind untereinander verheiratet.

In meinem Kopf hat es „Klick" gemacht: „Ich will gehen." Ich weiß nicht warum, meine Frau hatte einen fixen Job, ich habe auch bei einer großen Firma gearbeitet, und wir haben ein Nachtlokal gehabt. Es ist uns gut gegangen. Und doch wollte ich unbedingt als Fußballspieler in die Schweiz gehen. Ein Kollege von mir hat das gemacht, er hat erzählt, dass man besser verdienen würde und fix bleiben könne. Sein Sohn spielt jetzt in Barcelona. Er sagte, er könne mir helfen, dass ich professionell spielen könnte, und ein Visum und Arbeit als Fußballspieler bekomme. Und ich wollte zu ihm und bin in den Zug gestiegen.

Das ist nur leider nicht so gegangen. Weil ich für die Schweiz kein Visum hatte, musste ich in Vorarlberg bleiben. Ich durfte nicht über die Grenze und musste wieder zurück. Das war für mich natürlich peinlich, besonders, wenn ich am gleichen Tag wieder zurück nachhause fahren hätte müssen. Also bin ich in Innsbruck ausgestiegen und mit einem Tourismusvisum geblieben. Ich bin gelernter Dachspengler. Durch Zufall habe ich in Innsbruck ein paar Leute kennengelernt, und die haben mir eine Wohnung und einen Job in Telfs vermittelt. Das war Schicksal.

In Telfs bin ich sofort zum Fußballverein gegangen. Ich wollte schauen, ob ich Chancen bei dieser Mannschaft habe. Ich habe gleich gesehen, dass ich gute Chancen hätte, aber mein Problem war, dass ich kein Wort deutsch konnte. Ich bin trotzdem hin zum Ordner, und mein Glück war, dass der Ordner der Obmann vom Fußballverein war, der Vinzenz Derflinger. Ich hatte mir auf einem Zettel den Satz notiert gehabt: „Ich spiele Fußball. Kann ich mitspielen?" Und das habe ich ihm vorgelesen.

Als ich zum ersten Training ging, haben die Spieler „Schmähs" mit mir gemacht[1], weil ich nicht deutsch reden konnte. Sie haben mir zum Beispiel absichtlich eine zu kleine Hose gegeben. Jetzt kannst du schon

---

[1] Im Sinne von: sich Späße mit mir erlaubt.

nicht deutsch, und dann lachen sie dich auch noch alle aus. Ich habe mir nur gedacht: „Wartet nur, bis wir am Spielfeld sind. Dann werde ich Schmähs mit euch machen." Und das war dann auch so. Anfang des Jahres 1992 haben sie mich als offiziellen Spieler angemeldet.

Dieses erste halbe Jahr war ziemlich „zach"[2] für mich, weil meine Frau und meine Kinder noch in Bosnien gewesen sind. Telefonieren nach Bosnien war nur von Italien aus möglich. Also bin ich jede Woche mit einem Sack voller Schillinge in eine Telefonzelle auf den Brenner gefahren und habe angerufen. Und ich war alleine, habe viel trainiert und wenig gegessen, weil ich selber nicht gerne koche. Ich habe 13 Kilo abgenommen. Aber ich war nicht traurig, denn ich hatte ein Ziel vor Augen: Ich möchte mit meiner Familie hier bleiben. Und rechtzeitig, bevor der Krieg losgegangen ist, war meine Familie bei mir. Zwei Wochen später haben sie die Grenzen zugemacht.

Snjezana: Ich bin wie Kasim in Zavidovići geboren, wir haben sogar die gleiche Hebamme [lacht]. Das ist Schicksal. Ich war 16 Jahre alt, als wir zusammengekommen sind. Er ist meine erste und letzte Liebe. Ich habe die Schule zur Bürokauffrau abgeschlossen und als Einzelhandelskauffrau im Elektrogeschäft gearbeitet, und 1985 haben wir geheiratet. Dann sind bald einmal unsere beiden Töchter zur Welt gekommen. Wir haben bei seinen Eltern einen Stock renoviert und alles schön eingerichtet. Wir haben Pläne gehabt, wollten ein Auto kaufen, Urlaub fahren und so weiter. Aber der Krieg hat alles zerstört.

Ich wollte eigentlich nicht weg aus Bosnien. Aber einmal hat Kasim angerufen und gesagt: „Du musst jetzt zu deinem Chef gehen und sagen [lacht], du kündigst deine Arbeit. Ich komme nach Weihnachten und hole dich mit den Kindern." Und ich habe gesagt: „Nein. Ich kündige meine Arbeit nicht. Hier ist alles ruhig. Und ich habe hier alles." Aber er wollte es unbedingt. Er hat gesagt: „Ich habe das Gefühl, dass der Krieg auch nach Bosnien kommt." Und so ist er zu Weihnachten mit dem Bus gekommen. Silvester haben wir unten gefeiert, die Kinder waren dreieinhalb und fünf. Wir haben das Nötigste in einen Koffer gepackt, den Rest haben wir zurückgelassen. All diese Dinge – Fotos, Erinnerungen, Lieblingssachen – sind später komplett ausgebrannt. Mit dem Bus sind wir ca. 15 Stunden gefahren, am Nachmittag sind wir eingestiegen, durch die ganze Nacht. Erst am nächsten Tag nachmittags waren wir in Telfs. Für die beiden kleinen Mädchen war das natürlich viel zu lang.

Wir haben in Telfs in der Niedere-Munde-Straße gelebt, in einer 2-Zimmer-Wohnung. Mir hat es hier gleich gefallen, es hat mich an Bosnien erinnert. Wir haben Hügel und einen großen Fluss, hier hängt das Bild von unserer alten Heimat [zeigt an die Wand]. Das hat mein Onkel für mich gemalt, als Erinnerung.

Ich habe erst nach zwei Jahren eine Arbeitsbewilligung bekommen. Dann habe ich einen Job gesucht, aber das war nicht leicht. Ich habe was zum Putzen gesucht.

---

[2] Schwer.

Manchmal durfte ich in der Schule die Putzfrauen im Urlaub vertreten. Da habe ich dann etwas verdient. Ich habe gerne gearbeitet, ich war immer dankbar, wenn ich Arbeit hatte, und würde mich nie über eine Arbeit beschweren. Ich weiß, dass ich schlecht deutsch spreche und ich weiß, dass in Österreich viele junge Leute arbeitslos sind. Ich war mit meiner Arbeit immer zufrieden. Und wir mussten beide arbeiten, sonst wäre sich das nicht ausgegangen. Der Vinzenz Derflinger hat mir dann eine Stelle bei der Metzgerei Lechner vermittelt. Ich helfe in der Küche, und wenn um sechs Uhr alles fertig ist, dann putze ich das Geschäft. Das mache ich jetzt seit 20 Jahren.

Kasim: Ich habe in den ersten Jahren bei verschiedenen Firmen als Spengler und als LKW-Fahrer gearbeitet. Dann habe ich eine Stelle beim Möbelhaus Föger bekommen, dort bin ich fast 12 Jahre auf Montage gewesen. Das war damals eine gute Zeit. Aber zwischenzeitlich ist unser Haus in Bosnien durch den Krieg ausgebrannt. Ich habe beim Föger zwar genug verdient, um gut leben zu können. Aber es ist nicht so viel übrig geblieben, dass ich ein neues Haus in Bosnien bauen hätte können. Also bin ich zu einer Transportfirma gegangen, da konnte ich im Monat wesentlich mehr verdienen. Dort bin ich allerdings mit dem Chef in Streit geraten, er wollte mir meinen Lohn nicht auszahlen. Daraufhin hat mich ein Freund überredet, einen großen LKW zu kaufen und selbständig im Transportwesen zu arbeiten. So ein LKW mit Hänger kostet 90.000 Euro. Ich habe danach fast drei Jahre Tag und Nacht gearbeitet, um das Geld wieder zu verdienen. Und unterm Strich habe ich gemerkt, dass nicht mehr viel übrig bleibt. Ich bin ja nur alleine gefahren, ich konnte nicht so viel mehr verdienen. Die großen Firmen können da viel bessere Arbeiten annehmen und vergeben den Rest an die Kleinen. Ich habe meine Firma also zugesperrt und den LKW wieder verkauft. Danach habe ich ein paar Jahre für verschiedene Firmen im Transportwesen gearbeitet.

Ich habe aber mit der Zeit gesundheitliche Probleme bekommen, ich habe nicht mehr schlafen können durch die viele Nachtarbeit. An der Klinik haben sie gesagt, dass mein Körper erschöpft ist, weil er ständig übermüdet ist durch die Arbeit. Ich habe ja im Durchschnitt nur vier Stunden geschlafen. Dann haben wir einfach beschlossen, dass ich mit der Nachtarbeit aufhöre, egal wie viel ich weniger verdiene. Und wir brauchen jetzt auch nicht mehr so viel Geld, denn das Haus in Bosnien ist fertig gebaut. Und die Kinder sind auch ausgezogen. Ich bin wieder zurück zum Föger und habe nur noch untertags gearbeitet. Sie haben mich gerne zurück genommen, ich habe dort nie Probleme gehabt. Aber ich bin älter geworden. Und nach eineinhalb Jahren habe ich Schmerzen bekommen vom körperlichen Einsatz. Man muss dort so viele Möbel schleppen, in den zweiten, dritten, vierten Stock. Auch die Jungen spüren das. Aber wenn du alt bist, spürst du das dreimal mehr. Da habe ich mir Sorgen gemacht: So kurz vor der Pension, was soll ich denn noch anfangen? Und genau um diese Zeit hat in Telfs bei der Gemeinde einer bei der Kehrmaschine gekündigt. Und wieder hat uns der Vinzenz geholfen: Er hat mich gefragt, ob ich Kehrmaschine fahren will, weil er weiß, dass ich gerne fahre. Das war ein großes Glück. Das ist besser für meine Gesundheit und ich habe am Wochenende nun viel Zeit zum Fischen.

Ich trainiere jetzt im Fußball die U11, d. h. die elfjährigen Buben. Ich habe vorher lange selber aktiv gespielt. Bis zu meinem 40. Lebensjahr habe ich für die Telfer gespielt. Da musste ich dreimal in der Woche trainieren und an den Wochenenden waren die Spiele. Dann habe ich den Trainer- und den Schiedsrichterkurs gemacht. Ich war lange Helfer beim Kinder- und Jugendtraining, und seit zwei Jahren trainiere ich mit den Kindern.

Snjezana: Während des Krieges habe ich meine Eltern fünf Jahre lang nicht gesehen, auch meine Schwester und meinen Halbbruder nicht. Meine Mutter hat wegen einer Granate ihr Bein verloren. Erst später ist es mir geglückt, meine Eltern zu mir nach Telfs zu holen. Mein Papa hat einige Jahre bei Huter & Söhne gearbeitet und ist in Pension. Sie wohnen in einer eigenen Wohnung. Sie wollen nicht mehr zurück. Meine Mama hatte Angst in Bosnien, wegen der Dinge die sie im Krieg erlebt hat. Sie sind als Flüchtlinge gekommen und diese Dinge bleiben in ihrem Kopf für immer und ewig. Man hat sie ein Jahr lang auszuhungern versucht, sie haben im Winter nur von den Pilzen gelebt, die mein Papa im Herbst im Wald gesammelt hat. Wenn sie davon erzählen, ist das ein Alptraum. Mein Papa geht jeden Tag spazieren, er kennt jeden Stein in Telfs. Denn er hat kein Geld, dass er etwas anderes unternimmt.

Kasim: Meine Eltern haben lange in Deutschland gelebt. Aber als mein Vater alt wurde, wollten sie wieder zurück nach Bosnien. Mein Vater wollte unbedingt daheim sterben. Nach dem Krieg war alles hin, und wir mussten das Haus wieder aufbauen. Zehn Jahre lang haben wir alles für dieses Haus gespart. Ich habe es für den Vater gebaut, aber für uns ist es jetzt auch fein, wenn wir nach Bosnien fahren. Und ich selbst denke auch drüber nach, wie es bei uns sein wird, wenn wir in Pension sind. Ich habe unten einen großen Grund, und sogar ein bisschen Wald. In Bosnien könnten wir zwei von einer Pension leben. Und ich bin ja auch erst mit 28 Jahren gekommen, ich kann Bosnien nicht einfach vergessen. Ich bin hier gerne, aber auch dort gerne. Und wir haben auch mit vielen Freunden in Bosnien noch Kontakt, in den letzten Jahren auch über facebook.

Und natürlich denke ich auch manchmal daran, wo wir begraben sein werden, und das ist ja nicht einfach, weil wir verschiedenen Religionen angehören. Wo können ein Moslem und eine orthodoxe Christin gemeinsam begraben sein?

Der Glaube hat für uns keine extrem große Bedeutung, wir respektieren alle Religionen. Und irgendwie sind wir manchmal beides. Auch unsere Kinder sind irgendwie zwischen den Religionen. Oftmals wissen sie nicht genau, was eigentlich Sitte ist.

Für mich ist sicher der Bayram am wichtigsten, das ist einmal im Jahr ein muslimischer Feiertag am Ende des Ramadan. Da gehe ich nach Möglichkeit in die Moschee. Zu diesem Anlass gedenkt man auch der Verstorbenen. Wenn ich die Möglichkeit habe, nachhause zu fahren, dann fahre ich nach Bosnien. Aber das ist nicht immer möglich. Und es kostet auch ein schönes Geld. Es sind 1000 Kilometer bis zu unserer Wohnung, da kostet mich ein Weg über 300 Euro, nur Sprit und Autobahnzoll gerechnet. Und mit der Hin- und Rückreise, wenn du ein paar

Tage unten bleibst, brauchst du eine Woche. Das ist auch nicht so einfach. Aber wenn es möglich ist, dann freue ich mich. Weil ich weiß, dass das auch meiner Mutter viel bedeutet. Meistens kommt da die ganze Familie zusammen. Alle besuchen einander und man bekommt Kaffee und Süßigkeiten.

Die deutsche Sprache war für mich kein großes Problem, ich habe keine Angst gehabt zu sprechen. Ich rede wie ich denke. Ich weiß, dass ich Fehler mache, aber ob etwas richtig ist oder nicht, ist mir wurscht, solange man mich versteht. Und bei meiner Frau ist es umgekehrt. Sie hat in der Schule Deutsch gelernt und versucht immer, richtig zu reden. Sie bereitet sich immer vor, und hat Angst, Fehler zu machen.

Mit den Kindern sprechen wir bosnisch. Aber sie sprechen besser deutsch als bosnisch. Unsere Tochter redet mit ihrem Sohn deutsch, sie hat uns aber gebeten, mit ihm bosnisch zu sprechen, damit er beide Sprachen kann. Er kann uns recht gut verstehen, aber meistens spricht er deutsch mit uns. Für unsere Kinder ist ganz klar Telfs die Heimat, und das ist auch gut so.

Refika Kovačević

geboren 1964 in Bosanska Otoka, Jugoslawien (heute Bosnien)

Refika Kovačević, geborene Sijamhodzić, kam als junge Frau nach Österreich, um vor ihrer schwierigen familiären Situation zu flüchten. Ihr arbeitsreiches Leben widmet sie dem Wohlergehen ihrer Kinder.

Ich bin mit drei Geschwistern im kleinen Dorf Bosanska Otoka aufgewachsen. Ich hatte eine schwere Kindheit, denn mein Vater war Alkoholiker. Unter der Woche war er weg, um in Slowenien zu arbeiten, aber wenn er am Wochenende heimgekommen ist, gab es immer Probleme. Zumindest erlaubte er uns Kindern, eine Ausbildung zu machen. Ich bin 12 Jahre zur Schule gegangen und habe den Beruf der Maschinentechnikerin erlernt. Als ich einen Job suchte, sagten mir alle in Bosnien: Du bist eine Frau, du kannst nicht mit Männern zusammenarbeiten, oder ihnen vielleicht sogar Anweisungen geben. Sie haben mich nicht genommen, weil ich eine Frau bin. Also habe ich begonnen, als Schneiderin zu arbeiten.

Weil ich von meinem Vater zuhause wegwollte, habe ich mit 18 Jahren geheiratet und einen Sohn bekommen. Bald habe ich meinen zweiten Sohn bekommen. Und nach ungefähr fünf Jahren habe ich mich wieder scheiden lassen. Mein Mann hatte nach seinem Heeresdienst zu trinken begonnen. Er war Alkoholiker und hatte ständig Geschichten mit anderen Frauen. Das Gericht hat dennoch entschieden, dass ich meine beiden Kinder bei ihrem Vater lassen muss. Denn ich verdiente damals nicht genug, um die Kinder zu erhalten. Er hatte Arbeit, deswegen hat das Gericht zu seinen Gunsten entschieden. Er gab die Kinder schließlich seiner Tante, damit sie auf sie aufpasst. Mir hat er jedoch nicht mehr erlaubt, die Kinder zu sehen. Alles was ich für die Kinder gekauft habe, hat er weggeschmissen.

1991 bin ich dann weggegangen, nach Österreich. Ich konnte das nicht mehr aushalten.

Denn ich habe im gleichen Dorf gelebt wie meine Kinder, etwa zwei Kilometer entfernt, aber ich durfte nicht in ihre Nähe kommen. Also habe ich alles zurückgelassen, meine Arbeit, meine Kinder, und bin nach Österreich.

Ich wollte sehen, ob ich hier Arbeit finden kann. Ich wollte irgendwann später schon wieder zurückgehen, aber dann hat der Krieg in Jugoslawien begonnen, und danach gab es in Bosnien für mich keine Möglichkeiten mehr. Alles war zerstört.

Mein Onkel arbeitete damals in Innsbruck. Ich bin zu ihm gefahren und habe nach kurzer Zeit einen Job im Zillertal bekommen. Dort war ich ganz alleine, am Ende der Welt. In Hintertux habe ich auf einer kleinen Berghütte in einer Küche als Küchenhilfe gearbeitet. Ich war ganz alleine, nur mit den Chefleuten und einer Kellnerin, und konnte anfangs kein einziges Wort Deutsch [lacht]. Dort war ich zwei Jahre, dann habe ich Arbeit in Innsbruck gefunden. Das war nicht so weit entfernt.

Nach meinem ersten Jahr in Österreich ist mein Bruder kurz vor Kriegsbeginn zu mir gekommen. Er hat mir erzählt, dass mein Exmann nach Deutschland gegangen ist, um zu arbeiten und meine Kinder bei einer anderen Frau gelassen hat. 1993 ist mein Exmann zu mir gekommen, er hatte gehört, dass ich in Innsbruck lebe und wollte zu mir zurück. Ich habe mit meiner Mutter telefoniert und sie meinte, ich sollte ihn aufnehmen, wegen der Kinder. Denn die hatten in Bosnien ein ganz schweres Leben. Also habe ich ihn angenommen. Aber das war auch nicht gut.

Ich habe dann 1995 Zwillinge bekommen. Ich war immer allein, und wollte noch ein Kind. Die großen beiden konnte ich erst nach dem Krieg holen. Ich habe sie 1996 nach Österreich geholt, da waren die Buben schon 12 und 13 Jahre alt. Die Kinder wollten mit mir kommen, aber offiziell durfte ich sie nicht mitnehmen, denn mein Exmann war ja erziehungsberechtigt. Der saß zu dieser Zeit allerdings in Deutschland im Gefängnis, er ist zu oft betrunken Auto gefahren und deshalb haben sie ihn eingesperrt.

Ich bin also mit meinem Bruder nach Bosnien gefahren. Meine Kinder in Bosnien waren derweil bei einer nahen Verwandten untergebracht, aber sie hatten keine Reisepässe. Und ich konnte bei der Polizei keine Pässe für sie bekommen. Ich habe also mit dem Bürgermeister von unserem Bezirk gesprochen, ihm die Situation erklärt, und er hat gesagt: „Okay, dann nimm die Kinder mit. Viel Glück."

Da ich kein Auto und auch keinen Führerschein hatte, sind wir mit dem Zug zurück nach Österreich gefahren. An der Grenze habe ich meinen Pass vorgezeigt, auf dem die Zwillinge, die ich in Österreich gelassen hatte, eingetragen waren. An den Geburtsdaten war klar ersichtlich, dass die beiden Buben Babys sein müssten. Ich zeigte meinen Pass einfach vor und sagte nichts dazu, meine beiden großen Buben neben mir, und auch die Grenzwache hat nichts gesagt. Wir sind gut nach Österreich gekommen. Ich glaube, der Mann hat absichtlich nichts gesagt.

Allerdings hatte ich in Österreich dann wieder Probleme, denn ich konnte für die beiden großen Kinder kein Visum bekommen. Mein Lohn war zu gering, ich konnte nicht nachweisen, dass ich genug verdiene zum Erhalt der vier Kinder. Also musste ich mehrere Male Strafe zahlen. Das waren damals je 3.000 Schilling. Einmal musste ich sogar das Land verlassen, um erneut ein Visum beantragen zu können und kein Aufenthaltsverbot zu bekommen.

Ich habe damals in Westendorf in einem Hotel gearbeitet und mit meiner Chefin geredet. Sie sah mein Problem und sie bestätigte mir eine Lohnerhöhung, damit ich das Visum für die Kinder bekommen konnte. Ich habe aber nicht mehr verdient, ganz im Gegenteil. Mein bisschen Lohn reichte jedoch, zusammen mit der Familienbeihilfe, für uns fünf. Wir kamen zurecht.

Meine Arbeitsstelle war nicht gut und ich suchte etwas Neues. Ich habe 1998 in Telfs über eine Bekannte, die hier lebt, eine Wohnung in der Niederen Munde Straße gefunden und habe einmal in Innsbruck, eine Saison in Seefeld, und eine Zeit lang im Hotel Hohe Munde gearbeitet. Dann habe ich eine Stelle in der Wäscherei im Hotel Schwarz in Mieming gefunden, wo ich bis heute arbeite.

Unsere Wohnung in Telfs war klein und teuer. Für 64 m² haben wir 600 Euro bezahlt. Zu fünft haben wir sechs Jahre lang in dieser Wohnung gewohnt.

Ich habe immer gearbeitet, soviel ich konnte. Die Kinder waren im Kindergarten, und ich habe vormittags und nachmittags gearbeitet. Ungefähr 13 Stunden jeden Tag. Gerade als die Kinder klein waren, musste ich das machen. Anders wäre es nicht gegangen. Vier Kinder, die Wohnung … Weil ich untertags nie zuhause war, haben die Großen auf die Kleinen aufgepasst. Aber wenn die Großen nicht da waren, sind die Zwillinge auch alleine geblieben. Die beiden waren das von klein auf so gewöhnt. Damals in Westendorf hatte ich eine Dienstwohnung neben dem Hotel. Die Zwillinge waren zwei Jahre alt und ich hatte kein Geld, jemanden zu bezahlen. Ich habe als Küchenhilfe gearbeitet. Wenn ich arbeiten gegangen bin, habe ich die Kinder schlafen gelegt und bin arbeiten gegangen. Wenn sie aufgewacht sind, haben sie gewartet, bis ich gekommen bin. Ich habe die Nachbarn gefragt, nie hat eines von ihnen geschrien. Das haben wir natürlich nicht von einem Tag auf den anderen so gemacht. Am Anfang bin ich oft hinüber und habe gehorcht, aber es war immer leise. Die beiden haben gespielt, und ich habe ihnen etwas zum Essen und Trinken vorbereitet. Und später haben dann die beiden Großen aufgepasst, und ich habe gewusst, dass ich ihnen vertrauen kann. Ich habe mit keinem Kind je ein Problem gehabt, mit allen vier Kindern ist es gut gegangen.

Und es ist damals auch nicht anders gegangen. Ich musste arbeiten, ich habe keine Unterstützung gehabt. Ich wollte, dass die Kinder alles haben. Am Nachmittag und Abend war ich im Hotel, am Vormittag bin ich putzen gegangen, sobald die Kinder im Kindergarten waren. Ich wollte keine Sozialhilfe oder Spenden. Ich wollte mit meinen eigenen Händen alles verdienen.

Mein Bruder hat mir viel geholfen, zum Beispiel als ich meine zwei älteren Söhne nach Österreich holte. Mein Mann war ja immer unterwegs mit seinen Frauengeschichten. Und mein Bruder war immer da für mich. Wenn eines der Kinder krank war, ist er sofort mit mir in die Klinik gefahren. Und wenn mich etwas bedrückt, dann kann ich ihn bis heute anrufen.

Früher habe ich meine Mutter angerufen, aber jetzt ich habe keine Mutter mehr. Sie ist vor fünf Jahren gestorben. Ich habe immer viel mit ihr telefoniert.

Als in Jugoslawien Krieg war, konnte ich mit meiner Mutter nicht mehr telefonieren. Ich musste zu meiner Schwester nach Slowenien fahren, dort konnte man mir eine Funkverbindung herstellen, sodass wir sprechen konnten. Mein Bruder hat mich über die Ereignisse in Jugoslawien informiert, er beobachtete alles genau, weil seine Familie noch unten war. Er schickte immer sein Geld nach Bosnien.

1994 konnte ich meine Mutter dann zu mir holen, gemeinsam mit der Frau meines Bruders und ihren Kindern. Mein Bruder hatte damals viel bezahlt, dass er seine Familie aus dem Krieg rausholen konnte. Die Grenze war von serbischen Leuten besetzt, und wer raus wollte, musste zahlen. Mein Bruder bezahlte für jede Person 2.000 Deutsche Mark, dass sie nach Kroatien kommen konnten. Und ich bin nach Slowenien gefahren und habe sie nach Österreich geholt. Die Familie meines Bruders hat über ihn ein Visum bekommen, aber meine Mutter musste wieder zurück nach Bosnien. Ich konnte nur ein Tourismusvisum für sie bekommen. So war sie bei mir, als ich die Zwillinge bekam, und sie war auch ein halbes Jahr bei ihnen, als ich nach einem Jahr wieder arbeiten musste.

Jetzt müsste ich nicht mehr so hart arbeiten, die Kinder sind groß. Aber ich arbeite immer noch viel.

Ich habe keine Freunde, ich habe nur zu meiner Familie Kontakt. Mein Bruder lebt in Innsbruck, meine beiden großen Söhne haben geheiratet und Familie. Aber ich arbeite sehr viel und habe keine Freizeit. Hier, diesen Hometrainer habe ich mir gekauft. Aber ich verwende ihn fast nie.

Wenn Sie mich jetzt fragen, muss ich sagen, ich war nicht glücklich, und ich bin es auch heute nicht. Es war ein richtig hartes Leben. Was mich als einziges zufrieden macht, ist, wenn ich sehe, dass meine Kinder keine Probleme haben. Dann bin ich sehr stolz.

Ich habe meinen Exmann 2010 nochmal geheiratet, er hat mich darum gebeten, damit er das Visum für Österreich bekommt. Er ist der Vater meiner Kinder, deshalb habe ich eingewilligt.

Aber nun hat er zehn Jahre lang ein Aufenthaltsverbot in Österreich. Er hat mir einmal mein Auto gestohlen. Ich bin zur Polizei gegangen und habe den Diebstahl gemeldet. Weil ich weiß, dass er trinkt. Und wenn er etwas anstellt, dann bekomme ich ein Problem. Ich habe das Auto aber bald selbst gefunden und heimgeholt. Aber mein Exmann ist gekommen und wollte mich schlagen. Mein Sohn war auch zuhause und ein Nachbar hat die Polizei angerufen. Bis die Polizei da war, war er verschwunden. Er wurde aber erwischt und nach Sarajewo abgeschoben.

Eine Zeit lang hatte er sogar Aufenthaltsverbot in Österreich, weil er mich geschlagen hat. Er kommt trotzdem immer wieder, aber ich schmeiße ihn jetzt raus, weil ich das einfach nicht mehr ertragen kann. Ich werde krank wegen ihm.

Alles was ich erspart habe, habe ich in mein Haus in Bosnien gesteckt. Ich habe in Bosnien ganz alleine ein Haus gebaut. Meine Kinder haben ein bisschen mitgeholfen. Aber in diesem Haus wohnt jetzt mein Mann, und er erpresst mich, dass ich ihm Unterhalt zahlen soll, sonst geht er nicht aus meinem Haus.

Das Haus habe ich gebaut, damit wir dort Urlaub machen können. Die Kinder können jederzeit hinfahren. Aber ich möchte nicht dort wohnen. Vielleicht wenn ich in Pension bin, bleibe ich mal zwei, drei Monate. Das Haus habe ich gebaut, damit wir nicht bei Verwandten oder im Hotel schlafen müssen. Nebenan steht das Haus meines Bruders. Bei uns im Dorf stehen viele Häuser leer. Meines und das meines Bruders ist leer, das Haus neben mir auch. Alle leben in Deutschland, Österreich oder der Schweiz. Die Menschen in Bosnien denken, wir haben viel Geld. Dabei weiß niemand, ob wir nicht vielleicht einen Kredit zurückzahlen müssen. Jeder weiß, wie viel Geld du verdienst. Aber niemanden interessiert es, wie viel das Leben hier kostet, die Wohnung, die Lebensmittel, das Auto.

Ich fahre normalerweise zweimal im Jahr nach Bosnien. Ich fahre zehn Stunden mit dem Auto. Das Haus steht an dem Ort, wo mein Elternhaus früher gestanden ist. Das wurde im Krieg zerstört. Ich habe alles aufgeräumt und dann mein Haus gebaut. Das ist ganz Meines. Ich fahre sehr gerne hin. Aber ich schaffe es nicht, länger dort zu sein. Jedes Jahr nur ein, zwei Wochen. Nach Bosnien zu fahren ist für mich Urlaub. Ich bin jetzt hier zu Hause. Hier ist mein Leben. Ich bin seit 2004 auch österreichische Staatsbürgerin. Ich fühle mich hier wohl – auch wenn ich immer Ausländerin bleiben werde. Ich kann keine richtige Österreicherin sein. Ich spreche nicht so gut deutsch. Und auch mein Name ist ausländisch. Aber das ist für mich kein Problem. Ich bin und bleibe hier. Alle meine Kinder sind da. Nach Bosnien fahre ich nur zum Urlaub machen.

Gülseli Sahan

geboren 1968 in Denizli, Türkei

Gülseli Sahan, geborene Yalcı, kam 1972 als Kind nach Telfs, weil ihre Eltern bei der Firma Pischl arbeiteten. Sie besuchte hier die Schule, heiratete jung und arbeitet heute als Kassierin im Eurospar im Inntalcenter.

Ich wurde 1968 in Denizli geboren, das ist in der Nähe der Kalkterrassen von Pamukkale. Ich habe aber kaum Erinnerungen an die Heimat meiner Eltern, denn ich bin hier aufgewachsen. Meine Eltern haben damals bei der Pischl Fabrik gearbeitet. Und ich habe, was die Türkei betrifft, nur Erinnerungen an unsere Sommerurlaube, an die Verwandtschaft, an Oma und Opa. Wir sind jedes Jahr fünf bis sechs Wochen in die Türkei gefahren. Das waren schöne Zeiten. Das kann man mit heute nicht mehr vergleichen. Jetzt fliegt man hinunter, macht einen Urlaub, fährt ans Meer. Viele in der Familie sind gestorben. Meine Oma lebt noch, sie ist 94 Jahre alt. Aber es ist nicht mehr wie damals, da sind wir zusammengesessen. Jetzt hat jeder seine Familie und sein Leben.

Meine Heimat ist Telfs, und darum bin ich auch in Telfs geblieben. Ich habe hier eine schöne Kindheit gehabt. Wir haben in der Pfarrer-Gritsch-Straße gewohnt, da hat es ein Pischl-Haus gegeben für die Arbeiter. Als ich in die erste Klasse gekommen bin, bin ich mit den einheimischen Kindern sehr gut ausgekommen. Obwohl meine Eltern gar nicht Deutsch konnten. Aber wir Kinder, ich und meine zwei Schwestern, wir sind gut durchgekommen. Ich bin vor der Schule in die Vorschule gegangen.

Die Volksschule war eine schöne Zeit. Ich kann mich erinnern, dass mir meine Mama gezeigt hat, wie man über die Straße geht, dass man auf die Ampeln und die Autos achten muss. Und dann hat sie mich immer beobachtet, ob ich anständig gehe. In den Volksschuljahren war ich immer unterwegs. Ich habe einheimische Kollegen gehabt, Freundinnen, Schulkolleginnen. Wir waren eigentlich die erste türkische Familie, in der auch die Kinder mit in Österreich waren. Soweit ich mich erinnern kann. Und deshalb waren wir auch lange die einzigen türkischen Mädchen in der Klasse, und vielleicht sogar in Telfs. Ich hab damals Deutsch gelernt, ich weiß gar nicht wie. Ich bin ohne ein Wort Deutsch in die Schule gekommen, das ist trotzdem gegangen. Meine Mama hat zwar nicht Deutsch können, aber sie hat alles verstanden. Bei den Hausübungen hat sie uns halt übersetzen lassen, und hat versucht uns zu helfen, bei Mathematik und den Sachaufgaben. Sonst sind wir immer selber durchgekommen. Ohne Schülerhilfe oder so, damals hat es nichts gegeben. Natürlich habe ich Dreier und Vierer gehabt. Aber ich bin durchgekommen. Als ich in die Hauptschule kam, waren schon mehrere türkische Familien mit Kindern hier.

Ich habe sehr jung geheiratet. Ich war erst 16 oder 17 Jahre alt. Ich wollte schon einen Beruf lernen, aber dann hat sich die Heirat ergeben. Vielleicht hätte ich Friseurin gelernt, das hätte mich interessiert. Aber Stellen zu finden war damals schwierig für Ausländer. Wir waren damals drei Mädchen aus Telfs, die die Aufnahmeprüfung für die Ferrarischule[1] machen wollten. Wir haben die Prüfung bestanden, sie haben aber nur ein Mädchen angenommen und haben gesagt, für Ausländer haben sie keinen Platz. Deshalb sind wir dann arbeiten gegangen.

---

[1] HBLA in Innsbruck.

Wenn man keinen Ausbildungsplatz findet, will man nicht nur daheim bleiben. Nachher hat sich das Leben dann so ergeben. Ich habe kurz bei der Firma Schindler gearbeitet, ich habe in der Weberei als Knüpferin angefangen. Ich war damals die Jüngste, sonst waren alles ältere Damen und Herren in der Abteilung. Die Firma ist dann aber in Konkurs gegangen, und so bin ich in den Verkauf gekommen. Derweil habe ich aber geheiratet. Dann hat ein anderes Leben angefangen.

Mein Mann ist aus Telfs, er ist zwei Jahre älter als ich. Mein Papa wollte nicht, dass ich heirate, er hat gesagt: „Du bist ja noch ein Kind! Um Gottes Willen." Aber es ist halt Schicksal. Natürlich war ich noch ein bisschen Kind, ich war erst 16, 17 Jahre alt. Wir haben 1985 geheiratet. Das ist ein Kinderspiel gewesen [lacht]. Ich habe in Weiß geheiratet. In einem Cafe haben wir damals gefeiert. Und auch einen Polterabend haben wir gemacht. Geheiratet haben wir daheim, da ist der Hoca[2] zu uns heimgekommen, in die Wohnung meiner Eltern. Standesamtlich haben wir dann in der Türkei geheiratet. Die Großfamilien wollten meinen Mann auch kennenlernen. Da haben wir gesagt, wir heiraten unten, damit die Familien auch etwas davon haben und mich in Weiß sehen. Heuer werden es 30 Jahre, dass wir verheiratet sind.

Wie ich schwanger geworden bin, bin ich daheim geblieben. Und ich habe viel Unterstützung gehabt von den Eltern und Schwiegereltern. Ich bin aber nach der Karenz immer wieder arbeiten gegangen. Die ersten fünf Jahre haben wir mit den Schwiegereltern gewohnt. Sie haben uns unterstützt, wir brauchten keinen Unterhalt zahlen. Sie haben gesagt: „Spart es, spart es. Kauft daheim unten ein Haus oder eine Wohnung." Wir haben nur gespart damals. Und sogar die Pampers haben die Schwiegereltern für mein erstes Kind gekauft. Uns haben sie gesagt, sparen, sparen, sparen. Wie halt die alten Leute waren. Sie wollten ja nach ein paar Jahren gleich wieder hinunter ziehen. – Aber es kommt immer anders. Die Kinder gehen da in die Schule, heiraten und bleiben da. Und jetzt sind wir schon seit 43 Jahren da. Hier ist unsere Heimat.

Auch meine Eltern wollten immer wieder zurück in die Türkei. Sie sind tatsächlich nach über 20 Jahren in Telfs gegangen und leben nun schon seit 22 Jahren wieder in der Türkei. Sie haben dort gebaut, das ist ihre Heimat. Sie kommen uns ab und zu besuchen, oder wir fliegen zu ihnen in Urlaub alle zwei Jahre. Wir drei Mädchen, alle ihre Kinder, sind in Österreich geblieben.

Letzten Sommer war ich im Urlaub wieder bei meinen Eltern, ich bin bei ihnen geblieben, obwohl ich unten auch schon ein Haus habe. Wir haben auch gebaut. Weil wenn ich später einmal in Österreich die Pension kriege, komme ich damit nicht aus. Wenn man eine Mietwohnung zahlen muss, geht sich das alles mit 700, 800 Euro nicht mehr aus. Davon kann man nicht leben. Deshalb möchten wir in der Pension auch hinunter. Also ideal wären jeweils einige Monate hier und einige Monate unten. Weil ich bin in Telfs aufgewachsen, ich kann Telfs nicht

---

[2] Hoca (türkisch). Auch: Hodscha (deutsche Schreibweise). Islamischer Religionsgelehrter.

einfach vergessen. Schauen wir, wie sich das ergeben wird.

Meine Eltern haben jetzt in der Stadt ein Haus. Und dann hat Papa im Dorf noch einmal gebaut. Das ist auch so eine Riesenhütte geworden, mit drei Stöcken, auf dem Grund seiner Eltern. Er und seine drei Brüder haben auf diesem Grund gebaut. Ich frage ihn immer wieder: „Papa, für was denn? Wir sind auch schon nicht mehr die Jüngsten. Wer wird denn einmal da unten wohnen? Wieso gibst du so viel aus?" Aber da muss man ihn lassen. Auch in der Türkei ist es nicht einfach. Weil unten bist du auch fremd. Dort bist du auch Ausländer. Du kennst dich nicht so gut aus. Und die Menschen unten sagen: „Ihr seid von Österreich oder Deutschland." Die kennen dich sofort heraus. Ich weiß nicht, woran. Keine Ahnung. Wir sind Einheimische, aber die fragen gleich: „Seid ihr aus Österreich oder Deutschland?"

Mein Großer hängt nicht sehr an der Türkei, der ist auch schon mal ein paar Jahre nicht unten gewesen. Aber der Mittlere hängt sehr an den Großeltern. Wir haben einfach zwei Heimaten. Die Türkei ist das Urlaubsland, und Österreich ist da, wo ich lebe. Ich bin auch österreichische Staatsbürgerin, und gehe hier wählen. Ich lese Zeitung und verfolge die Nachrichten. Ich lebe ja hier. Aber ich sehe auch viele türkische Sender. Früher war das nicht so, aber jetzt haben wir ja so viele Programme. Da schaue ich meine Serien. Aber mein Jüngster schaut nur deutsche Sender. Wir haben ja überall Fernseher, in fast jedem Raum. Da kann jeder schauen, was er will.

Ich arbeite jetzt Teilzeit, 25 Stunden beim Spar. Das ist genug für mich. In der Freizeit geh ich zum Friseur oder lasse mich massieren, und am Wochenende treffe ich meine Schwestern, oder Freundinnen. Früher wo die Kinder klein waren, sind wir auch einmal zum Gerhardhof spaziert oder um den Möserer See, da sind wir schon gewesen. Manchmal waren wir schwimmen, oder haben Ausflüge gemacht. Wir leben ja für die Kinder. Österreichische Kollegen erzählen mir, dass ihnen ihre Kinder Kochgeld oder Waschgeld zahlen müssen, wenn sie arbeiten und noch daheim leben. Bei uns ist das nicht so, das kommt mir komisch vor. Bei uns können Kinder daheim wohnen, solange sie wollen. Anständige Kinder verlassen ihre Eltern erst, wenn sie geheiratet und eine eigene Wohnung haben.

Unser ältester Sohn ist 27 und wohnt auch noch bei uns. Er hat schon seit 10 Jahren eine österreichische Freundin. Sie würden schon gerne zusammen ziehen, aber mein Mann ist ein bisschen skeptisch. Sie ist sehr nett, ich kenne sie schon lange. Unsere Buben sind 27, 22 und 16 Jahre alt. Sie hätten viele Ausbildungsmöglichkeiten gehabt, aber die wollten halt nur arbeiten. Wir haben ihnen gesagt: „Macht eine Lehre! Lernt einen Beruf." Heute ist der Älteste Staplerfahrer, der Mittlere Anstreicher, und der „Letze"[3] geht Tourismusschule in Innsbruck, in die Villa Blanca. Wir machen alles für unsere Kinder. Aber sie müssen sich auch Mühe geben.

Als Kind bin ich viel unterwegs gewesen, aber ich hab nie etwas Böses angestellt. Meine Eltern haben mir da vertraut. Ich war

---

[3] Der Kleinste.

bei Freundinnen und manchmal im Winter mit ihnen Schifahren und Rodeln. Im Sommer waren wir Reiten. Ich war 12, 13 Jahre alt und in der Hauptschule. Das ist eine schöne Zeit gewesen. Mit vielen habe ich heute noch Kontakt, und wir gehen manchmal einen Kaffee trinken.

Als Mädchen war ich nur untertags unterwegs, abends nicht. Weil bei uns, vor allem in der früheren Generation, müssen die Mädchen Jungfrauen sein. Wir achten auch darauf, ob die Freundinnen unserer Söhne anständig sind. Aber im Grunde müssen das die Kinder selber entscheiden. Weil wenn ich jetzt sage: „Diese Frau darfst du nicht heiraten", dann würden sie grade die nachher nehmen. Und es wird halt viel geredet. Wenn die Söhne eine schlechte Wahl treffen, dann reden die anderen. Die Ehre ist ja schon wichtig. Für uns. Jeder hat seine Ehre. Wenn ich jetzt einmal „nebenaus gehen"[4] würde, das wäre eine große Schande für mich. Oder für meinen Mann.

Meine Eltern waren in meiner Kindheit nicht besonders religiös. Aber seit ein paar Jahren bete ich schon regelmäßig. Ich war früher auch gläubig, aber ich habe halt nicht gebetet. Und jetzt fühle ich mich leichter, fröhlicher. Wenn du dich daran gewöhnst und betest, dann kannst du von Gott alles verlangen. Von niemand anderem. Das ist mir zwar schon immer klar gewesen. Aber wenn man älter wird, denkt man an andere Sachen. Jetzt denk ich öfter an den Tod. Und wir fasten natürlich auch, das tun wir schon seit 30, 40 Jahren. Pilgern müssten wir halt noch. Das wird vielleicht später noch kommen. Auch ein Kopftuch möchte ich später einmal tragen. Aber das geht halt jetzt während dem Arbeiten nicht. Ich glaube nicht, dass sie das akzeptieren würden, wenn ich mit dem Kopftuch an der Kasse sitze.

In meiner Kindheit hat es einen Hoca gegeben, der in der Fabrik gearbeitet hat. Meine Mama hat uns am Wochenende immer zu ihm geschickt, damit wir die Gebete lernen. Dort haben wir auch Arabisch lesen gelernt. Und so haben wir das mit unseren Kindern auch gemacht, wir haben die Buben auch in die Moschee geschickt. Der Glaube ist doch wichtig.

Die Kultur kann man ändern, aber den Glauben nicht. Und ich denke schon, dass unsere Kultur ein bisschen anders ist. Die Familien halten besser zusammen. Und bei uns ist auch Respekt wichtiger. Ich würde zum Beispiel niemals neben meinem Papa rauchen, oder ausgestreckt auf der Couch liegen. Oder beim Essen: Die Kinder dürfen erst zu essen anfangen, wenn der Älteste, der Hausherr, zu essen begonnen hat. Das sind so die kleinen Dinge, das sind vielleicht Unterschiede.

Mein Ältester hat eine österreichische Freundin. Wenn er sie heiraten möchte, und sie bekommen ein Kind, dann müssen wir schauen. Mit welcher Religion wird das Kind aufwachsen? Das müsste alles geregelt werden, und das ist nicht einfach. Mir wäre natürlich schon lieber, das Kind wäre Mohammedaner. Sonst hätte es von mir ja nichts, oder? Mein Glauben, meine Kultur, meine Ehre. Ich respektiere alle Religionen,

---

[4] Fremdgehen.

wir sind alle Brüder und Schwestern. Aber wenn es um das Enkelkind geht … Das ist nicht einfach. Aber es gibt jetzt schon so viele gemischte Paare in Telfs, Türken und Österreicher. Und für mich ist ein Mensch ein Mensch. Anständig muss er sein. Und ein Mensch, der in unsere Familie passt, muss besonders anständig sein, denn wir haben einen guten Ruf da in Telfs. Seit 43 Jahren kennen mich die Einheimischen und die türkischen Familien hier. Und ich will nicht, dass da schlecht geredet wird. Ich habe Vertrauen zu meinen Söhnen, sie kennen ihre Grenzen. Aber heutzutage ist es schwierig, Kinder aufzuziehen da in Telfs. Schon in der Hauptschule hört man von Drogen. Da krieg ich Gänsehaut. Und ich sehe es im Spar: Wie viele Kinder bei uns Alkohol kaufen wollen! Gestern ist wieder so ein Bursche mit einer Flasche gekommen. Ich habe gesagt: „Ohne Ausweis darf ich dir das nicht geben. Ich hafte für dich." Die werden immer jünger, weißt du? Ich bin froh, dass meine Kinder aus dem Gröbsten raus sind. Sie sind respektvoll und vernünftig. Hoffentlich bleiben sie auch so. Man weiß ja nie, was noch kommt.

meine heimat ist

nicht

meine heimat

meine heimat ist

wo

ich

bin

(Ulrike Sarcletti)

Biografien in Bewegung

20 exemplarische Lebensgeschichten fügen sich wie Steine eines endlosen Puzzles aneinander, scheinbar zufällig, sehr individuell und selbstverständlich subjektiv. Dennoch ziehen sich Parallelen in Perspektive und Wahrnehmung wie ein roter Faden quer durch die Erzählungen. Ziel des vorliegenden Kapitels ist es, die 20 im Zentrum des Buch stehenden lebensgeschichtlichen Erinnerungen querzulesen und sie in Hinblick auf Parallelen sowie die Wahrnehmung Tirols und Telfs beziehungsweise der gesellschaftlichen Situation jener Zeit genauer zu betrachten.

Die Erzählungen sollen dabei helfen, eine neue historische Perspektive zu erschließen: Zwar wird bis heute endlos „über" MigrantInnen gesprochen, berichtet, diskutiert, in den Medien sind verallgemeinernde Bilder über „die" MigrantInnen allgegenwärtig, und allzu oft werden MigrantInnen als einheitliche, unterschiedslose Gruppe dargestellt.

MigrantInnen sind in der politischen und medialen Öffentlichkeit hingegen kaum als AkteurInnen sichtbar, in ähnlich geringem Ausmaß spielen sie in der Geschichtsforschung eine aktive Rolle.[1] Es ist daher höchste Zeit für einen Perspektivenwandel. Denn rücken MigrantInnen als Subjekte in den Fokus der Geschichtsforschung und -schreibung, verändert sich damit zugleich der Zugang zur Geschichte: Die Perspektive der Migration rückt aus dem Abseits in den Mittelpunkt. Dominieren bislang in der Migrationsforschung die Fragen nach kulturellen über jenen nach sozialen Aspekten, und wird das Phänomen der Migration häufig auf soziale Problemlagen verkürzt,[2] so eröffnet sich durch einen Abschied vom hegemonialen Kulturalismus hin zur „Perspektive der Migration" ein breites Feld: Migration als Normalität und nicht länger als Problem oder Sonderfall zu verstehen, ermöglicht einen breiteren Blick auf dieses alle gesellschaftliche Bereiche durchdringende und gesellschaftsgestaltende Phänomen.[3]

Nachfolgend soll ein Perspektivenwechsel auf individueller Ebene vollzogen werden: Im Zentrum steht die subjektive Wahrnehmung

---

[1] Oscar THOMAS-OLALDE: Andere zu Wort kommen lassen? Eine widersprüchliche, aber notwendige Praxis. In: Waltraud FUCHS-MAIR (Hg.): Vielfalt daheim in Tirol. Fakten – Kunst – Positionen zu Migration und Integration in Tirol. Innsbruck 2011. S. 7–12, hier S. 8.

[2] Felicia SPARACIO und Matthias KLÜCKMANN: Spektrum Migration. Perspektiven auf einen alltagskulturellen Forschungsgegenstand. In: Matthias KLÜCKMANN und Felicia SPARACIO (Hg.): Spektrum Migration. Zugänge zur Vielfalt des Alltags (= Studien & Materialien des Ludwig-Uhland-Instituts der Universität Tübingen 48). Tübingen 2015. S. 17–35, hier S. 26.

[3] Sabine HESS: Jenseits des Kulturalismus. Ein Plädoyer für postkulturalistische Ansätze in der kulturanthropologischen Migrationsforschung. In: Matthias KLÜCKMANN und Felicia SPARACIO (Hg.): Spektrum Migration. Zugänge zur Vielfalt des Alltags (= Studien & Materialien des Ludwig-Uhland-Instituts der Universität Tübingen 48). Tübingen 2015. S. 37–63, Hier S. 51.

von Menschen mit Migrationserfahrung, ihr Umgang mit Identifizierungen, Zuschreibungen und Abgrenzungen eröffnet einen neuen Zugang zur historischen „Wahrheit" einerseits sowie zur gesellschaftlichen „Realität" andererseits.[4]

Anfänge

In kaum einer der 20 vorliegenden Lebenserzählungen stand am Anfang der Migration der Wunsch nach Auswanderung. Die meist jungen Leute dachten daran, aus verschiedensten Gründen für einige Zeit ins Ausland zu gehen, um schließlich wieder in die Heimat und zu Familie und Freunden zurückzukehren. Am Anfang stand vielmehr der Wunsch, Neues zu entdecken, neue Erfahrungen zu machen, neue Sprachen zu lernen, neue Menschen kennenzulernen, und nicht zuletzt Geld zu verdienen, um den Lebensstandard im Heimatland zu erhöhen. In den Erzählungen wird deutlich, dass am Anfang der Migration Mut erforderlich ist: Mut, sich auf Ungewisses einzulassen, vielfach ohne jegliche Sprachkenntnisse in ein Land zu kommen, nicht selten im Wissen, dass ein Leben im Ausland den Verzicht auf wichtige soziale Netzwerke, verbunden mit einem geringen sozialen Status, und sogar Verzicht auf die Anerkennung der eigenen Ausbildungen bedeutet. Der Schritt in ein anderes Land bedeutet mindestens in einem ersten Moment vor allem: Verlust.

Dennoch diesen Schritt auf sich zu nehmen, ist manchmal auch auf freudvolle, vielleicht jugendliche Abenteuer- und Reiselust zurückzuführen. Ein Blick in die Details der Biografien bestätigt das: Bernadette Katzlinger hatte zuvor bereits als Assistentin in Frankreich gearbeitet, Jytte Klieber hatte ursprünglich vor, als Krankenschwester nach Afrika auszuwandern, Mathilde Raich wanderte wenige Jahre, nachdem sie aus Südtirol nach Telfs übersiedelt war, nach Australien aus, um schließlich über 20 Jahre später nach Telfs zurückzukehren. Kristian Tabakovs Biografie gibt ein Paradebeispiel für lebenslange Mobilität: Aufgewachsen als Zirkuskind, reiste der Musiker für viele Jahre über alle Kontinente, scheinbar rastlos und unter Verzicht auf Familienleben, jedoch ohne eine „Heimat" im Sinne eines geografischen Ortes zu vermissen.

Sind Mobilität und Migration in die Wiege gelegt? In den lebensgeschichtlichen Erzählungen wird deutlich, dass sie sich als Muster durch äußere und innere Faktoren bis zu einem gewissen Grad stets von Neuem selbst generieren. Einerseits verliert die Vorstellung von Abschied und Verlust an Kraft, wenn ihr positive Erfahrungen des Ankommens und des Entdeckens gegenübergestellt werden können. Andererseits entstehen durch Migration neue äußere Zwänge, wie etwa große räumliche Distanzen innerhalb einer Familie oder soziale und berufliche Bindungen, die die Bereit-

---

[4] Damir SKENDEROVIC: Vom Gegenstand zum Akteur: Perspektivenwechsel in der Migrationsgeschichte der Schweiz. In: Irma GADIENT und Damir SKENDEROVIC (Hg.): Migrationsgeschichte(n) in der Schweiz: ein Perspektivenwechsel (= Schweizerische Zeitschrift für Geschichte, Vol. 65/2015/Nr. 1). S. 1–14, hier S. 11.

schaft zur Mobilität immer weiter notwendig machen und damit manchmal auch der nächsten Generation „in die Wiege legen".

In den wenigsten Biografien war klar, dass Tirol oder gar Telfs das schlussendliche Ziel der Reise sein sollten. Dem klassischen migrationstheoretischen Modell von Push- und Pull-Faktoren entsprechend sind die Motivationen, nach Tirol zu kommen, höchst unterschiedlich. Margit Fischer entschied sich aufgrund der „schönen Landschaft" für Tirol, Siddik Tekcan und Mehmet Sahan hatten Zusagen für einen Arbeitsplatz. Jytte Klieber, Bernadette Katzlinger und Judy Kapferer hatten sich in junge Telfer verliebt und beschlossen, mit ihnen hier eine Familie zu gründen und ein gemeinsames Leben aufzubauen – klassische Pull-Faktoren sozusagen.

Beispiele für Push-Faktoren hingegen geben die Erzählungen von Refika Kovačević, die vor ihrer familiären Situation, oder Kasim und Snjezana Bajrić, die vor dem dämmernden Bosnienkrieg flohen. Auch Grete Jakob musste mit ihrer Familie angesichts der letzten Gefechte im Rahmen des Zweiten Weltkrieges fluchtartig ihre Heimat verlassen. Franz Grillhösl erhoffte aufgrund persönlicher Probleme an seiner Schule in Stams seine Ausbildung fertig machen zu können.

Aber Migrationsbiografien unterliegen eben nicht immer einem ökonomischen Rationalismus. Viele ErzählerInnen betonen in ihren Ausführungen mehrmals, dass es sich schlussendlich um „Schicksal" handelte, das ihre Migration und den Verlauf des weiteren Lebens prägte. Besonders deutlich macht dies die Anekdote von Kristian Tabakov, in der er erzählt, dass er heute in Telfs lebt, weil er einst auf einem oberösterreichischen Postamt willkürlich das Telefonbuch aufschlug und beschloss, auf seiner Arbeitssuche das erste Hotel zu kontaktieren, das ihm auf dieser Seite angezeigt wurde: das Hotel Klosterbräu in Seefeld. Von „Schicksal" spricht auch Kasim Bajrić, als ihm ein Spengler-Job in Telfs angeboten wurde, von „Schicksal" sprechen Gülseli Sahan und Snjezana Bajrić, dass sie ihre heutigen Männer bereits im Alter von 16 Jahren kennenlernten und heirateten, was ihr weiteres Mobilitätsverhalten maßgeblich prägte.

Abschied von der alten Heimat

Wie schmerzvoll der Abschied von der alten Heimat war, hängt von der vorhersehbaren Endgültigkeit der Migration ab. In den meisten Fällen, besonders im Falle einer Migration aus Arbeitsgründen, gingen die Betroffenen von einer periodischen und vor allem zeitlich befristeten Auswanderung aus. Hier wird besonders der schmerzvolle Abschied der ersten „Gastarbeiter" beschrieben, die in den 1970er Jahren Frau und Kinder in der Türkei oder in Jugoslawien für elf Monate zurückließen. Junge Leute ohne Familie nahmen den Abschied von der alten Heimat hingegen mitunter als Befreiung wahr und wendeten sich dem Neuen unbeschwerter zu.

Im Falle binationaler Ehen, wie etwa bei Judy Kapferer, Cajse-Marie Schediwetz, Margit Fischer, Anne Marie Perus, Bernadette Katzlinger oder Jytte Klieber hatte der Abschied von der alten Heimat einen besonders endgültigen Charakter. Der Abschied von der Familie im Heimatland wird hier oft als sehr schmerzvoll beschrieben, die Distanz zu den

Eltern und Geschwistern als große Herausforderung erfahren. Bernadette Katzlinger etwa spricht nicht von Heimweh, sondern vielmehr von „Familienweh", das sie immer wieder plagte.

Ein deutliches Beispiel für die emotionale Tragweite des Abschieds vom Elternhaus im Heimatland gibt die Erzählung Jytte Kliebers, die von ihrer Mutter zum Abschied einen Schlüssel zur elterlichen Haustür zugesteckt bekam, begleitet von den Worten „Da hast du den Haustürschlüssel zu unserem Haus, hierher kannst du immer kommen." – als Angebot an die Tochter und Rückversicherung, falls es Probleme in der Ehe gäbe. Das Elternhaus steht heute längst nicht mehr, Jytte Klieber hat den Schlüssel dennoch als wertvolle Erinnerung aufbewahrt.

Ankunft

Viele ErzählerInnen hatten vor ihrer Ankunft in Tirol überhaupt keine Vorstellung von Österreich. Das Staunen über die ersten Eindrücke wurde nicht selten bis heute deutlich in Erinnerung behalten und gibt interessante Einblicke in die Wahrnehmung von Neu-Ankommenden. Bernadette Katzlinger erzählt etwa, sich darüber gewundert zu haben, dass Menschen so hoch oben auf Bergen Häuser bauten und war begeistert von der Schönheit der Landschaft. Anne Marie Perus traf wiederum an einem regnerischen Tag ein und fasste bei der Durchfahrt durch Telfs den Entschluss, dieses Land so schnell wie möglich wieder zu verlassen.

Die völlige Unkenntnis der Geografie oder Gegebenheiten in Österreich sorgt in der Retrospektive mitunter für unterhaltsame Anekdoten. Temel Demir erinnert sich beispielsweise schmunzelnd daran zurück, abends in Wien in den Zug nach Bregenz gestiegen und die ganze Nacht hindurch wach geblieben zu sein, aus Angst, den richtigen Ausstieg zu verpassen.

Die Wahrnehmungen der Zugezogenen in Bezug auf die Aufnahmegesellschaft weichen je nach den Umständen stark voneinander ab. Nur einzelne Personen, wie etwa Margit Fischer, haben deutlich positive Erinnerungen an eine freundliche Aufnahme durch die Telfer Bevölkerung. Margit Fischer erzählt, sich bewusst für Telfs als Wohnort entschieden und sich in der Folge gezielt darum bemüht zu haben, Menschen und Umgebung kennen zu lernen. Nur wenige MigrantInnen haben die emotionale Kraft und die Ressourcen, derart engagiert auf die neue Heimat und die Gesellschaft zuzugehen. Weitaus häufiger tritt eine Überforderung mit der neuen Situation ein, die in vielen Punkten nicht mit den ursprünglichen Vorstellungen übereinstimmt.

Ein zentrales Element im Rahmen von Migration ist – zumindest kurzfristig – Isolation, die durch die Veränderung des sozialen und familiären Netzwerkes entsteht. Ein Großteil der ErzählerInnen beschreibt, sich in den ersten Monaten oder sogar im ersten Jahr der Ankunft in Telfs immer wieder einsam gefühlt zu haben. Einerseits fehlen die sozialen Kontakte zum Austausch und zur Reflexion, sodass sich die MigrantInnen häufig unverstanden und alleine fühlen. Viele vermissen ihre vertraute Umgebung. Cajse-Marie Schediwetz erinnert sich etwa an ein „starkes Verlustgefühl" und Jytte Klieber spricht in diesem Kontext von „schweren Zeiten". Besonders eklatant konnte diese soziale Isolation im Falle sogenannter „GastarbeiterInnen" sein, deren Alltag ausschließlich auf Arbeit ausgerichtet war, deren Unterbringung mit großem Verzicht auf Lebensqualität und Komfort verbunden war, und in deren Tagesablauf kaum soziales Leben möglich war. Mehmet Sahan erinnert sich, den ganzen Tag nur gearbeitet und zu niemandem Kontakt gehabt zu haben, und zugleich an der Arbeitsstelle auch keine Wertschätzung erfahren zu haben. Seine Erwartungen orientierten sich an den Erfahrungen in der alten Heimat, so beklagt Sahan etwa bis heute, dass sich Österreicher im Kaffeehaus niemals zu ihm an den Tisch setzen würden oder die österreichischen Nachbarn niemals zu Besuch kämen. Auch in Bezug auf den Kontakt und die Erwartungen an das Verhalten der Einheimischen gibt es große Unterschiede in der Wahrnehmung, denn Siddik Tekcan erinnert sich, von Anfang an viel in Kontakt mit Österreichern gewesen zu sein. Auch in Tekcans Fall war das Gefühl der Isolation allerdings Thema: Besonders die fehlenden Sprachkenntnisse trugen dazu bei, doch auch die neuen Aufgaben im Bereich der Hausarbeit, die zuvor die Mutter des 16-Jährigen erledigt hatte, ließen zunächst Verzweiflung und einen starken Rückkehrwunsch aufkommen.

Refika Kovačevićs Biografie verdeutlicht die Auswirkungen von (Arbeits-)Migration und Isolation eindrücklich. Weitgehend allein und ohne Verwandte oder familiäre Netzwerke in verschiedensten Tiroler Tourismus-Arbeitsorten stationiert, ist die junge Mutter ohne Unterstützung des Vaters gezwungen, auf extreme Lösungen zur Betreuung ihrer Kleinkinder zurückzugreifen: Sie lässt die Zwillinge, gut versorgt mit Nahrungsmitteln, alleine in ihrer Wohnung zurück.

Nicht selten hat Migration durch die grundlegenden Veränderungen im sozialen Umfeld gesundheitliche Auswirkungen. Judy Kapferer spricht etwa offen über eine „depressive Phase am Anfang" ihrer Zeit in Tirol. Die Rettungsanker, die den ErzählerInnen in ihren biografischen Erzählungen schließlich das Gelingen ihres Lebensentwurfs ermöglichen, sind häufig Familie und Arbeit: Familiäre Netzwerke als Stütze und Absicherung, sowie Arbeit als Möglichkeit, das Leben in die Hand zu nehmen, zu meistern, und etwas zu schaffen.

Etablierung

Integration und Etablierung bedürfen zahlreicher Voraussetzungen, das machen die 20 vorgestellten Biografien deutlich. Sich schnell in einem neuen Umfeld orientieren und daran teilhaben zu können, setzt ein gewisses Maß an Aktivität und vor allem an Ressourcen voraus, zu denen etwa Zeit, Bildung, Vermögen, etc. zählen.

Für Menschen, die zunächst vorrangig als ArbeiterInnen nach Österreich kamen, stellte die fehlende Zeit über viele Jahre hinweg ein Integrationshindernis dar. Ibrahim Kalın, Mehmet Sahan und viele andere beschreiben, wie kurz die Tage nach einem Arbeitstag in der Firma oder einer Nachtschicht waren und wie wenig Kraft für Freizeitaktivitäten oder soziales Engagement blieb. Temel Demir erinnert sich, dass er nach sechs Tagen Hausmeisterjob in einem

Hotel an seinem freien Tag meist nur im Zimmer blieb, um zu schlafen.[5]

Gerade ArbeitsmigrantInnen sparten in jenen ersten Jahren rigoros, um das Verdiente der Familie zuhause zugutekommen zu lassen. Freizeitaktivitäten wie Schifahren, Rodeln, Tanzen oder Kinobesuche, wie sie Margit Fischer und ihr Mann als Neue TelferInnen pflegten, schlossen viele ArbeitsmigrantInnen für sich aus. Lediglich der Vereins-Sport stellte in einigen Fällen eine Ausnahme dar, und die Aktivität in einem Sportclub erleichterte in der Folge das Angenommen-Werden und die Teilhabe in der Aufnahmegesellschaft, wie Kasim Bajrić oder Zoran Tanasković am Beispiel ihrer Biografie deutlich machen. Insbesondere diesen beiden Männern öffnete der Fußball-Sport viele Türen in der österreichischen Gesellschaft und führte sie in Netzwerke ein, die ihnen auch beruflich weiterhalfen.[6]

Für Frauen spielte Vereins-Sport eine ebenso wichtige Rolle, Cajse-Marie Schediwetz fand etwa in einem Turn- und später in einem Fitnessverein Freundinnen und Gleichgesinnte.

Franz Grillhösl erzählt, dass er sich bereits in den ersten Monaten in Telfs bewusst in der Kirche u. a. als Kantor engagierte, und wie sehr seine Aktivitäten bei den Telfer Schützen seine Biografie prägten. Dieses „Heimisch-Werden" Grillhösls, versinnbildlicht durch die Übernahme der Funktion des Telfer Schützenhauptmannes, birgt nicht zuletzt einige Ironie, weil Grillhösl als gebürtiger Bayer biografische Verbindungen zu den Widersachern der historischen Vorbilder der Tiroler Schützen hat. Integration kennt keine Hürden, wenn die Rahmenbedingungen stimmen.

Angenommen werden

Eigeninitiative, emotionale Verbindungen oder gemeinsame Interessen zählen zu wichtigen Wegbereitern im Integrationsprozess. Zugleich braucht es das Gefühl, einen Platz in der neuen Heimat zugestanden zu bekommen. Diesbezüglich erinnern sich besonders Menschen, die als „Gastarbeiter" nach Österreich kamen, an eine gewisse Zurückhaltung der Einheimischen. Viele ErzählerInnen berichten, dass sie kaum Kontakte zu ÖsterreicherInnen hatten und dass ihnen seitens der Bevölkerung nicht freundlich begegnet wurde.

In diesen Kontext reihen sich Erfahrungen mit Behörden ein. Begonnen bei strukturellen Hürden, wie sie etwa die schiere Unmöglichkeit einer adäquaten Anerkennung von im Ausland erworbenen Qualifikationen darstellten, wurden die BeamtInnen in den Behörden häufig als arrogant, ignorant und v. a. als „Paragraphenreiter" empfunden. Für viele ErzählerInnen stellten die Behördenwege retrospektiv einen regelrechten Spießrutenlauf dar.

---

[5] Vgl. Martina RÖTHL: Was heißt hier Balkan? Ex- bzw. postjugoslawische ZuwandererInnen in der Marktgemeinde Telfs. Selbst- und Fremdzuschreibungen nach „ethnischen" Kategorien (= unveröffentlichte Diplomarbeit). Innsbruck 2009. S. 69.
[6] Vgl. Adriane GAMPER und Hannes DABERNIG: Tirol. Heimat und Fremde. 44 Menschen, 44 Nationen, 44 Lebensgeschichten. Innsbruck 2012. S. 67.

In Bezug auf das Thema „Angenommen-Werden" eröffnen sich aus den Erzählungen besonders zwei interessante Aspekte: Einerseits verdeutlicht die Perspektive Zugezogener, also mit den örtlichen Üblichkeiten nicht Vertrauter, die Rolle von Formalitäten und Ritualen – insbesondere wenn diese unterlassen werden. Mehrere ErzählerInnen erinnern sich an anfängliche Schwierigkeiten in Bezug auf die Etikette: Dass man sich in Telfs bei Begegnungen auf der Straße grüße, auch wenn man einander nicht kannte, dass beim Betreten eines Raumes jede Person begrüßt werden sollte, dass dem Handeschütteln und dem Blickkontakt eine besonders große Rolle zukamen, spielte im ländlichen Tirol der 1960er, 70er und 80er Jahre durchaus eine zentrale Rolle. Die Nicht-Beachtung dieser Rituale zog mitunter Ablehnung seitens der Alteingesessenen mit sich.

Andererseits liegt ein schmaler Grat zwischen „Angenommen-Werden" einerseits und Vereinnahmung bzw. Patronanz andererseits. Die Namensgebung spielt in diesem Zusammenhang eine besondere Rolle: Einige ErzählerInnen erwähnen, dass sie in Österreich einen neuen Vornamen erhalten hätten, weil ihr eigentlicher Name „zu schwer auszusprechen" sei. So berichtet Snjezana Bajrić, dass sie in Telfs kurzerhand zur „Susi" gemacht wurde – übrigens der selbe Spitzname, den Kristian Tabakovs Frau Snejanka nun in Österreich führt. Es ist Bestandteil der migrantischen Realität, dass nicht-deutsche Eigennamen verballhornt und verdeutscht werden, nicht zuletzt zählte dies über Jahrzehnte zur behördlichen Praxis.[7] Realität ist auch die Erfahrung der Stigmatisierung in der österreichischen Gesellschaft aufgrund ausländischer Namen. Dass Wohnungen schwerer an Menschen mit ausländischen Namen vermietet werden, können mehrere ErzählerInnen aus eigener Erfahrung berichten. Die Dimension dieser Stigmatisierung ist allerdings vielfältig im Alltag spürbar, wie die Anekdote Judy Kapferers unterstreicht, wenn sie erzählt, dass ihre Tochter im Kindergarten aufgrund des anglophonen Vornamens ihrer Mutter mit „ausländischer Mama" gehänselt wurde.

Migration beeinflusst auch die Namensgebung der Kinder. Sei es positiv konnotiert, wie Alfons Kaufmann stolz berichtet, dass seine Tante im Zuge ihrer Arbeitsmigration bis nach Spanien kam und von dort ihre Begeisterung für den Vornamen „Alfonso" mitbrachte. Sei es negativ konnotiert, wenn Kinder Vornamen erhalten, die ihre Eltern ihnen niemals gegeben hätten: Jytte Klieber musste ihren Sohn auf Geheiß der Schwiegermutter „Urban" taufen, wobei DänInnen mit diesem Namen eine Biersorte verbinden – und die Familie Altın erfährt, dass für ihr neugeborenes Kind im Krankenhaus ohne ihr Wissen der Name „Ursula" eigentragen wurde.

Eine Arbeitsstelle zu haben, an der man sich mit KollegInnen austauscht, und sozusagen einen Platz in der Gesellschaft bekommt, spielte für die ErzählerInnen eine große Rolle beim Ankommen in der neuen Heimat. Besonders Frauen beschreiben, wie wichtig für sie die Möglichkeit zu arbeiten war. Jytte

---

[7] http://derstandard.at/1348283705377/Ein-Hacek-bitte-Namen-mit-Sonderzeichen am 26.1.2016.

Klieber etwa erinnert sich, dass schon das „von daheim Wegkommen" als Abwechslung zu Haushaltsführung und Kinderbetreuung wertvoll war. In ihrer Rolle als Hauskrankenpflegerin bekleidete sie schließlich eine öffentliche Funktion, wodurch ihr zusätzlich sehr viel Anerkennung zuteilwurde. Durch diesen Schritt in die Berufstätigkeit erhielt Klieber einen respektierten Platz in der Gemeinschaft, sie erlebte diesen Weg von „der Ausländerin", dem „Nichts", hin zu „einer Person, die etwas tut" und „die man grüßt". Derartige Erzählungen dokumentieren und unterstreichen die große Rolle der Aufnahmegesellschaft früher wie heute, wo Jugendliche nach wie vor formulieren: „Meine Heimat ist hier, solang man es meine Heimat sein lässt."[8]

Heimisch werden

Dem Heimatbegriff kommt in Gesprächen mit MigrantInnen eine sehr komplexe Rolle zu.[9] Zumeist wird (gegenüber der österreichischen Interviewerin) vom Herkunftsland als Heimat gesprochen, wobei der Großteil der ErzählerInnen klar postuliert, dass sie ihren Lebensmittelpunkt in Österreich haben und auch weiterhin behalten wollen. Zoran Tanasković beschreibt die Komplexität der Situation folgendermaßen: „Meine Heimat ist nicht meine Heimat." Und er erläutert: „Wenn die Eltern tot sind, werde ich nicht mehr heimfahren."

Heimisch zu werden ist eng mit der Dauer und dem Erfolg des Etablierungsprozesses verbunden: Hier spielt die Motivation zur Migration eine große Rolle. Menschen, die nach Österreich kamen, um hier einige Jahre lang zu arbeiten und stets das Ziel der Rückkehr in ihr Herkunftsland vor Augen haben, erleben diesen Prozess anders als Menschen, die sich z. B. aufgrund einer Liebesbeziehung entschieden haben, nach Österreich zu kommen um hier eine Familie zu gründen. Gerade ArbeitsmigrantInnen aus der Türkei betonen in den Erzählungen immer wieder, dass sie niemals geplant hatten, für immer hier in Österreich zu bleiben, und dass sich die Entscheidung „heimzukehren" oft jährlich wieder ein weiteres Jahr in die Zukunft verschoben habe. Für Mehmet Sahan hat sich die Situation bis heute nicht geändert: „Wir wollten nur noch ein weiteres Jahr arbeiten und dann zurückkehren, das wollen wir immer noch. 20 Jahre haben wir so gelebt."

Die Kinder der türkischen ArbeitsmigrantInnen haben wiederum eine eigene Perspektive auf ihre Heimat. Gülseli Sahan ist in Telfs aufgewachsen und fühlt sich hier daheim, was allerdings nicht ausschließt, dass die „Rückkehr" in die Türkei für sie in der Pension eine Option ist.[10]

---

[8] Canan Topcu: Meine Heimat ist Deutschland, sofern man es meine Heimat sein lässt. In: Dirk Lange und Ayca Polat (Hg.): Unsere Wirklichkeit ist anders. Migration und Alltag. Perspektiven politischer Bildung. Bonn 2009. S. 19–29, hier S. 19.

[9] Vgl. Simone Egger: Heimat. Wie wir unseren Sehnsuchtsort immer wieder neu erfinden. München 2014. S. 88–104.

[10] Vgl. Edith Hessenberger: Ethnische Netzwerke und sozial-räumliche Segregation türkischer MigrantInnen in Innsbruck unter besonderer Berücksichtigung der Zweiten Generation (= unveröffentlichte Diplomarbeit). Innsbruck 2004. S. 87.

Abseits der strukturellen Ebene die etwa Wohnen, Arbeiten, Versorgen der Kinder umfasst, sind es emotionale Gesichtspunkte, die den MigrantInnen dabei helfen, sich heimisch zu fühlen: Jytte Klieber nennt hier etwa die Schönheit der Natur und das Wandern, Temel Demir freut sich darüber, im Ort gegrüßt zu werden, Bernadette Katzlinger verband mit Österreich schon bald gutes Essen, schöne Natur oder Brauchtum. Der Telfer Hausberg „Hohe Munde" spielt offenbar für die Identifikation mit Telfs eine besondere Rolle und taucht immer wieder in den Erzählungen auf, sei es als schönste Bergtour in der neuen Heimat, sei es als landschaftliches Element, oder sogar als wichtiger Schauplatz der eigenen Biografie: Jytte Klieber z. B. verliebte sich als dänische Touristin auf dem Weg zum Gipfel in ihren Mann. Ibrahim Kalın wiederum wurde auf diesem Berg vom Gastarbeiter zum Schauspieler in Felix Mitterers Stück „Munde", das im Rahmen der Telfer Volksschauspiele auf dem Gipfel aufgeführt wurde. Kalıns größter Wunsch für seine Pension ist es im Übrigen sogar, noch einmal auf dem Gipfel der Munde zu stehen.

Mobilität ist häufig ein wichtiger Aspekt der migrantischen Perspektive, das zeigen auch die vorliegenden Interviews: So wird an Telfs mitunter besonders geschätzt, dass es „mitten in Europa" liege, und man über verhältnismäßig kurze Distanz nach Deutschland, Italien oder in die Schweiz gelangen könne. Dass gerade die Tatsache geschätzt wird, dass man von Telfs aus Österreich schnell verlassen kann, birgt allerdings einige Ironie.

Ein zentrales Thema in Bezug auf Heimat und Heimisch-Werden stellen die Wünsche rund um das eigene Begraben-Sein dar. Diese Frage wird von mehreren ErzählerInnen von sich aus angesprochen und steht wohl eng in Zusammenhang mit der Vorstellung der Endgültigkeit der eigenen Migration. So erinnert sich Anne Marie Perus etwa daran, dass sie unmittelbar nach der Hochzeit mit ihrem Tiroler Ehemann die Frage ihrer Grabstätte besonders beschäftigte und dieser ihr, die sich als sehr heimatverbunden bezeichnet, zunächst versprechen musste, nach ihrem Tod für ein Begräbnis in Norwegen zu sorgen. Mit den fortschreitenden Jahren und im Laufe ihres Heimisch-Werdens in Tirol betrachtete sie diesen Wunsch als zunehmend absurd und verabschiedete sich schließlich davon.

In vielen Familien mit Migrationsgeschichte bietet die Frage des Begraben-Seins Stoff für eine viele Jahre andauernde Diskussion. Für Mehmet und Eşe Sahan wiederum ist – angesichts ihrer nach wie vor starken Verbundenheit zur Türkei – klar, dass nur ein Begräbnis in der Türkei in Frage kommt. Im Übrigen bezahlen viele ÖsterreicherInnen mit türkischen Wurzeln bis heute monatlich eine Versicherung, die ihnen nach ihrem Ableben einen kostengünstigen Transfer inklusive Begräbnis in der türkischen Heimatgemeinde sicherstellen soll.[11]

---

[11] http://derstandard.at/1381370482357/Wo-sich-Migranten-begraben-lassen am 26.1.2016.
http://www.atib.at/beerdigungshilfe/ am 10.4.2016.

Ibrahim Kalın wiederum betrachtet diese Frage pragmatisch: Er möchte in Telfs bei seiner Frau begraben sein, wo die Kinder die Möglichkeit haben, das Grab mit Blumen zu schmücken.

Kontakt mit der alten Heimat

Der Kontakt zur alten Heimat ist für viele MigrantInnen sehr wichtig, da er einen zentralen Bestandteil ihres sozialen Netzwerks sowie ihrer sozialen Identität darstellt. Die Netzwerke im Herkunftsland stellen auch nach der Migration eine wichtige psychische Stütze dar, die via Telekommunikation nur begrenzt verfügbar, aber in Notsituationen umso wichtiger ist.

Die Möglichkeit der vertraulichen Kommunikation in der Muttersprache spielte für die Psychohygiene eine große Rolle, wie einige Erzählerinnen berichten. Margit Fischer erinnert sich, an ihre Großmutter täglich Briefe geschrieben zu haben, die Tagebuchcharakter hatten. Jytte Klieber erzählt, sich in Briefen an ihre Mutter Sorgen und Ärger „von der Seele geschrieben" zu haben. Besonders in Zeiten der aufgrund hoher Telekommunikationskosten und Viertelanschlüssen begrenzten telefonischen Möglichkeiten spielten Briefe und Karten eine große Rolle. Ebenfalls verbreitet war eine Zeit lang die Praxis, Tonbänder zu besprechen und einander postalisch zuzuschicken, um die Stimmen der lieben entfernten Verwandten hören zu können. Heute stehen viele MigrantInnen mit Verwandten und Freunden in den Herkunftsländern über soziale Netzwerke wie Facebook oder whatsApp täglich in engem Kontakt.

Die regelmäßige Reise ins Herkunftsland spielt bei fast allen ErzählerInnen eine große Rolle. Der Großteil fährt mindestens ein- bis zweimal jährlich in die alte Heimat, um dort die Familie zu besuchen oder Urlaub zu machen. Dabei wird die große räumliche Distanz mitunter als sehr schmerzvoll empfunden, gerade dann, wenn Familienangehörige krank sind oder im Sterben liegen. Temel Demir etwa musste erfahren, wie er aufgrund eines verspäteten Fluges zu spät kam, als seine Mutter im Sterben lag. Viele MigrantInnen können von ähnlichen, sehr emotionalen Erlebnissen berichten.

Eng in Zusammenhang mit der starken Verbundenheit zum Herkunftsland und seiner Rolle als Urlaubsort steht die Tatsache, dass viele MigrantInnen – insbesondere ArbeitsmigrantInnen – im Laufe der Jahrzehnte ein Haus in der alten Heimat gebaut haben. Derartige Häuser dienen einerseits als Status-Symbol, das zeigt die aufwändige Ausstattung und die große emotionale Rolle dieser Gebäude. Andererseits dienen sie auch als Brücke in die alte Heimat. Die ErzählerInnen betonen, dass dieses Haus ihnen ermögliche, jederzeit zurückkehren zu können, in der alten Heimat nicht nur BesucherIn zu sein, und schließlich auch den eigenen Kindern im Herkunftsland ein Stück Heimat zu ermöglichen. Vielfach handelt es sich bei diesen Ferienhäusern um „in Form gegossene Wünsche", regelrechte Villen in den Heimatdörfern der Eltern, für die in Österreich viele Jahre lang gearbeitet und gespart wurde. Refika Kovačević, die in Österreich häufig am Existenzminimum lebte, berichtet, dass sie „alles in das Haus gesteckt" habe. Eine interessante Dimension nehmen diese Häuser in der alten Heimat auch zwischen den Generationen ein: Das Ehepaar Mehmet und Eşe Sahan etwa gab den in Österreich aufgewachsenen Kindern anlässlich ihrer Hochzeit Geld, das für den Bau eines Hauses im Herkunftsland der Eltern zweckgewidmet war. Die nachfolgende Generation wiederum, hier repräsentiert durch Gülseli Sahan, baute diese Häuser im Herkunftsland der Eltern, um sich für die Pension abzusichern: Mit der österreichischen Pension ließe es sich später im Haus in der Türkei besser leben, weil dort die Lebenserhaltungskosten niedriger seien. Das Haus im Herkunftsland oszilliert in seiner Rolle somit offenbar zwischen wirtschaftlicher Absicherung, Prestigeobjekt und Identitätsanker.

Sprachliche Aspekte

Die ErzählerInnen kamen in einer Zeit nach Telfs, als es kaum Deutschkursangebote gab. Eine Ausnahme stellten hier Firmendeutschkurse dar, die etwa von Ibrahim Kalın bei der Fa. Schindler besucht wurden, im Allgemeinen aber ihre Zielgruppe kaum erreichten. Die meisten MigrantInnen lernten die deutsche Sprache daher vor allem im Rahmen des Alltags- und Arbeitslebens.

Einige der interviewten Frauen sprachen aufgrund ihrer Schulbildung bereits deutsch, als sie nach Telfs kamen, die schriftdeutsche Sprache half ihnen im dialektgeprägten Alltag nur wenig. Alle berichten, dass die ersten Monate während der Zeit des Spracherwerbs körperlich und geistig extrem anstrengend waren, was für Schulkinder, wie Zoran Tanasković eines war, deren Unterrichtssprache von einem auf den anderen Tag wechselt, in besonderem Maße gilt.

In den meisten Familien ist die Muttersprache der Eltern die Familiensprache, in binationalen Familien wuchsen die Kinder meist zweisprachig auf. Teils erfolgte die Weitergabe der eigenen Muttersprache selbstverständlich und alternativlos, häufig stellte diese Weitergabe der eigenen Muttersprache an die Kinder aber auch einen Kraftakt dar, in dem z. B. die Schule, die Schwiegereltern und sogar die Nachbarschaft als Widerstände empfunden wurden: Jytte Klieber wurde seitens der Schwiegermutter etwa ein Verbot erteilt, mit ihren Kindern dänisch zu sprechen, was die Kommunikation der Enkel mit der dänischen Großmutter verunmöglichte und eine große Belastung für die Betroffenen darstellte. Anne Marie Perus, Bernadette Katzlinger und Judy Kapferer machten die Erfahrung, dass ihre Kinder aufgrund ihres sozialen Umfelds an einem gewissen Punkt ihre Mehrsprachigkeit zu verstecken begannen, weil sie wegen ihrer Andersartigkeit gehänselt wurden. Familie Katzlinger entschied sich mitunter aus diesem Grund für die Schwerpunktlegung auf eine „Tiroler Kultur" in der Familie.

Diskriminierungserfahrungen

Die Erfahrung, benachteiligt oder aufgrund der Herkunft abgelehnt bzw. mit Vorurteilen konfrontiert zu werden, teilen fast alle ErzählerInnen in bestimmten Abschnitten ihrer Biografie. Diese Erfahrungen haben unterschiedliche Gesichter und betreffen Menschen je nach ihren Herkunftsländern in unterschiedlicher Intensität.

Von klarer Diskriminierung berichten Menschen aus der Türkei und dem ehemaligen Jugoslawien, wenn sie etwa in Lokale oder Privathäuser nicht eingelassen wurden, für sie Wohnungen aufgrund ihres ausländischen Namens plötzlich nicht mehr zur Verfügung standen, für die Kinder aufgrund der Herkunft der Eltern keine Lehrstellen oder Ausbildungsplätze gefunden werden konnten, oder österreichische MitbewerberInnen vorgereiht wurden.

Ein weiterer Aspekt der Ablehnung ist die soziale Distanz, die von einigen im Alltag empfunden wird. Kinder dürfen als „Fremde" nachmittags nicht mitspielen, Erwachsene haben das Gefühl, dass sie gemieden oder ignoriert werden. Exponieren sich „Zugereiste", indem sie initiieren, gründen, öffentlichkeitswirksam „machen", so fühlen sie eine besondere Intensität an Missgunst, die etwa im Falle des Friseursalons Schediwetz Dimensionen des Widerstands annahm.

Viele ErzählerInnen fühlten in behördlichen, aber auch sozialen Settings eine Minderwertigkeit, die sich in den Erzählungen in Form eines immer wieder kehrenden unterschwelligen Tiefstapelns bemerkbar macht. ErzählerInnen nehmen eine Verteidigungshaltung ein, wenn sie z. B. erklären, dass sie stets unbescholtene Bürger waren und nie mit der Polizei oder einem Gericht zu tun hatten. Sie betonen etwa, niemals Sozialhilfe oder sonstige staatliche Unterstützungen in Anspruch genommen zu haben, oder erklären ihre Zufriedenheit mit dem wenig qualifizierten Arbeitsplatz unter dem Hinweis, dass sie ÖsterrcicherInnen keine Arbeit wegnehmen wollten.[12]

Das Postulieren einer österreichischen Identität für sich selbst erfordert als MigrantIn Mut, das zeigen die Erzählungen unverkennbar und verdeutlichen damit eine schiefe Ebene, die zwischen den Dagewesenen und den Neuhinzugekommen liegt und an ein Revier erinnert, in dem Vorrechte und Interpretationsspielräume klar geregelt scheinen. In diesem Zusammenhang ist Refika Kovačevićs bewegendes Schlussstatement zu verstehen, wenn sie als österreichische Staatsbürgerin erklärt, dennoch niemals eine „richtige Österreicherin" sein zu können.

Migration – Verwicklungen und Lebensthemen

Migrationsbiografien sind Biografien in Bewegung, nicht nur in räumlicher Hinsicht, sondern auch in Hinblick auf das soziale Leben und die Entwicklungen der „Lebensthemen". Migration macht das Leben mitunter komplizierter: Menschen stehen vor der Herausforderung, ihre alten Leben mit ihren neuen Leben zu verknüpfen – oder auch mühsam voneinander zu trennen. Das verdeutlicht die Biografie Ibrahim Kalıns, der in zwei Ländern je eine Familie gründete, oder die Lebensgeschichte Refika

---

[12] Vgl. Lisa PEPPLER: „Da heißt es ja immer, die Türken integrieren sich nicht." Der Integrationsdiskurs als methodisches Problem für qualitative Migrationsstudien. In: Matthias KLÜCKMANN und Felicia SPARACIO (Hg.): Spektrum Migration. Zugänge zur Vielfalt des Alltags (= Studien & Materialien des Ludwig-Uhland-Instituts der Universität Tübingen 48). Tübingen 2015. S. 173–194.

Kovačevićs, deren schwierige familiäre Situation durch ihre Migration keineswegs wie geplant erleichtert wurde.

Im Zuge einer Migration geraten häufig die Lebensumstände durcheinander und feste Gefüge, die Menschen mitunter Halt gegeben haben, ändern sich. Lebensbilder und Pläne müssen nach völlig neuen Kriterien überarbeitet werden. Diese Neu-Verortungen der eigenen Identität bleiben auch für die nachfolgende(n) Generation(en) Thema.

Migration kann zugleich der Anstoß eines kreativen Prozesses sein. Die Herausforderungen im Rahmen der Migration und Neuverortung der eigenen Person und Identität, sowie der mitunter große Leidensdruck im Rahmen der neuen Situation eröffnet nicht selten „Lebensthemen" – im Sinne von Fragestellungen oder Zielsetzungen, die eine Biografie über lange Zeit hinweg prägen. Für Judy Kapferer wird im Zuge ihrer Migrationsgeschichte und aufgrund ihrer persönlichen Erfahrungen in Tirol das Thema der Emanzipation immer greifbarer,[13] sodass sie sich sowohl beruflich für die Arbeit mit Frauen, als auch privat für die Mitbegründung einer Frauengruppe im Ort entscheidet, für die sie sich jahrelang engagiert. Jytte Kliebers Ausbildung in Dänemark, verbunden mit ihren persönlichen Erfahrungen in Tirol, gibt ihr den Antrieb, in Telfs und den Nachbargemeinden ein Hauskrankenpflegesystem zu etablieren, das sie selbst über Jahre hinweg leitet. Siddik Tekcan empfindet im Zuge seiner Migration die Religion als große emotionale Stütze und engagiert sich in Folge für den Türkisch-Islamischen Kulturverein in Telfs sowie für den Bau eines Minaretts. Diese Menschen berichten rückblickend, dass die Migration sie stärker gemacht und als Antrieb gewirkt habe.

Migration bewirkt mitunter ein Vervielfachen der Rollen, die Menschen im Laufe ihres Lebens einnehmen und die durchaus widersprüchlich sein können. Diese „Rollenkomplexität"[14], verschärft durch eine im Rahmen der Identitätsfindung ständige Auseinandersetzung mit „alt" und „neu", „dort" und „hier", „eigen" und „fremd", bestimmt das Selbstverständnis von MigrantInnen maßgeblich.

Deutlich wird beim Lesen biografischer Erzählungen von Menschen mit Migrationsgeschichte allemal: Die Kategorien des „Eigenen" auf der einen und des „Fremden" auf der anderen Seite brechen bei näherer Betrachtung auf, wenn das „Eigene" mit dem „Fremden" in Beziehung gesetzt werden kann.[15] Das Eine ist immer Bestandteil des Anderen. Zwischen „alten" und „neuen" TelferInnen liegt lediglich ein Schritt aufeinander zu.

---

[13] Vgl. Mirjana MOROKVASIC: Migration, Gender, Empowerment. In: Helma LUTZ (Hg.): Gender Mobil? Geschlecht und Migration in transnationalen Räumen (= Schriftenreihe der Sektion Frauen- und Geschlechterforschung in der Deutschen Gesellschaft für Soziologie, Bd. 26). Münster 2009. S. 28–51, hier S. 28.
[14] Simon BURTSCHER: Zuwandern_aufsteigen_dazugehören. Etablierungsprozesse von Eingewanderten. Innsbruck 2009. S. 194ff.
[15] SPARACIO/KLÜCKMANN: Spektrum Migration. S. 31.

wahl.heimat

wahl.möglichkeiten

wohin gehe ich

wo bleibe ich

heimat verlieren

heimat suchen

heimat finden

sich mit gleichen

sicherer fühlen

einen kleinen

wohl.stand gründen

aus der heimat

in die be.frei.ung fliehen

ungewiss

neue orte suchen

und sich neu be.heimaten

zwei leben lang

(Ulrike Sarcletti)

Türkischer Kaffee und Brettljause – Der Versuch einer behutsamen fotografischen Annäherung

(Michael Haupt)

Ich sitze im Zug, irgendwo zwischen Kematen und Völs, und notiere die ersten Sätze zu einem Text, der einmal der vorliegende Essay werden soll. Seit Wochen trage ich Gedanken zur Fotoarbeit für das Buch „Alte Neue TelferInnen" mit mir herum und immer wieder ziehe ich mein Notizbuch hervor, um einige Stichworte aufzuschreiben.

Es tauchen Erinnerungen auf, Bilder der Begegnungen, einzelne Gesten der Porträtierten, aber auch Erinnerungen an die Überlegungen, die am Anfang, noch vor der praktischen Arbeit, standen. Und damit schließt sich der Kreis, schon bevor der Text überhaupt richtig in die Schwünge gekommen ist. Vor ziemlich genau einem Jahr findet sich in diesem Notizbuch der Eintrag: „Dem Thema behutsam nähern!" Viel mehr steht nicht da und doch spiegelt es die grundlegenden Gedanken.

Denn die Position des Fotografen ist eine machtvolle. Er bestimmt über Moment und Rahmen, darüber was ein- und was ausgeschlossen wird, er setzt in Szene, gibt Anweisungen, inszeniert. Früher in der Dunkelkammer, sitzt er heute am Computer, retuschiert, bessert nach, manipuliert, wählt das Bild aus, das der Nachwelt erhalten bleiben soll.

Ein hierarchisches, asymmetrisches Verhältnis prägt die Beziehung zwischen Fotograf und Fotografierten. Ein Verhältnis, das sich im Betrachten fortsetzt. Da gibt es diejenigen, die auf immer in der selben starren Pose verharren müssen (aber auch ewig jung bleiben), und da gibt es die anderen, die begutachten, kritisieren, auf das Bild starren und die Abgebildeten einmal mehr zum Objekt machen.

Marcus Woeller schreibt in einer Rezension zu einer Ausstellung des großen Fotografen Walker Evans: „Jede Situation zwischen Fotograf und fotografierter Person ist auch ein hierarchisches Verhältnis, eine Auseinandersetzung der Macht und der Ohnmacht, des Willens zum Bildermachen und des Willens oder eben des Unwillens, zum Bild zu werden."[1]

In der Fototheorie wird zudem oft auf die nicht nur sprachliche Nähe des Fotografie-

---

[1] Marcus WOELLER: Die Würde des Menschen im Blick. http://www.welt.de/kultur/kunst-und-architektur/article131245420/Die-Wuerde-des-Menschen-im-Blick.html am 4.2.2016.

rens zum Jagen bzw. Töten verwiesen. Wir zielen auf jemanden, schießen Fotos, drücken ab, lauern auf, machen uns auf die Jagd und kommen mit mehr oder weniger reicher Beute zurück: „Menschen fotografieren heißt ihnen Gewalt anzutun, indem man sie so sieht, wie sie selbst sich nie erfahren; es verwandelt Menschen in Objekte, die man symbolisch besitzen kann. Wie die Kamera eine Sublimierung des Gewehrs ist, so ist das Abfotografieren eines anderen ein sublimierter Mord – ein sanfter, einem traurigen und verängstigten Zeitalter angemessener Mord."[2]

Solche Gedanken gingen mir am Anfang des Fotoprojekts durch den Kopf. Also behutsam nähern. Nicht erlegen, sondern den Versuch unternehmen, gemeinsam mit den Porträtierten die Bilder zu entwickeln, anzulegen. Diese Überlegung fand sich im Vorschlag wieder, dass sich die ProtagonistInnen den Ort, an dem das Shooting[3] stattfinden sollte, selbst auswählen könnten. Ein Ort, der angenehm für sie sein sollte. Das ursprünglich geplante gemeinsame Finden des Ausschnittes, die Komposition des Bildes, blieb letztlich aber doch beim Fotografen. Dies hatte einerseits mit einer ökonomischen Arbeitsweise zu tun, aber vermutlich auch mit der Eitelkeit des Fotografen.

Der zweite wesentliche Teil des fotografischen Konzepts lag im Einbeziehen von FreundInnen, Bekannten und Verwandten der porträtierten ErzählerInnen. Der Vorschlag war, dass sich die ErzählerInnen in einem zweiten Porträt in einem sozialen Gefüge präsentieren sollten. Die Idee hat mehrere Ebenen. Der Rückhalt der Familie oder der FreundInnen stärkt die Position der Porträtierten und schwächt jene der Kamera, das Machtverhältnis wird etwas verschoben. Die zweite Ebene zeigt auf, dass die ProtagonistInnen in einem größeren Kontext zu betrachten sind. In all ihrer Einzigartigkeit sind die Menschen, die in diesem Buch textlich und fotografisch vorgestellt werden, exemplarisch zu verstehen. Es sind keine einzelnen Geschichten, die erzählt werden, es sind Geschichten, die in Telfs verwurzelt sind. Es geht darum, einmal mehr das hartnäckig in unseren Köpfen feststeckende „Wir und die Anderen" aufzulösen. Letzteres verweist auf die dritte Ebene, auf die ich gleich eingehen werde.

An anderer Stelle habe ich von der Ambivalenz der Fotografie geschrieben.[4] Der Hauptfokus bestand in der Diskrepanz zwischen dem einen, kleinen Augenblick, der festgehalten wird, und dem Fortdauern des Stückchens Papier bis weit in die Zukunft. Heute würde ich noch weiter gehen und von einer *radikalen Ambivalenz* der Fotografie sprechen. Eine radikale Ambivalenz, die zum Beispiel in der Widersprüchlichkeit zwischen der schon erwähnten und von

---

[2] Susan SONTAG: Über Fotografie. Frankfurt a. M. 1980. S. 20.
[3] Wieder eine Analogie zur Jagd.
[4] Vgl. Michael HAUPT: Fotografie. Das ambivalente Medium (= unveröffentlichtes Manuskript). Innsbruck 2002.

Susan Sontag festgestellten Objektwerdung der Fotografierten und der Möglichkeit, sich selbst im Betrachten der Fotos zu verlieren, sich in ihnen zu spiegeln, liegt.

Ohne hier tiefer auf die Psychoanalyse eingehen zu können und zu wollen, sei mir ein kurzer Exkurs mithilfe Victor Burgins erlaubt. Er beschreibt, wie sich frühkindliche Erfahrungen mit gewissen *Bildfragmenten* im Unbewussten ablagern, um später durch visuelle Assoziationen bestimmte Gefühle wachzurufen: „Die psychoanalytische Theorie hat beschrieben, wie während der primitivsten Anfangsstadien der Sprachentwicklung Lautmalerei mit anderen Formen von Bildlichkeit (visuellen, taktilen usw.) in Verbindung tritt, um bei gewissen frühen Begegnungen mit dem Wirklichen ‚elementare Signifikanten' des Unbewußten zu bilden: Bestimmte ‚Bildfragmente' werden mit bestimmten Früherfahrungen assoziiert, die auf diese Weise einen ‚bleibenden Eindruck' im Säugling/Kleinkind hinterlassen; diese Bilder und ihre emotionale Aufladung verbleiben im Unbewußten des Erwachsenen; von Zeit zu Zeit hat irgendein bewußtes Ereignis (beispielsweise die Betrachtung einer Fotografie) irgendeinen Aspekt, der eine assoziative Verbindung mit dem unbewußten Fragment ‚zuläßt'; die emotionale Ladung des unbewußten Fragments wird dann einen ‚Funken' schlagen, der über den Zwischenraum hinweg auf die Konfiguration der bewußten Wahrnehmung überspringt und sie mit einem ‚Gefühl' ausstattet, für das es keine vernunftgemäße Erklärung gibt. Wenn meine Darstellung hier auch grob vereinfacht ist, ist genau dies die Art und Weise, wie sich Barthes' *punctum* erklären läßt."[5]

Auf das *punctum* von Barthes werde ich später noch eingehen, kehren wir hier aber auf die vorher angesprochene dritte Ebene zurück, die im Einbeziehen von Familie und Bekannten liegt. Wir werden eingeladen, uns in den Bildern zu verlieren, Blicke und Beziehungen zwischen den abgebildeten Personen zu deuten und mit unseren eigenen Erfahrungen abzugleichen, die Bilder von Fremden mit unseren eigenen Gefühlen zu beseelen: „In der Beziehung des Betrachters zum Bild als einem Schauplatz der Phantasie ist das Bild potentieller Funke für eine Träumerei, der (nach den Richtlinien der Traumarbeit) Assoziationsketten aktiviert, die einer privaten Geschichte und/oder eher kollektiven, öffentlichen Phantasien angehören können."[6]

Man muss nicht unbedingt mit der psychoanalytischen Theorie vertraut sein, um diesen Gedankengang nachvollziehen zu können. Ein halbes Jahrhundert früher hat die Fotografin Dorothea Lange (gemeinsam mit ihrem Sohn Daniel Dixon) sich dieser Erfahrbarkeit und Nachvollziehbarkeit von

---

[5] Victor BURGIN: Beim Wiederlesen der Hellen Kammer. In: Wolfgang KEMP und Hubertus VON AMELUNXEN (Hg.): Theorie der Fotografie I–IV. 1839–1995. München 1979–2000. München 2006. S. 24–45, hier S. 36f.

[6] David BATE: Fotografie und der koloniale Blick. In: Herta WOLF (Hg.): Diskurse der Fotografie. Fotokritik am Ende des fotografischen Zeitalters, Bd. 2. Frankfurt a. M. 2003. S. 115–132, hier S. 128.

anderem Leben aus der FotografInnensicht gewidmet. Was Burgin und Bate aus psychoanalytischer Sicht betrachten, brechen Lange und Dixon auf die Alltagsebene herunter: „So ist es nur wahrscheinlich, daß das, was uns vertraut ist, auch den anderen vertraut ist. […] Schwere Arbeit, heißes Wetter, Schmerz, wir haben genug gemeinsam, um unsere vielen Welten durchlässig zu machen. Wir essen, wir schlafen, wir sind traurig und wir freuen uns, wir hassen, wir lieben – das alles kennen wir, und indem wir es kennen, können wir es sehen. Eine große Fotografie spricht durch diese Dinge, sie spricht nicht über Essen und Schlafen, sondern über uns selbst. […] Die große Fotografie fragt und beantwortet zwei Fragen: „Ist das meine Welt?" Wenn nicht: „Was hat diese Welt mit meiner gemeinsam?"[7]

Lange und Dixon weisen im weiteren Verlauf des Textes darauf hin, dass die FotografInnen sich mit der Umgebung vertraut machen müssten, dass sie „ein Mitglied der Familie werden [müssen]".[8] Auch wenn ich in allen Situationen sehr herzlich aufgenommen und zu türkischem Kaffee, Südtiroler Brettljause oder norwegischen Spezialitäten eingeladen wurde, Mitglied der Familie bin ich nicht geworden. Stattdessen nahm ich die Rolle des Fotografen ein, um in kurzer Zeit Vertrauen aufzubauen. Der Fotograf baut die Szene auf, er weist an, bessert hier und da etwas nach, ist Entertainer. Eine Rolle, die mir weder sehr vertraut, noch sehr sympathisch ist. Andererseits wird diese Rolle auch in den meisten Fällen erwartet. Ich bin der mit Kamerarucksack, Stativ und Blitzanlage unter den Armen. Und obwohl ich mich mit dem anfänglichen Konzept aus dieser Rolle und der Verantwortung entziehen wollte, war es letztlich notwendig, dass ich diese Rolle einnahm. Es ging darum, die Fotografierten abzulenken, sie abschweifen zu lassen, für einen Moment die Kamera nicht vergessen, aber zumindest unaufmerksam ihr gegenüber werden zu lassen. Nicolas Trusch, Fotograf aus Freiburg, hat in diesem Zusammenhang von Zwischenmomenten gesprochen.

In meinem Verständnis und meinem künstlerischen Ausdruck haben diese Zwischenmomente eine Nähe zum *punctum* von Roland Barthes, einem Begriff, den er in dem schmalen Büchlein „Die helle Kammer"[9] dargelegt hat. „Das *punctum* einer Photographie, das ist jenes Zufällige an ihr, das mich besticht (mich aber auch verwundet, trifft)."[10]

Barthes spricht von einem Detail in einem Foto, das uns unvermittelt trifft. Weiter oben habe ich Victor Burgin zitiert, der im *punctum* eine unbewusste Verbindung zu unseren frühkindlichen Erfahrungen sieht. Was auch immer man von diesem Gedanken halten mag, festgehalten werden

---

[7] Dorothea LANGE und Daniel DIXON: „Das vertraute Fotografieren. Eine Stellungnahme". In: Wolfgang KEMP und Hubertus VON AMELUNXEN (Hg.): Theorie der Fotografie I–IV. 1839–1995. München 1979–2000. München 2006. S. 74–78, hier S. 76.
[8] Ebd.
[9] Vgl. Roland BARTHES: Die helle Kammer. Bemerkung zur Photographie. Frankfurt a. M. 1989.
[10] BARTHES: Die helle Kammer. S. 36.

kann jedenfalls, dass bestimmte Fotos die Kraft besitzen uns in ganz besonderer Weise zu berühren. Und das ist (leider, möchte der Fotograf fast sagen) eine sehr individuelle Sache, ebenso wie die Auswahl der hier versammelten Fotos in erster Linie eine sehr persönliche Sache ist. Dorothea Lange und Daniel Dixon schreiben im bereits zitierten Aufsatz, dass jedes Bild eines Fotografen, der mit dem Umfeld vertraut, ein Mitglied der Familie geworden ist, also „jedes Bild, das er sieht, jede Fotografie, die er macht, […] in gewissem Sinne zu einem Selbstporträt [wird]".[11]

Und so ist die Auswahl danach getroffen worden, was mich berührt, was mich besticht, wo ich mich in Träumereien verlieren kann, mich in Blicken der Personen untereinander wiederfinden kann, Selbstporträts gewissermaßen.

Da gibt es ein Foto, auf dem ein Junge aus dem Bild hinaus schaut, von irgendetwas abgelenkt wird, abschweift, vor sich hin träumt. Nach langem Nachdenken erinnerte ich mich an ein Klassenfoto von mir aus der Volksschulzeit, auf dem ich in ganz anderer Pose und anderem Zusammenhang, aber ähnlich abschweifend, abgebildet bin. Was vorher ein diffuses Gefühl von Vertrautheit war, ist durch die Reflektion aufgebrochen und hat eine ganze Lebensphase wieder heraufbeschworen. Da gibt es großmütterliche und -väterliche Blicke oder einen ein bisschen verlorenen Blick, es gibt liebevolle Blicke zwischen Mutter und Sohn und herzliche Szenen, wo man gern Teil der Familie sein möchte und es gibt Posen, die mich an meine eigene Vaterrolle erinnern.

Nicht alle dieser Bilder haben es in dieses Buch geschafft. Weil es in erster Linie um die Menschen geht, die sich auf dieses Projekt eingelassen haben, mit ihren Geschichten und Gesichtern die Telfer Migrationsgeschichte zu repräsentieren. Und es ist eine Frage des Respekts, dass man diesen Personen gegenüber fair bleibt und auf ihre Wünsche bezüglich der Auswahl eingeht. Mit der modernen Bildbearbeitungssoftware wäre es ein leichtes gewesen, die Bilder so zu retuschieren, dass man beiden Wünschen entsprochen hätte, dass das Selbstbild der Porträtierten und das mich bestechende Detail in einem aus mehreren Fotos zusammengefügten Bild Platz gefunden hätte. Ich habe mich – auf Basis der eingangs angeführten Argumente – dagegen und für einen dokumentarischen Ansatz entschieden: „Wir schlagen stattdessen vor, daß wir als Fotografen unsere Aufmerksamkeit der Umgebung zuwenden, mit der wir vertraut sind. Auf diese Weise können wir in unserer Arbeit mehr erreichen, als von unseren Sujets zu sprechen – wir können mit ihnen sprechen; wir brauchen nicht mehr über sie, wir können für sie sprechen. Nachdem sie ihre Sprache gefunden haben, werden sie ihrerseits mit uns und für uns sprechen. Und in dieser Sprache wird dem Objektiv sich mitteilen, was in letzter Instanz Sache der Fotografie ist – Zeit, Ort und die Werke des Menschen."[12]

---

[11] LANGE/DIXON: Das vertraute Fotografieren. S. 77.
[12] LANGE/DIXON: Das vertraute Fotografieren. S. 78.

Schließen möchte ich mit meinem aufrichtigen Dank an alle Personen, die ich im Lauf der Arbeit an der Fotostrecke für dieses Buch kennengelernt habe und porträtieren durfte.

Ich darf nur hoffen, dass ich allen gerecht geworden bin und dass Sie, geschätzte LeserInnen, in dem einen oder anderen Bild Anlass für eine Träumerei finden werden, sich möglicherweise erinnert fühlen an Ihre eigenen Beziehungen und Freundschaften. Und vielleicht finden Sie heraus (falls Sie das nicht ohnehin schon wissen), dass „Wir und die Anderen" eins sind.

Literaturverzeichnis

Peter ANREITER, Christian CHAPMAN, Gerhard RAMPL: Die Gemeindenamen Tirols – Herkunft und Bedeutung. Innsbruck 2009.

Roland BARTHES: Die helle Kammer. Bemerkung zur Photographie. Frankfurt a. M. 1989.

David BATE: Fotografie und der koloniale Blick. In: Herta WOLF (Hg.): Diskurse der Fotografie. Fotokritik am Ende des fotografischen Zeitalters, Bd. 2. Frankfurt a. M. 2003. S. 115–132.

Martin BUCHER: Innländer – Telfs und die Fremden". Saarbrücken 2011.

Victor BURGIN: Beim Wiederlesen der Hellen Kammer. In: Wolfgang KEMP und Hubertus VON AMELUNXEN (Hg.): Theorie der Fotografie I–IV. 1839–1995. München 1979–2000. München 2006. S. 24–45.

Simon BURTSCHER: Zuwandern_aufsteigen_dazugehören. Etablierungsprozesse von Eingewanderten. Innsbruck 2009.

Stefan DIETRICH: Telfs 1918–1946. Innsbruck 2004.

Stefan DIETRICH: Von „echten Telfern", „Neutelfern" und „Nichttelfern". Historische Betrachtungen zum Thema „Telfs und die Fremden". In: Ewald Heinz (Hg.): MiTeInander ZUKUNFT. Migranten & Telfer Interessen an der ZUKUNFT (= Weißbuch 2006). Telfs 2006. S. 5–9. http://www.telfs.at/files/user_upload/pdf-dokumente/Weissbuch/weissbuch_2006.pdf am 19.10.2015.

Stefan DIETRICH: Feudalherren, Fuhrleute, Fabrikarbeiter. In: Festschrift 100 Jahre Marktgemeinde. Telfs 2008.

Simone EGGER: Heimat. Wie wir unseren Sehnsuchtsort immer wieder neu erfinden. München 2014.

Gamze EREN und Jakob SCHNIZER: Eine Geschichte der kurdischen Linken in Tirol. In: Horst SCHREIBER, Monika JAROSCH, Lisa GENSLUCKNER, Martin HASELWANTER, Elisabetz HUSSL (Hg.): Gaismair-Jahrbuch 2016. Zwischentöne. Innsbruck 2015. S. 63–75.

Adriane GAMPER und Hannes DABERNIG: Tirol. Heimat und Fremde. 44 Menschen, 44 Nationen, 44 Lebensgeschichten. Innsbruck 2012.

Ronald GRELE: Ziellose Bewegung. Methodologische und theoretische Probleme der Oral History. In: Lutz NIETHAMMER (Hg.): Lebenserfahrung und kollektives Gedächtnis. Die Praxis der „Oral History". Frankfurt a. M. 1980. S. 143–161.

Elisabeth HABICHER-SCHWARZ: Pozuzo – Tiroler, Rheinländer und Bayern im Urwald Perus. Hall o. J.

Rolf HAUBL: Die allmähliche Verfertigung von Lebensgeschichten im soziokulturellen Erinnerungsprozess. In: Margret DÖRR, Heide von FELDEN, Regine KLEIN, Hildegard MACHA und Winfried MAROTZKI (Hg.): Erinnerung – Reflexion – Geschichte. Erinnerung aus psychoanalytischer und biographietheoretischer Perspektive. Wiesbaden 2008. S. 197–212.

Michael HAUPT: Fotografie. Das ambivalente Medium (= unveröffentlichtes Manuskript). Innsbruck 2002.

Sabine HESS: Jenseits des Kulturalismus. Ein Plädoyer für postkulturalistische Ansätze in der kulturanthropologischen Migrationsforschung. In: Matthias KLÜCKMANN und Felicia SPARACIO (Hg.): Spektrum Migration. Zugänge zur Vielfalt des Alltags (= Studien & Materialien des Ludwig-Uhland-Instituts der Universität Tübingen 48). Tübingen 2015. S. 37–63.

Edith HESSENBERGER: Diversitätsbericht 2014 (= Weißbuch 2014). Telfs 2014. S. 7. http://www.telfs.at/files/user_upload/pdf-dokumente/Weissbuch/Weissbuch_2014_HP.pdf am 19.10.2015.

Edith HESSENBERGER: Erzählen vom Leben im 20. Jahrhundert. Erinnerungspraxis und Erzähltraditionen in lebensgeschichtlichen Interviews am Beispiel der Region Montafon/Vorarlberg. Innsbruck 2012.

Edith HESSENBERGER: Ethnische Netzwerke und sozial-räumliche Segregation türkischer MigrantInnen in Innsbruck unter besonderer Berücksichtigung der Zweiten Generation (= unveröffentlichte Diplomarbeit). Innsbruck 2004.

Hansjörg HOFER, Hubert AGERER: 2662 – Hohe Munde. Telfs 2015.

Christina HOLLOMEY: Umstrittene Räume: Identitätskonstruktionen türkisch-islamischer Vereine und ihr Einfluss auf die gelebte Praxis ihrer Mitglieder am Beispiel der Marktgemeinde Telfs in Tirol (= unveröffentlichte Diplomarbeit). Wien 2007.

Georg JÄGER: Schwarzer Himmel – Kalte Erde – Weißer Tod. Eine kleine Agrar- und Klimageschichte von Tirol. Innsbruck 2010.

Dorothea LANGE und Daniel DIXON: „Das vertraute Fotografieren. Eine Stellungnahme". In: Wolfgang KEMP und Hubertus VON AMELUNXEN (Hg.): Theorie der Fotografie I–IV. 1839–1995. München 1979–2000. München 2006. S. 74–78.

Albrecht LEHMANN: Erzählstruktur und Lebenslauf. Autobiographische Untersuchungen. Frankfurt a. M. 1983.

Mirjana MOROKVASIC: Migration, Gender, Empowerment. In: Helma Lutz (Hg.): Gender Mobil? Geschlecht und Migration in transnationalen Räumen (= Schriftenreihe der Sektion Frauen- und Geschlechterforschung in der Deutschen Gesellschaft für Soziologie, Bd. 26). Münster 2009. S. 28–51.

Lisa PEPPLER: „Da heißt es ja immer, die Türken integrieren sich nicht." Der Integrationsdiskurs als methodisches Problem für qualitative Migrationsstudien. In: Matthias KLÜCKMANN und Felicia SPARACIO (Hg.): Spektrum Migration. Zugänge zur Vielfalt des Alltags (= Studien & Materialien des Ludwig-Uhland-Instituts der Universität Tübingen 48). Tübingen 2015. S. 173–194.

Gertrud PFAUNDLER-SPAT: Tirol-Lexikon. Innsbruck 2005.

Martina RÖTHL: Was heißt hier Balkan? Ex- bzw. postjugoslawische ZuwandererInnen in der Marktgemeinde Telfs. Selbst- und Fremdzuschreibungen nach „ethnischen" Kategorien (= unveröffentlichte Diplomarbeit). Innsbruck 2009.

Dirk RUPNOW: Beschäftigung mit Geschichte ist kein Luxus. Wieso Österreich ein „Archiv der Migration" braucht. In: Stimme. Zeitschrift der Initiative Minderheiten (89/2013).

Martin P. SCHENNACH: Tiroler Landesverteidigung 1600–1650 – Landmiliz und Söldnertum, Innsbruck 2003.

Brigitta SCHMIDT-LAUBER: Grenzen der Narratologie. Alltagskultur(forschung) jenseits des Erzählens. In: Thomas HENGARTNER und Brigitta SCHMIDT-LAUBER (Hg.): Leben – Erzählen. Beiträge zur Erzähl- und Biographieforschung. Hamburg 2005. S. 145–162.

Joachim SCHRÖDER: Die gestohlenen Jahre. Erzählgeschichten und Geschichtserzählung im Interview: Der Zweite Weltkrieg aus der Sicht ehemaliger Mannschaftssoldaten (= Studien und Texte zur Sozialgeschichte der Literatur, Bd. 37). Tübingen 1992.

Wolf SINGER: Wahrnehmen, Erinnern, Vergessen. Über Nutzen und Vorteil der Hirnforschung für die Geschichtswissenschaft (Eröffnungsvortrag des 43. Deutschen Historikertags). In: Wolf SINGER: Der Beobachter im Gehirn. Essays zur Hirnforschung. Frankfurt a. M. 2002. S. 77–86.

Damir SKENDEROVIC: Vom Gegenstand zum Akteur: Perspektivenwechsel in der Migrationsgeschichte der Schweiz. In: Irma GADIENT und Damir SKENDEROVIC (Hg.): Migrationsgeschichte(n) in der Schweiz: ein Perspektivenwechsel (= Schweizerische Zeitschrift für Geschichte, Vol. 65/2015/Nr. 1). S. 1–14.

Susan SONTAG: Über Fotografie. Frankfurt a. M. 1980.

Felicia SPARACIO und Matthias KLÜCKMANN: Spektrum Migration. Perspektiven auf einen alltagskulturellen Forschungsgegenstand. In: Matthias KLÜCKMANN und Felicia SPARACIO (Hg.): Spektrum Migration. Zugänge zur Vielfalt des Alltags (= Studien und Materialien des Ludwig-Uhland-Instituts der Universität Tübingen 48). Tübingen 2015. S. 17–36.

Walter THALER, Wolfgang PFAUNDLER, Herlinde MENARDI: Telfs. Porträt einer Tiroler Marktgemeinde in Texten und Bildern. Band II. Telfs 1988.

Oscar THOMAS-OLALDE: Andere zu Wort kommen lassen? Eine widersprüchliche, aber notwendige Praxis. In: Waltraud FUCHS-MAIR (Hg.): Vielfalt daheim in Tirol. Fakten – Kunst – Positionen zu Migration und Integration in Tirol. Innsbruck 2011. S. 7–12.

Canan TOPCU: Meine Heimat ist Deutschland, sofern man es meine Heimat sein lässt. In: Dirk LANGE und Ayca POLAT (Hg.): Unsere Wirklichkeit ist anders. Migration und Alltag. Perspektiven politischer Bildung. Bonn 2009. S. 19–29.

Harald WELZER: Das kommunikative Gedächtnis. Eine Theorie der Erinnerung. München 2002².

Markus WILD und Tamara SENFTER: Telfs-Schlossbichl-Sondierungsgrabung 2015 (= unveröffentlichter Grabungsbericht). Innsbruck 2015.

Marcus WOELLER: Die Würde des Menschen im Blick. http://www.welt.de/kultur/kunst-und-architektur/article131245420/Die-Wuerde-des-Menschen-im-Blick.html am 4.2.2016.

Bildbeschreibungen

Gruppenfoto um Mathilde Raich:
(v. l.) Günter Lott, Diana Lott, Mathilde Raich, Lisa Schrott, Manuel Lott

Gruppenfoto um Alfons Kaufmann:
(v. l.) 2. Reihe: Herbert Kaufmann, Fabian Kaufmann, Stefan Strigl, Rene Huber, 1. Reihe: Andrea Kaufmann, Elena Kaufmann, Leonie Strigl, Alfons Kaufmann, Esther Strigl-Weinberger, Brigitte Possenig, Helga Huber, Walter Kaufmann

Gruppenfoto um Jytte Klieber:
(v. l.) Urban Franz Klieber, Jytte Solveig Klieber, Maximilian Engelbert Klieber, Günther Maximilian Klieber, Björn Frede Klieber

Gruppenfoto um Grete Jakob:
(v. l.) Andrea Jakob, Magda Jakob, Grete Jakob, Helena Knatz

Gruppenfoto um Mehmet und Eşe Sahan:
(v. l.) Mehmet Sahan, Yusuf Sahan, Eşe Sahan

Gruppenfoto um Caise-Marie Schediwetz:
(v. l.) Erwin Schediwetz, Christian Schediwetz, Caise-Marie Schediwetz, Tobias Schediwetz

Gruppenfoto um Margit Fischer:
(v. l.) Margit Fischer, Thomas Fischer

Gruppenfoto um Franz Grillhösl:
(v. l.) Leander Grillhösl, Norma Grillhösl, Lina Grillhösl, Thomas Scharmer (vulgo Meislbauer), Ludwig Grillhösl, Franz Grillhösl, Renate Grillhösl, Maria Grillhösl, Leo Grillhösl

Gruppenfoto um Temel Demir:
(v. l.) Temelhan Demir, Temel Demir, Devran Demir, Hamiye Demir, Murathan Demir

Gruppenfoto um Ibrahim Kalın:
(v. l.) Lara Schranz, Gertrude Schranz, Marco Schranz, Islahs Schranz, Tanja Renner, Ibrahim Kalin

Gruppenfoto um Bayram Altın:
Vorne Mitte Bedrihan Tufan Altın, (v. l.) 1. Reihe: Şeval Altın, Berivan Altın, Elif Deveçi, Umut Özcan, Elifnur Özcan, 2. Reihe: Ursula Kumran Özcan, Nurten Ünlü mit Baby Akın Ünlü, Bayram Altın, Zöhre Altın, Nural Altın, Ibrahim Özcan, Gülsen Deveçi, Kadır Ünlü

Gruppenfoto um Anne Marie Perus:
(v. l.) Michael Gapp, Fröydis Gapp, Anne Marie Perus, Ida-Marit Gapp, Roland Perus, Per Olav Perus, 2. Reihe: Emil Anton Jarle Gapp

Gruppenfoto um Judy Kapferer:
(v. l.) Anna Kapferer, Judy Kapferer, Lisa Kapferer, Christine Walsh, Henry Walsh, Ingrid Jäger, Annelies Thaler, Ingeborg Krachler, Werner Kapferer

Gruppenfoto um Siddik Tekcan:
Vorne Mitte: Beyza Tekcan, (v. l.) Kinder in der 1. Reihe: Elif Tekcan, Emre Tekcan, Siddik Tekcan (Junior), Tuba Tekcan, 2. Reihe: Semanur Tekcan, Siddik Tekcan, Nurse Tekcan, Fatma Tekcan, Sibel Tekcan, 3. Reihe: Sifa Tekcan, Ömer Tekcan, Güven Tekcan, Serdal Tekcan

Gruppenfoto um Bernadette Katzlinger:
(v. l.) Anne Marie Perus, Bernadette Katzlinger

Gruppenfoto um Kristian Tabakov:
(v. l.) Bogdan Tabakov, Nicole Tabakova, Galina Tabakova, Alex Tabakov, Snejanka Tabakova, Kristian Tabakov

Gruppenfoto um Zoran Tanasković:
(v. l.) Julia Tanasković, Erna Tanasković, Martina Tanasković, Zoran Tanasković

Gruppenfoto um Kasim und Snjezana Bajrić:
(v. l.) Snjezana Bajrić, Jasna Bajrić, Maja Bajrić, Luca Bajrić, Kasim Bajrić

Gruppenfoto um Refika Kovačević:
(v. l.) Amel Kovačević, Neal Nadia Kovačević, Admir Kovačević, Lejs Kovačević, Amela Kovačević, Refika Kovačević, Emily Kovačević, Sabina Kovačević, Almir Kovačević, Kevin Kovačević, Alen Kovačević

Gruppenfoto um Gülseli Sahan:
(v. l.) Nilgün Ertunc Akbay, Gülseli Sahan, Yusuf Sahan, Fatih Muhammed Sahan